軽度発達障害児のためのSST事例集

五十嵐一枝【編著】

北大路書房

はじめに

　軽度発達障害に含まれる障害は，それぞれが異なる発達障害であるが，発達のある時期まで部分的に共通した特徴が見られることが少なくない。発達の早期に認められるこのような特徴は，障害の発見と支援にとって重要な情報となる。なかでも社会的認知の問題は，思春期以降の二次的問題の深刻化を防ぐために早期対応が必要である。しかし，これまでは障害の診断や分類に主眼が置かれてきており，個々の子どもに対する治療教育的対応を実際に行なう専門機関がごく限られていた。本書の著者たちは，このような状況の中で，約10年にわたって可能な限りの早期治療教育の試みを行なってきた私の後輩たちであり，発達臨床を専門領域とする仲間である。私たちは，基本的障害観と方法論を共通の基盤にもって，各々が所属する専門機関において障害児の実情にあった早期治療教育を行なってきた。

　現在，白百合女子大学発達臨床センターでは，年齢を考慮して構成された4グループの高機能広汎性発達障害児にSSTを試みている。白百合女子大学発達臨床センターと連携して療育を行なっている国立成育医療センター発達心理科，および民間研究機関である目白発達心理研究所では，高機能広汎性発達障害児の年齢別の2グループと，障害タイプと年齢を問わないADHDやLDを含む3グループがあり，心理士，医師，特別教育支援士などの連携のもとにSSTを行なっている。また，個別で行なうSSTは，上記3か所の専門機関で合わせて20例近くに行なわれてきている。

　大学付属の発達臨床センターと公的医療機関と民間研究所では，特徴や制約がそれぞれ異なっており，それぞれに対象児や保護者が利用しやすい点としにくい点がある。大学付属の発達臨床センターでは，研究や実習の目的を伴った臨床活動が，環境や参加メンバーを調整した状況下で行なわれるが，授業や実習を兼ねるため治療教育の時間帯や回数や対象数が限られる。公的医療機関は診断や各種検査の体制が整っており，診断と方針を求めてさまざまな発達障害児が来所する。ここでは対象への対応の平等性が重視されるので，特定の対象児を長期間継続して療育を行なうことが難しく，保険診療上の制約や開業時間やスタッフの配置についての制限もある。この二箇所に比べると，民間研究所はいろいろな点で制約が少なく，対象児や時間帯，実施回数や継続期間やスタッフの配置などについての柔軟な対応が可能であるが，他機関に比べて費用が高い。

　このような専門機関の異なる特徴を生かしながら，それぞれの環境条件の中で工夫をこらして実践してきたSSTについて4人の専門家に書いてもらった。最近では，公的・私的な専門機関で軽度発達障害児の治療教育的対応が行なわれるようになり，子どもたちは長期間待つことなく治療教育を受けることが可能になってきている。新たな一歩によってさらに新たな課題が生じる。本書を著すにあたって，私たちのこれまでの発達臨床を見直し，さらに今後の充実した治療教育を目指す機会としたい。

2005年7月
編者　五十嵐一枝

目 次

はじめに ... i

序 章 ... 1
1. 本事例集のSST ... 1
2. 各章の内容 ... 2
3. ソーシャル・スキルの定義とSST ... 3
4. 発達障害と軽度発達障害 ... 4
5. 軽度発達障害児における社会的スキルの発達と支援 ... 5
   1) AD/HD／2) 高機能自閉性障害とアスペルガー障害／3) 学習障害

1章　【事例A】注意集中困難と自尊感情の低さをともなったLD ... 10
1. 事例Aの特徴と目標 ... 10
   1) 障害ベースの特徴／2) 心理テスト・心理面接結果の特徴
2. 事例Aに適用されるSSTの方法とその意義 ... 11
   1) 事例Aに適用されるSSTの方法／2) 方法として音楽療法を行なう意義
3. 事例AにおけるSSTの実施経過と効果判定 ... 14
   1) 対象／2) 方法／3) 経過および結果／4) 考察

2章　【事例B】注意集中困難，情緒不安定，不登校をともない
軽度発達遅滞が疑われたLD ... 46
1. 事例Bの特徴と目標 ... 46
   1) 障害ベースの特徴／2) 心理テスト・心理面接結果の特徴
2. 事例Bに適用されるSSTの方法とその意義 ... 48
3. 事例BにおけるSSTの実施経過と効果判定 ... 48
   1) 対象／2) 方法／3) 経過および結果／4) 考察

3章　【事例C】多動性をともない発達とともに社会性の問題が顕在化した自閉性障害 ... 58
1. 事例Cの特徴と目標 ... 58
   1) 障害ベースの特徴／2) 心理テスト・心理面接結果の特徴
2. 事例Cに適用されるSSTの方法とその意義 ... 60
3. 事例CにおけるSSTの実施経過と効果判定 ... 61
   1) 対象／2) 方法／3) 経過および結果／4) 考察

4章　【事例D】発達にともない社会性の問題が顕在化したLD ... 71
1. 事例Dの特徴と目標 ... 71

　　　　1）障害ベースの特徴／2）心理テスト・心理面接結果の特徴
2. 事例Dに適用されるSSTの方法とその意義　　　　　　　　　　　　　　　77
3. 事例DにおけるSSTの実施経過と効果判定　　　　　　　　　　　　　　78
　　　　1）対象／2）方法／3）経過および結果／4）考察

5章　【事例E】学習の困難をともなったアスペルガー障害　　92

1. 事例Eの特徴と目標　　　　　　　　　　　　　　　　　　　　　　　92
　　　　1）障害ベースの特徴／2）心理テスト・心理面接結果の特徴
2. 事例Eに適用されるSSTの方法とその意義　　　　　　　　　　　　　　94
3. 事例EにおけるSSTの実施経過と効果判定　　　　　　　　　　　　　　94
　　　　1）対象／2）方法／3）経過および結果／4）考察

6章　【事例F】幼児期に友だちとのかかわりを求めはじめた高機能自閉性障害　　111

1. 事例Fの特徴と目標　　　　　　　　　　　　　　　　　　　　　　　111
　　　　1）障害ベースの特徴／2）心理テスト・心理面接結果の特徴
2. 事例Fに適用されるSSTの方法とその意義　　　　　　　　　　　　　112
3. 事例FにおけるSSTの実施経過と効果判定　　　　　　　　　　　　　112
　　　　1）対象／2）方法／3）経過および結果／4）考察

7章　【事例G】パニックになることが多く，集団にいられない高機能自閉性障害　　127

1. 事例Gの特徴と目標　　　　　　　　　　　　　　　　　　　　　　　127
　　　　1）障害ベースの特徴／2）心理テスト・心理面接結果の特徴
2. 事例Gに適用されるSSTの方法とその意義　　　　　　　　　　　　　128
3. 事例GにおけるSSTの実施経過と効果判定　　　　　　　　　　　　　129
　　　　1）対象／2）方法／3）経過および結果／4）考察

8章　【事例H】対人関係に困難を有するアスペルガー障害　　139

1. 事例Hの特徴と目標　　　　　　　　　　　　　　　　　　　　　　　139
　　　　1）障害ベースの特徴／2）心理テスト・心理面接結果の特徴
2. 事例Hに適用されるSSTの方法とその意義　　　　　　　　　　　　　141
3. 事例HにおけるSSTの実施経過と効果判定　　　　　　　　　　　　　141
　　　　1）対象／2）方法／3）経過および結果／4）考察

終　章　対人関係に緊張をもちながら発達してきた事例I　　152

1. 高校時代　　　　　　　　　　　　　　　　　　　　　　　　　　　　152
2. 専門学校と通信制大学時代　　　　　　　　　　　　　　　　　　　　153
3. 現在とこれから　　　　　　　　　　　　　　　　　　　　　　　　　155

引用・参考文献　　　　　　　　　　　　　　　　　　　　　　　　　　　157

序章

1. 本事例集のSST

　かつて心理学の領域では，基礎研究に比較して臨床研究，とくに事例研究を軽んじる雰囲気があった。しかし，近年の臨床心理学の発展とともに，とりわけ発達臨床心理学においては，継続事例研究の重要性について多くの心理学者が認めるところとなり，心理学以外の関連領域からも事例による具体的で詳細な臨床的情報が求められている。また教育の分野では，文部科学省が特別支援教育の構想のもとに，普通学級のなかでの発達障害児の支援や，養護学校の支援センター的役割を推進しようとしている。それにともない，軽度発達障害児が普通学級や養護学校において支援されるようになることが考えられ，これらの教育現場における障害理解と教育的対応が急務となってきた。最近の筆者らの調査研究では，普通学級や養護学校の教師は，軽度発達障害について従来の障害児の概念のなかで理解しにくいと感じており，障害理解と教育的支援体制について専門分野との連携と役割分担を求めていることが明らかにされている。とくに，専門性を生かした活用できる指導法と教材作成において連携が強く求められている。しかし一方で，個人情報保護法の施行によって，事例研究の方法論や成果の公表などに制限や変更が生じてきている。将来心理士をめざす大学院生の臨床実習に関しても，あるいは特別支援教育をめざす教育現場における研修においても，同様な観点からさまざまなむずかしさが生じている。このような状況は，筆者が本事例集の企画をした後に急激に拡大したが，本書の出版の意義を筆者に強く意識させ，本書を完成させたいという気持ちを後押しする大きな要因のひとつとなった。

　本書で取り上げた事例は，すべて保護者もしくは本人の同意を得て掲載の運びとなった。いずれの事例においても掲載の快諾が得られたが，長年にわたる発達臨床の実践の過程で，対象児者と保護者と筆者らが相互に信頼関係で結ばれていることの証であろうと思われた。ある事例は，個人が同定されないように事例の重要でない箇所を多少変更して書かれた。またある事例は，本人の希望によって，できるだけ事実通りに記載された。このようなさまざまな事例の記述によって本書がめざす内容は，SSTの概説書やガイドブックではなく，事例の記述をとおして障害の特徴とSSTの実際を読者がリアルに学習できる内容であること，および各章が一編の発達臨床の論文に匹敵する実証性の高い内容をもつことである。本書におけるSSTは以下の点に留意して行なわれている。①SSTの対象をひとつの障害に限定せず，発達過程での問題の異同が指摘される注意欠陥／多動性障害，アスペルガー障害，高機能自閉性障害，学習障害を含む「軽度発達障害」に対して，障害の特徴を考慮して多岐にわたるSSTを行なう。②同一障害であっても異なる生育歴や症状の変遷が認められる事例について，各事例に応じたSSTを行なう。③SSTは原則として1年以上継続する。④事例の特徴（医学的診断，神経心理学的評価，心理面接，行動評価他を含む），事例に適用したSSTの技法，その効果判定を明確にする。

　以上のように，対象の選択，方法，心理学的立証という点において，本書の特徴をあげることができる。軽度発達障害児の教育を学ぶ心理・教育学専攻の学生をはじめ，病院や相談機関の心理士，小・中・高等学校や養護学校の教師，保育士にと

って，現場に役立つテキストもしくは教材として使用されることを願っている。

2. 各章の内容

1章と2章は，注意集中困難と自尊感情の低さをともなった学習障害（以下LD）と，注意集中困難，情緒不安定，不登校をともなった思春期のLDの事例である。年齢も障害も異なるグループにおいて，音楽的要素を取り入れたSSTを音楽療法の専門家が行なっている。音楽を媒体とすることにより，本人が苦手意識を強くもっている課題に別の表現手段と楽しみの要素を導入する。日常社会と類似の種々のメンバーから成るグループのなかで，人とのかかわり，感情表出，物のあつかい方，役割，状況理解などのスキルを習得し，その結果，日常生活における問題行動の改善が認められている。ここで実施される音楽療法は，従来の音楽療法と異なり，セッションの構造化と行動変容を意識して行なわれた治療教育である点に特徴がある。

3章は，多動性をともない発達とともに社会性の問題が顕在化した自閉性障害の事例である。小学校中学年から高学年にわたって，心理面接のなかで個別形式のSSTを行ない，さらに個別SSTで習得したスキルの応用を集団で試みさせている。年齢にともなって必要とされるSSTの内容を検討し，個別と集団のトレーニングの併用と，二次的障害への対応が紹介されている。4章も，発達にともなって社会性の問題が顕在化したLD児に個別に行なわれたSSTの事例である。衝動性のコントロールが容易ではなく，パニックがあり，学習面および行動面において個別形式の指導が必要と考えられたLD児に対して，小学校中学年から中学校3年生までの長期にわたって学習指導を行なうとともに，個別指導を通じてのSSTを行なっている。個別のトレーニングによって，一次的障害への対応と二次的障害の防止を試みたケースであり，LD児の学習指導の方法についても紹介する。

5章と6章は，対人関係が困難なアスペルガー障害と高機能自閉性障害に対して小グループによるSSTを行なった事例である。アスペルガー障害児に対して，同じ障害をもつ異年齢のメンバーから成るグループにおけるソーシャル・ストーリーを中心としたSSTを行なっている。ストーリーに登場する人物の感情や行動をグループ内で話し合うことをとおして，自己および他者の感情への気づきをうながし，実生活への般化をめざしている。友だちとかかわりたいがうまくかかわれない高機能自閉性障害児に対しては，年齢と障害の異なるメンバーから成るグループにおける制作やゲームを中心としたSSTを行なっている。メンバー間のかかわりをうながすために，スタッフの介入方法を，事例の成長・発達に応じて変化させることにより，自己統制や対人関係の発達をうながすことができた事例である。

7章と8章は，パニックが多いため集団のなかにいることができない高機能自閉性障害と，対人関係に困難を有するアスペルガー障害の事例である。同じ障害をもつ児童による小グループを構成し，この子どもたちに特有な困難である自己統制や対人関係の発達をうながすことを目的としたSSTを行なっている。指導者によって計画・統制された制作，ゲーム，発表場面のなかで，仲間との関係性をたいせつにしながら子どもたちの社会的行動を指導し強化することに焦点が当てられている。前者は，こだわりが強く，独語やパニックなどがあり行動のコントロールのむずかしさが顕著であったが，場面の見通しが立つことで，落ち着いて集団行動に参加できるようになり他児へのかかわりもふえてきた事例である。後者に対してはとくに，他児に対する適切な発話のしかたなどを含む全般的なかかわりについてスタッフの丁寧な指導が行なわれており，そのプロトコルが紹介されている。

終章は異例で，医学的診断についても神経心理学的評価や行動評価についても記載がない。まだ小学生だった対象と出会い，10年以上にわたって個別に心理面接を行なうなかで，SSTの方法を併用した事例であるが，中断期間があったり筆

者が職場を変わったりしたことによって，資料の多くが処分されており，心理学的な客観的資料が皆無である。しかし，長い経過のなかで得られた変化の事実と，目の前に存在する本人がSSTの結果を語っていると考えて，あえて終章に記載してSSTの意味を考える。

3. ソーシャル・スキルの定義とSST

本書は事例の記載を中心に置き，ソーシャル・スキルやSSTの概説や比較研究の展望は行なわないが，SSTについて筆者らが共有している考えについては述べておく必要がある。ソーシャル・スキルの定義については，これまでも先行研究で指摘されているように一致した定義が得られていない。渡辺（1996）は，先行研究を展望してソーシャル・スキルの定義の要素について以下のようにまとめている。

①学習によって獲得される。ここでいう学習とは，観察・モデリング・リハーサル・フィードバックである。
②明瞭で特定し得る言語的および非言語的行動から成り立っている。
③効果的なはたらきかけと応答を必要とする
④社会的強化を最大にする。
⑤対人関係のなかで展開されるものであり，相互性とタイミングが効果的であることが必要である。
⑥行動した際に，欠如したり過多であったりする点を特定化することができ，介入の目標にすることができる。
⑦行動に移すか否かは環境の特徴による。また，状況によってスキルの意味が異なる。
⑧個人の目標達成に有効である。ただし，実際の場面においては目標は意識下にある。
⑨社会的に受容される。
⑩スキルは階層的な構造をもつ。

ソーシャル・スキルの定義は数多くあるが，筆者らは，社会的相互作用による機能という観点から，ソーシャル・スキルを「自己および他者に有益な方法で他者と相互作用する能力」（Combs & Slaby, 1978）であるとみなしている。たとえば，他者とうまくかかわるためには，自分を抑えすぎても主張しすぎてもうまくかかわることができない。相手も自分も活かしながらお互いに良い結果を得るようにほどほどにかかわる能力が必要である。このような能力をソーシャル・スキルであると考えている。しかしながら，他者といってもさまざまで，他者と自分とのほどほどの接点は，人や環境との関係によってきわめて曖昧で微妙に異なるものであり，何がソーシャル・スキルであるかについて明確に示すことはきわめてむずかしくなってくる。筆者らは発達臨床心理学の観点から，軽度発達障害児者がソーシャル・スキルを獲得することによって，社会生活がしやすくなり，より良い発達が保障されることをめざしている。発達心理学はいまや乳児から老人までの生涯発達を視野に入れており，従って，筆者らのソーシャル・スキルの意味も他者の意味もかなり広い範囲でとらえていることになる。この広がりによる曖昧さをいくらかでも明確なものにしていくために，SSTの対象の特徴，獲得目標としたスキルの対象にとっての意味，SSTによるスキルの獲得の実証，スキルの獲得による変化の実証をできる限り厳密に行なう必要があると考える。そのために，神経心理学的評価や行動評価や心理面接を積極的に取り入れている。

筆者らが行なうSSTは，対象児者の年齢や問題によって方法や内容が異なるが，基本的な構成は共通している。まず，障害の特徴を神経心理学的検査や行動観察を含む心理学的評価によって明らかにする。そのうえで，どのようなSSTが適用可能であり，効果的であるかを判断する。次に，トレーニングの目標を決め，目標を達成するための課題を設定する。課題は，対象にとって容易なものから徐々に難度の高いものへと進められる。実施に際して，適用するSSTの必要性や目的および内容に関して，対象児者に年齢と理解度に応じた説明を行なって動機づけをする。さらに保護者にも同様の説明を行ない，SST場面で指導されるスキルを家庭や学校でも行なってもらうよう

協力を求める。セッションは，指導者が言語的および非言語的教示を与え，モデリングやロールプレイやリハーサルなどによりスキルを練習する。指導者はフィードバックや強化を与え，適切なスキルの獲得を援助する。家庭での宿題に関しては，口頭や書面でのフィードバックを行なう。事例によっては，セッション中にウォーミングアップやクールダウンなどを適宜組み込んでいく。以上のように，多くの場合，1セッションは，①ウォーミングアップ，②教示，③モデリング，ロールプレイ，リハーサル，⑤フィードバック，⑥クールダウン，⑦ホームワークから成る。

次章以下では，軽度発達障害児者の社会的相互性とコミュニケーションに着目し，社会的スキルの指導方法について，筆者らのSSTの実践を中心に紹介する。社会的相互性やコミュニケーションスキルの評価法，障害や年齢やグループの特徴を考慮した治療教育プログラムの意義，効果の確認方法などについて，発達臨床心理学的視点から事例を丁寧に記載した。これらの事例から，軽度発達障害児者の社会的相互性とコミュニケーションの実際が理解され，これからの指導方法に応用されることを期待する。

4. 発達障害と軽度発達障害

胎生期を含めた発達期にさまざまな原因によって起こる脳の中枢神経系の機能障害は発達障害といわれ，中枢神経系の障害により認知，言語，社会性，運動などの機能が障害される。アメリカ精神医学会（APA）による診断と統計マニュアル第Ⅳ版（Diagnostic and Statistic Manual of Mental Disorders: DSM-Ⅳ,1944）および研究者のいくつかの見解を参考にすると，医学領域では発達障害を以下の4種類に分類している。すなわち，①精神遅滞，②自閉性障害を中心とする広汎性発達障害（Pervasive Developmental Disorders: PDD），③注意欠陥／多動性障害（Attention Deficit/Hyperactivity Disorder: AD/HD）④発達の部分的障害である特異的発達障害あるいは学習障害（Learning Disabilities, Learning Disorders: LD）である。問題が顕在化する時期は障害により異なるが，発達障害の大部分は乳児期にすでに障害が存在している。そのため，障害の早期発見と発達臨床心理学的観点からの早期支援が，障害児の発達の促進と二次障害の予防に，また家族のケアに重要であることが共通に指摘されている。宮本（2003）によれば，発達障害とは①中枢神経系の高次機能の障害，②非進行性，③発達期に生ずる，の3条件を満たすものであり，「非進行性の脳の高次機能の障害が18歳未満の発達期に生じるもの」と考えられる。発達障害の現れ方は，表0-1のように①遅れ，②偏り，③歪みの3つがあるとされる。臨床的には，①は精神遅滞に，②はAD/HDに，③は自閉性障害に代表される。

近年，軽度発達障害という用語が臨床心理や教育や医学の領域で頻繁に使われるようになっている。定義はまだ定まっていないが，用語の印象からあやまって使用される場面が少なくない。軽度発達障害は，障害が軽い状態であると理解されがちであるが，正しくは「知的に正常である」ことを意味し，広義には知能指数70以上，狭義には知能指数85以上の知的レベルであることを指している。すなわち，発達障害のなかで，知能に遅れがないか知能が正常であり，発達の遅れよりも認知や言語や社会性の発達の偏りや歪みの問題が中心となる発達障害がいわゆる軽度発達障害である。AD/HD,高機能自閉性障害（High Functioning Autism: HFA），アスペルガー障害（Asperger's Disorder），学習障害などが軽度発達障害としてあげられる。これらの子どもたちのなかには，発達の過程で状態像が変化し，健常児者と一見変わらない適応範囲に入ってくる子どももいる。一方で，合併症による症状の悪化や，本質的問題の顕在化が生じることも稀ではない。この子どもたちがかかえる問題の本質については，一般の人々にも，あるいは子どもに携わる専門家の人々にも，なかなか理解されにくい。宮本（2003）は，軽度発達障害を表0-2のように分類している。現在，それぞれの障害は異なった障害であるとみなされており，認知や行動や精神面のさまざまな異なる

■表0-1 発達の現われ（宮本，2003）

1. 遅れ（delay）：精神遅滞
　通常母集団で期待される達成年齢より遅い
2. 偏り（deviation）：ADHD
　通常母集団で期待される行動の量・質の幅を超えた行動
3. 歪み（distortion）：自閉性障害
　通常母集団では見られない行動の出現

■表0-2 軽度発達障害（宮本，2003）

1. 高機能広汎性発達障害
　①高機能自閉性障害（High Functioning Autism）
　②アスペルガー障害（Asperger's Disorder）
2. 発達の部分的障害（特異的発達障害）
　①学習障害（Learning Disorders）
　②発達性言語障害
　　（Developmental Language Disorders）
　③発達性協調運動障害
　　（Developmental Coordination Disorder）
3. 注意欠陥／多動性障害
　（Attention-Deficit/Hyperactivity Disorder）
4. 境界線知能（軽度知的発達障害）

問題を呈するものの，必要とされる配慮や支援に関しては共通するところが多い。

5. 軽度発達障害児における社会的スキルの発達と支援

軽度発達障害児は，幼い時期から集団適応に問題を示すことが多い。仲間からの受容の低さや拒否は，子ども時代の問題に限らず，子どもたちのその後の適応困難や，学校や社会からのドロップアウト，孤独感などと結びついていることが指摘されている。

軽度発達障害児の多くは，対話や表情の手がかりを意識し解釈することや，集団のなかで適切に行動することや，対人的なことばを適切に使用することなどの社会的スキルの発達と獲得に問題をもっている。そのため，重要な社会的手がかりを見逃したり，表情や身振りや声の調子などの手がかりを見分けて解釈することができなかったりした結果，周囲が予想できない不適切な行動をとる。また，仲間に対する気配りや状況に応じた対応ができず，必要以上に競争的であったり，拒否的であったり，露骨であったりしがちである。さらに年齢や状況にそぐわないことばづかいや，応答のズレや，一方的な対話や，文脈の理解のしそこないなど言語の問題ももっていることが多い。このような子どもたちが対人関係においていかに失敗と困難を重ねるかは，想像するに難くない。やがて，十分な能力をもっているにもかかわらず，他の子どもよりも自分の社会的能力を低く評価するようになり，自分は仲間やまわりの人々からあまり歓迎されない存在であるという感じを強くもつようになる。思春期まで放置されたこのような子どもたちが，二次障害による問題を起こしたとしても，私たちはすべてを本人のせいにすることはできない。私たちは，このような子どもたちの問題に早期に気づき，子どもたちを仲間のなかで育てていくくふうをしなければならない。好意，嫌悪，攻撃，非難などの感情を適切に表現するしかたを具体的に教え，相手を受け入れ，相手にも受け入れられるような社会的スキルの発達をうながすことが，この子どもたちの失敗体験を少なくし，自己評価の低下を防ぎ，より豊かな交友関係を築いていくことにつながると考える。

中根（1999）は，「自閉症の治療教育では受容的な方式で対人関係の改善を図るのではなく，それぞれの場面で相手とどのようなことばを交わすかという，対人関係のノウハウを教えていくのでなければならない」と述べている。最近の数年間，筆者らは，AD/HDやHFAおよびアスペルガー障害児やLDの子どもを対象として，社会的相互性とコミュニケーション能力の発達をうながすことを目的としたSSTを試みてきた。遊びや制作や発表場面において交友関係を円滑にする4つの側面，①参加，②協力，③コミュニケーション，④適切な援助，を重視した指導プログラムを組み，小グループのなかで仲間や指導者とのやりとりの訓練を行ない，状況に合ったことばや行動を獲得

させ，日常の交友関係に応用できるようにするものである。このような場面で明らかになったおのおのの障害の社会的行動の特徴，社会的スキルの発達をうながす支援のあり方について以下に述べ，以降の事例を検討していきたい。

1) AD/HD
①社会的行動の特徴

　AD/HDは幼児期に入るころから気づかれるが，乳児期からすでに，多動傾向や情緒や睡眠の不安定が認められることがある。幼児期には，多動や衝動性が強く出ており，まわりを困惑，混乱させて本人もパニックに陥ることがしばしばある。幼稚園や保育園では，指導室からとび出す，列に並ばない，注意が長続きしない，集団行動がとれない，気に入らないとすぐに手や足が出るといった特徴のため，他の幼児から嫌われたり怖がられたりしがちである。小学校に入学当初は，着席できない，体のあちこちを動かして落ち着かない，注意の集中と持続困難，調子にのりすぎて止まれない，おしゃべり，今言われたことをすぐ忘れる，感情をコントロールできず喜怒哀楽が激しい，行動やしぐさが粗雑で乱暴等々の行動が問題視される。多動性がめだっており，とくに着席困難は他の児童に与える影響が大きいのでクラスにおける重大な問題となる。また，注意を集中・持続できないために，聞き漏らしや聞きまちがい，見あやまりなどが生じ，知的能力は正常であっても学習のつまずきがはじまる。AD/HDの本来の特徴による学習への影響とは別に，学習障害を合併する場合もある。このような状況にあっても，低学年のAD/HD児は自分の評価についてあまり深刻に受け止めず，周囲の否定的感情にもめげることなく登校し，友だち関係を結ぼうとする。中高学年になると，目に見える多動は減少することが多いが，不注意による問題行動が顕著になりがちである。着席はしていても注意は他にいっているため授業を聞いていなかったり（ボーッとしているようにみえる），好きな絵をかいたり，教科書のほかのページを見たりしている。質問されるとあわててその場をとり繕うが，答えは的をはずれている。自分の持ち物や机の引き出しのなかの整理整頓ができないので，いつもさがし物をしていたり，他の子どもの集合に間に合わなかったりする。相手に自分の気持ちや考えを伝える時に，どこから話していいか迷って混乱して順序がメチャクチャになる。クラスや学校のなかでめだって「ダメな子」「ドジな子」というイメージが強くなり，グループのお荷物になっていく。このようなことから，しだいに，意欲のなさ，自信のなさ，自尊感情の低さといった二次的な心理的問題が生じてくる。

　通常，小学校高学年以降の思春期は，周囲の友だちや大人とのかかわりをとおして，自分をみつめ，自分らしく成長していく時期である。友だちや教師や親とどのような関係を結んできたかは，子どもが自分らしく成長するために重大な影響をもっている。AD/HD児は，幼い時から禁止されたり叱られたりすることが多く，まわりの人たちから否定的な対応をされがちで，自信がなく，劣等感が強く，萎縮するか，あるいは，欲求不満で，他罰的，攻撃的になりがちである。どの子どもにとっても，思春期は激動の時期であり危機的状況をはらんでいるものであるが，AD/HD児にとってはとりわけ，自分らしさを見いだすために越えなければならないハードルは高い。

②支援の実際

　AD/HDは中枢神経系の異常に起因する障害であるが，その症状のもつ特徴から，環境要因が症状全体の悪化や改善に強く関与すると考えられる。AD/HD本来の症状の発見と正しい理解や対処が遅れると，交友関係の悪化や不適応状態が深刻化しさらに多様な問題を引き起こす。薬物療法による問題行動の改善は，AD/HD児への評価を変え適応を助けるが，併行して心理・教育的指導が行なわれることが必要である。AD/HD児の行動や認知の特徴を理解し，明確な指示を与え，心理・教育的に対応していくことが社会的スキルの獲得に有効である。実際には，以下のような対応

を行なっている。

　幼児期から学童期のAD/HD児に対しては，学習理論にもとづいた行動療法および認知行動療法にもとづく治療教育を行なう。改善目標となる行動を定め，具体物による強化（ごほうび）や社会的強化（ほめる）によって望ましい行動を増やし，望ましくない行動を減らしていく方法である。いろいろな場面において，どのように行動や感情をコントロールするか，周囲の人々から行動を禁止されたり注意されたりした時にどのように対応するとうまくいくかなどについて，AD/HD児が自分の弱点を自覚し積極的に改善するためのプログラムを作成して指導を行なう。指導には個別指導とグループ指導があるが，個別指導は，子どもの行動統制のためのプログラムを中心として，学習困難のある子どもの場合には課題学習も含んで行なわれる。グループ指導は，数人のグループのなかで行動の抑制と発達的変化をうながすもので，課題学習や音楽や運動などを取り入れながら，小集団のなかでまわりを見ながら行動をコントロールすることを指導する。以上のような援助が，AD/HD児が周囲と円滑にかかわっていく助けとなる。

2）高機能自閉性障害とアスペルガー障害
①社会的行動の特徴

　高機能自閉性障害とアスペルガー障害の場合，障害に由来する社会的行動の問題は，とくに交友関係にもっとも影響が現れる。いいかえると，高機能自閉性障害とアスペルガー障害は交友関係の障害そのものであるといえる。高機能自閉性障害は，①社会的相互性の障害（対人的相互の交流ができず，人の気持ちや状況が読めない），②コミュニケーションの障害（ことばの遅れ，対話困難，たとえ話や冗談がわからない），③行動および想像的活動の障害（常同反復行動，興味の限局，順序の固執，強迫的質問，ファンタジーへの没頭）を特徴とし，アスペルガー障害はこれら3症状のうち②のコミュニケーション障害がないかまたは軽微であることを特徴とすることから，いずれも交友関係における困難が想定される。日本では，高機能自閉性障害とアスペルガー障害を含んで高機能広汎性発達障害という用語を用いることがある。

　高機能自閉性障害とアスペルガー障害の乳児期の特徴は，アイコンタクトが不良であり，抱きにくく母親が抱いてもぴったりよりそってこない，睡眠が不安定でささいな刺激で目覚めて熟睡できない，などがあげられるが，総じて手のかからない乳児という印象が母親から述べられることが多い。しかし，2歳から3歳代の育児はたいへんなことが多く，電池仕掛けで動いているかのように動きまわり，寝ている時以外は動いているなどAD/HDと類似の多動が見られることがある。箱や引き出しをすべて開けてみないと気がすまないとか，エレベーターや自動ドアに執着して何度も出入りをくり返すなどの行動が見られ，行動を阻止されるとパニックになり泣きわめく。周囲の子どもにほとんど関心を示さずいっしょに遊ばないが，興味をもった場合も相手の子どもに砂をかけたり，突然たたいたりするためすぐ喧嘩になり，とてもいっしょに遊べる状況ではなく，母親は子どもたちの集まる所につれて行くことをためらう。関心がないとまったく無視をしているが，好きなことには異常に没頭する。同じビデオを何回もくり返し見ていて，声をかけても振り向かないし，同じ種類の本をぼろぼろになっても手離さない。夏冬通して「これ」と決まった洋服しか着ないので，衣替えができない。トイレも決まったトイレしか使えないので，外出先では何時間もがまんをしてしまう。1日のスケジュールの変更がきわめて困難で，十分予告をしておかないとパニックになる。こういった行動は，ことばの獲得とともに改善する傾向にあるが，ことばを獲得し，多動が改善し，情緒も安定して子どもたちとも少しずつ遊べるようになっても，ことばの使用は不適切で状況にあわない使い方がめだち，交友関係において微妙なズレが存在する。

　環境変化に弱いため，小学校入学当初は学校生活のさまざまな条件に慣れるために時間がかか

り，情緒不安定になり，子どもたちとのトラブルやパニックもたびたび生ずる。教室にいられず保健室に逃げ込んだり，母親が呼び出されて本人を家に連れ帰ったり，クラス全体が影響を受けて授業が妨害されるので母親同伴で登校するよう学校から求められるなど，交友関係や適応の問題にはAD/HDと共通の問題が少なからず認められる。

　高機能自閉性障害児やアスペルガー障害児は人とのかかわりを拒んで引きこもる，と考えられがちであるが，筆者が見てきた児童期以降の子どもたちは必ずしもそうではない。本人は友だちとかかわりたいと思っており，かかわろうとするがうまくいかず，仲間からはずされるか自分からはずれることが多い。低学年の間は，本人は取り残された自覚はなく，孤立しないようにとの周囲の配慮がむしろ意外に思え負担になるようすである。周囲を見ながら行動したり人の表情を読み取ることができないため，悪気はないのに相手を怒らせたり，嫌われたりするような言動がめだつ。「何回言ったらわかるんだよ」と友だちがじれたら，真面目な顔をして考えてから「10回くらいかな」と答えて「ばかにするな！」と相手を怒らせる，という類のことが頻繁におこる。本人は事態の意味がわからず，「頭のなかが真っ白になった」「どうしたらいいか教えてください」と助けを求めてくる。小学校高学年から中学生になるにつれて，自尊感情と自己効力感がしだいに低くなり，「自分はだめだから」「自分は弱虫だから」「死んだほうがいい」などの発言が聞かれるようになる。

②支援の実際
　高機能自閉性障害やアスペルガー障害の中核症状といわれる社会的相互性の障害は，幼児期後期から児童期にかけて徐々に変化がみられる。かかわり方が決まったパターンであったり，他児と少し異なるかかわり方であったりするが，対人関係における相互性が少しずつ認められるようになってくる。このような時期に幼稚園や保育園および学校における健常児や保育士や教師とのかかわりは，高機能自閉性障害児およびアスペルガー障害児が社会的スキルを身につけるうえで非常に重要であり，効果が大きい。幼児期は，遊び，音楽，絵画，運動などの要素を取り入れ，グループ行動や相互遊びをとおして社会的スキルの習得をうながすことが必要である。児童期以降は，学校の授業やクラブ活動や行事など種々の場面において，自分と他者のちがいを意識しつつ融合していくスキルの獲得をめざさなければならない。また隣近所のつきあいや，地域社会の活動を利用して，社会的行動の範囲を広げていくことも必要である。さらに，いろいろな社会的場面を想定したシミュレーションによるSSTは，小グループのなかで仲間や指導者とのやりとりを学び，状況に合った表現や対話や行動を獲得し，日常の交友関係に応用できる点で有用である。

3）学習障害
①社会的行動の特徴
　学習障害（LD）は，知能の遅れはないが，読み，書き，算数などの学習領域のいずれか，またはいくつかに困難が認められ，中枢神経系のなんらかの異常が想定される障害である。学習上の困難のほかに，多動，不注意，不器用，社会性の問題などを合併することも多い。LDは小学校入学後に明らかになることが多いが，問題の徴候は幼児期から認められる。

　幼児期にはことばの理解と表出のアンバランスが認められることがあり，わかっているのにうまくことばで言えないために，ことばの発達や知的発達が遅れているように見える。他の子どもたちが好む本や物語や描画などに関心を示さないこともある。方向感覚や空間関係がわからず，迷子になったりする。運動が下手で，手先の操作も不器用であることが多い。さらに感情表現や交友関係の不器用さも認められ，幼稚園や保育園での友だち関係が問題になることが少なくない。

　児童期に入ると学習上の困難がはっきりしてくる。知能は低くなく見かけは同年齢の子どもたちと変わらないが，文字や文章がスムーズに読めな

い，作文が書けない，漢字が覚えられない，計算ができない，文章題が解けないなどの困難が生じ，学校や日常の生活で大きな支障となる。このような脳の機能の障害による学習困難は，これまで日本の学校においては放置されがちであり，むしろ本人の努力不足や，家庭での教育のあり方に原因が求められがちであった。そのためLD児の多くは，努力しても成果があがらず，失敗経験を重ねることにより，自己評価が低くなり，自信の欠如や意欲の消失が認められ，交友関係も消極的であることが多い。また，AD/HDを合併している場合には，さらに多動や注意の問題が加わって交友関係や集団適応を困難にし，親子関係や同胞関係にも複雑な問題が生じてくる。筆者らの調査研究では，LDおよびLDとの合併率が高いAD/HDの場合，友だちや保育士，教師との対人関係の問題，母親を中心とした親子関係の問題，習癖，無気力，うつ状態，非行，暴力といった本人の問題が，年齢を追って多様になり，対人的，社会的側面がむずかしくなってくることがうかがわれている。

②支援の実際

　LDは学習の障害であるが，学習の問題のみならずさまざまな行動上の問題を呈することが多い。問題行動のなかには，合併症もあり，二次障害としての心因性の問題もある。LDの場合は，学習と問題行動の両面に対する適切な理解と対応がなされることが必要である。LD児は本来，交友関係において高機能自閉性障害児やアスペルガー障害児のような困難は少ない。LD児のなかには，親和的，協調的で人の気持ちに敏感な子どもがむしろ多い。このような子どもたちの交友関係がうまくいかないことの直接の原因は，特定の教科の学習困難に対する教育的配慮の不十分さにある。日本ではまだ普通学級や通級学級におけるLDの指導方法は十分に体系づけられていない。とくに知的レベルの高いLD児の学習困難は，親や教師が専門機関への紹介や依頼をためらう傾向も加わって放置されがちである。専門機関におけるLDの早期発見と早期治療教育の実施により，LD児の自己評価の低下を予防でき，交友関係の問題の発生を未然に防ぐことにつながる。文部科学省によって特別支援教育の試みが展開されはじめている。学習の困難に対する治療教育の充実と，通常のクラスのなかで，LD児と健常児がお互いの能力を認め補い合って発達していくような交友関係の形成が望まれる。

1章 【事例A】注意集中困難と自尊感情の低さをともなったLD

1. 事例Aの特徴と目標

1) 障害ベースの特徴

　事例A（以下Aと略）は，乳幼児検診において発達の問題は指摘されず，正常発達であった。Aは生後10か月のときウイルス性脳髄膜炎に罹患し，薬物療法が6歳まで続けられた。1歳8か月のとき，ことばの発達の遅れを主訴として，T病院心理室へ母親が相談に訪れた。2歳時には3～4語の単語が言えたが，母親や周囲がうながしても発語しようとはしなかった。意志を伝える時は，喃語や身振りが多く，ひとり遊びを好み，遊んでいる間はほとんど声を出さずにひとつの遊びにこだわっていた。一方，母親に甘えて抱っこされることを喜び，他者に対しての親和性は認められた。名前を呼ばれると呼びかけた人を振り向き確認する動作や返事も，時にはできることがあり，聴力には異常がないと思われた。
　2歳8か月より，言語発達をうながすための①思考的側面，②表現的側面，③コミュニケーション的側面の3要素にそった個別治療教育を筆者らが開始した。
　3歳のとき，ひらがなや数字に興味をもちあっという間に覚えてしまい，文字を自分で書き写すこともでき，音と文字を結びつけることが可能になった。視覚認知能力の高さがうかがえた。しかし，ひらがなが組み合わさった単語を意味のあるものとして把握することに困難を示した。また，この間には発語はほとんど認められなかった。
　4歳より幼稚園へ入園した。個別指導では，Aに対する質問や指示をとおしてことばの理解ができてきてはいた。しかし，発語がなくほとんどことばで答えることができなかった。
　また，相手と目をあわせたり，微笑んだりすることがあってもひとりで遊ぶことが多く，子どもどうしのかかわりには戸惑いを示した。幼稚園では，先生の話に集中できず，先生の指示がよく聞き取れず理解も不確かであった。そのため，まわりのようすを見ながら行動するのできょろきょろして落ち着かなかった。また，行動が他の園児より出遅れてしまうことがたびたび見られた。発語の乏しいAは，先生や園児ともことばでのやりとりをすることはなく周囲のようすが理解できず泣いていることが多かった。集団のなかでは，Aの意志に関係なく周囲の音は聞こえているが，聞こえる音のなかから自分が聴きたいと思うものを選別し，その音を集中して聴くということが困難であると思われ，聴覚的認知の悪さと，そのためことばを獲得していく過程の困難さがうかがわれた。ことばで表現できないためどうしてよいかわからない時にはAはよく泣いた。また，身体も虚弱でしばしば発熱し，風邪をひきやすく非常に虚弱な子どもであった。
　その結果，母親との関係が緊密で，Aに対する母親自身のかかわりも過剰に神経質となり，どのように対応をしていくことが良いのかわからず，Aの遅れにばかり気をとられて，Aの将来を思い悩んでいた。Aの状態を正しく評価することや認識することが困難な時期であり，母子が孤立した状態と思われた。Aは，母親の影響が強く，いつ

もおとなしくて内向的であった。Aは，社会的相互性に問題を呈し，集団行動が苦手であった。

2）心理テスト・心理面接結果の特徴

授業開始時（4歳5か月）のWPPSI知能検査の結果は図1-1のとおりであった。

また，言語性IQ（以下VIQ）は言語表現が不十分なため測定不能であった。

教示に対してのことばでの反応がまったくなく，単語をくり返し言うことしかできなかった。ことばの聞き取りや理解が悪くそのためことばの数が少なく，文章の形で言えないなど表出性の言語発達遅滞と思われた。しかし，視覚的手がかりがある課題では教示に従い課題を完成することができPIQは正常域であった。人見知りが強くはじめてのところではよく泣いていた。

2. 事例Aに適用されるSSTの方法とその意義

1）事例Aに適用されるSSTの方法

ことばの遅れがあるが，視覚的な情報を取り入れやすいという特徴があり，言語表出の遅れのために集団行動が苦手なAに対して，非言語的要素を組み込んだ音楽療法によるSSTが有効と考えられた。年齢と障害の異なるメンバーからなるグループにおいて音楽的機能を中心としたSSTを適用した。身体運動によるリズムとり，曲に合わせてボディパーカッションを行なう模倣運動，即時反応，目と手の協応，視覚と聴覚の同時処理をうながすための楽器操作，粗大運動，微細運動など，また，造形や絵画，対人注視を必要とする曲に合わせてのボール活動，注意集中と持続を強化するための音楽鑑賞や演奏発表などを行なった。

本SSTにより，ストレスを発散させ，音楽性を伸ばし，さらに，グループにおける人とのかかわりや楽器や物の操作を学び，さらにさまざまな感情を言語や身体で表出することを試み，その過程のなかで日常生活や学校生活などにおける問題行動が改善され，社会的なスキルを身につけていくことが可能であろうと考えられた。集団行動への適応を短期目標とし，言語コミュニケーション能力の獲得を長期目標として，SSTを開始した。

2）方法として音楽療法を行なう意義

旧来の研究において，なぜ音楽で人は感動を覚えるのか，なぜ音楽が，人間の感情や行動に作用するのかといった疑問に音楽心理学や音楽学などは明確に答えることができなかった。音楽生理学や生物科学が，最新の脳科学（脳神経科学）の光トポグラフィやfMRIを中心とする脳画像や化学物質の分析を用いて音楽的感動のメカニズムを明らかにすることを可能にした。その結果人間の感情や行動を制御しているのは脳であるといっても過言でなくなった。よい音楽を聴き感動することも，楽器を演奏するのも脳であることがわかって

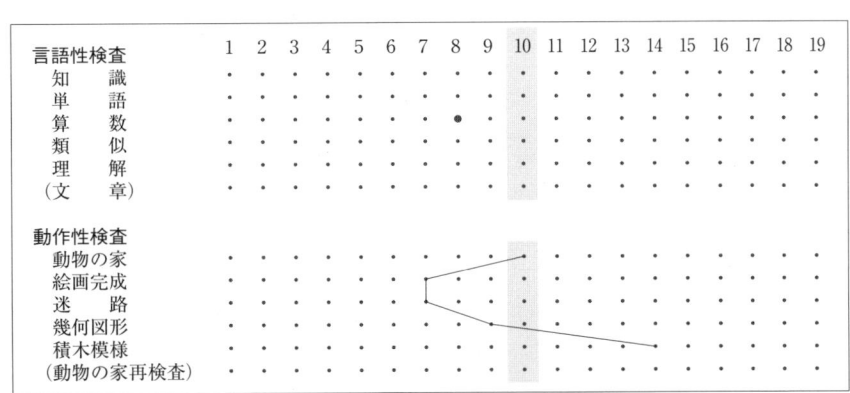

■図1-1　事例AのWPPSI知能診断検査（CA=4；5）

きた。音楽が人間の脳にどのような効果を及ぼしているか，最近の脳神経科学の進歩によって音楽が人間の脳にどのような影響を与えるか解明されている。キャンベル（1992）や松井（1998），福井（2004）らは，音楽を理解するための神経回路，演奏のための神経回路，音楽的感動を受け持つ神経回路が別々に存在するとし，音楽にかかわる中心組織として，前頭皮質，側頭皮質，頭頂部，大脳辺縁系が確認された。音楽に関する生物学的基礎はすでに組み込まれているが，そうした組織や回路は，音楽だけに使われるのではなく，言語や他の情報を処理するためにも使われている。耳から入ってきた音は，一次聴覚野に届けられ，そこで主として音の高低（ピッチ），大きさといった音楽の基本要素の識別が行なわれる。そしてその情報は二次聴覚野に送られは和音（ハーモニー）メロディー，リズムのパターンが処理される。そして三次聴覚野がこれらのパターンを音楽の全体的な知覚に統合すると考えられた。また，音楽は脳の大脳新皮質と大脳辺縁系に影響を与えるといわれる。大脳新皮質は人間の感覚，運動，事物の創造，言語理解等の複雑な神経活動を担っている。それに対して，大脳辺縁系は，海馬や扁桃体，視床など生命維持や感情を司る部位である。

以上二つの部位に対して音楽の与える影響を考え，音楽を介在させる意義を述べてみる。

音楽が大脳新皮質に与える影響について音楽とよく比較されるのがことばの聞き取りである。言語は脳の左半球の言語野で主に処理されているのに対して，音楽は脳の幅広い領域を使って処理されている。彼らの研究では，脳には音楽を理解する回路，演奏する回路，音楽を聴いて感動する回路など音楽を処理するための複数の回路が存在する。音楽のリズムや音色に対する感覚や音楽構造を理解する能力は幼児期からかなりの発達が認められているので，脳のなかに存在するこれらの回路は生得的なものと考えられている。なぜかという疑問に対して，まず知的発達に遅れが認められる子どもについて考えてみる。知的発達の遅れが認められる子どもやことばの遅れが認められる子どもであってもリズム感などがある。これは，音楽回路がある程度生得的なものであるからであるといえる。さらに，音楽活動をするためには膨大な量の情報を一度に処理しなければならないことがわかる。たとえていえば，歌を歌うという行動を取り上げて考えてみると，歌を歌う時には，楽譜を見て調性を判断し，音程をとり，リズムをとり，歌詞の意味を考えないと歌うことはできない。楽譜がなく，楽譜を読めなかったとしても他のだれかが歌っているのを聴いて，それを記憶して自分で再現しなければならない。このように歌を歌うという単純な行動を考えても，視覚，聴覚，運動，言語理解等脳のあらゆる部位を使っているのである。このように脳の複数の領域にまたがって大量の情報処理をしなければならない音楽活動は，脳の活性化につながっていると考える。また，歌うことに正確性や音楽性を求めるのなら視覚，聴覚，運動，言語，感情表現など認知の問題に及ぶといえる。以上のような音楽の特性が，音楽療法が発達障害児や認知症にとって有効であると考える。次に音楽が大脳辺縁系に与える影響について考えてみる。

大脳辺縁系は，自立神経をコントロールしている視床，記憶を担っている海馬，感情の中枢である扁桃体などがある。人間の生命活動の中枢を担う場所でもある。貫井（2003），福井（2004）らの実験結果より，音楽活動をとおして（とくに音楽聴取）大脳辺縁系が活性化されると，各種ホルモン，神経伝達物質の分泌に影響を与えそれが体全体の機能を活性化させることにつながる，それらのなかでもとくにストレスを受けると大量に分泌されるホルモンのコルチゾルは，過剰に分泌されるとイライラしたり怒りっぽくなったり，やけになったり，自暴自棄になったり，胃に穴をあけるといった症状を引き起こすとする。音楽はこの過剰に分泌された血中のコルチゾルが減少させストレス発散したと同じくリラックスをもたらすのである。さらに，板東・松本（2000），福井（2004）らの実験結果から，音楽は性ホルモン（とくにテストステロン：男性ホルモン）の分泌

にも影響を与える。性ホルモンは性行動のみ担っているのではなく，人間の知覚や認知，個性や気分，さらに脳の発達にも重大な影響を与えているのである。また，人の知覚や認知さらには気分にもホルモンのはたらきの関与が明らかになっている。自閉性障害の人の脳が左右非対称の割合が高いといわれその原因としてテストステロンの影響も指摘されている。しばしば音楽的才能を発揮する自閉性障害の人はテストステロンの影響による脳の変化が原因とも示唆されている。以上のようなことがなぜ，音楽の効果によるものか次に述べてみる。

音楽は感情の言語といわれている。音楽を定義してみると，「音楽は，川の流れなどで生ずるランダムな音（雑音）以外の時間的に規則性があり，周波数に規則性があるなどランダムさが低い特性をもっている。人間が楽しむことを意味する特性をもつ音をさまざまな方法で発したり，聴いたり，想像したり，それに合わせて身体を動かす行為も音楽である。」(Rodolf & Boyle, 1979)

つまり音楽には，調性，リズム，ピッチやハーモニーがありそれらが流れをもってある秩序のもとに変動していく。しかも，その変動には強弱の変化やハーモニーの変化の揺らぎがある。そして緊張と弛緩をくり返す。理論的には渡辺（1986）らが行なった実験より，音楽のもつ揺らぎは協和音の1/fに近く多幸感や安らぎがあり，不協和音が扁桃体を刺激し身震いやぞくぞく，どきどきさせる行為が音楽であるからである。また，音楽，とくに打楽器演奏や歌唱は発散（カタルシス）効果をもち，演奏後のスッキリ感や達成感を与える作用がある。さらに音楽に運動を助ける効果や，社会性を育てる効果などいろいろな側面があり，複雑に絡みあうことがわかる。そのことからも音楽が生理的，心理的，社会的にも人にとって効果をもたらすものであるといえる。音楽療法における定義には「音楽のもつ生理的，心理的，社会的働きを，心身障害回復，機能の維持改善，生活の質の向上，に向けて，音楽を意図的，計画的に活用して行なわれる治療技法である。」（松井，1980），「音楽療法士が，音楽のもっている心理的，生理的，社会的機能を用いて，対象の行動，あるいは態度や構えの変化を目的として行なう治療的，教育的活動である。」(Ruud, 1980)，「音楽療法とは音楽による心理治療である。」（山松，1988），「音楽のもつ生理的，心理的，社会的働きを，心身障害の回復，機能の維持や改善，生活の質の向上行動変容に向けて音楽を意図的，計画的に使用すること」（全日本音楽療法学会誌定義，1997）など音楽療法を世界的視野でながめると「音楽療法の定義は音楽療法士の数ほどたくさんあると言っても過言ではない」(Bruscia, 1989)。以上のことより音楽療法における統一した定義はない。

筆者らが定義し行なう音楽療法は，音楽の「機能」を中心におき，特定の具体的な目標をもって使われる治療的な領域—治療教育ととらえ本来独立した領域である「医学における音楽」と重複する部分をもつと考える(Spintge, 1992)。発達障害児における元来の言語指示や援助をともなわない音楽療法ではなく，音楽のもっている心理的，生理的，社会的機能を用いて，軽度発達障害児に対して，場面の枠組み，場面課題への獲得目標，言語指示，言語および身体援助を行ない，社会的相互性とコミュニケーション能力の発達をうながしながら対人関係の改善を図る，といった治療教育からの視点で考えた。次にSSTと音楽の関係性について考えると，①音楽が初期感覚に訴え子どもたちが受容しやすい，②歌唱や楽器を媒介とした大人と子どもと子どもどうしの3項目関係がつくりやすい，③集団音楽活動における役割・分担（パート）などが与えやすく社会性を育てることが容易である，④音楽活動のなかで音楽以外の活動との連携が重要であり取り組むことが容易である，⑤対人関係でのつまずき，自我の弱さ，ことばのつまずき，2次的障害，情緒的障害の子どもにとって音楽は受容しやすく手がかりとなる。以上の観点からSSTを音楽療法で行なう意義がある。

次にSSTの定義について考える。音楽療法に

おけるSSTの定義の統一した見解は確立していない。SSTは社会的スキルともいわれて，1970年代以降，心理学，精神医学，社会学，教育学など広い領域からの研究がされてきた。SSTについての定義もアーガイル（1981）は「相互作用をする人々の目的を実現するために効果のある社会的行動」，前田（1999）は「対人状況に関する適切なものの見方と行動のとり方」と定義しており統一的な定義がなく，社会的スキルという用語の内容の豊富さがうかがえる。そこで筆者らは，音楽療法の活動を通じて，「相手を受け入れながら，相手からも受け入れられるスキルを身につける訓練」と定義して実施した。

3. 事例AにおけるSSTの実施経過と効果判定

1）対象
表1-1のとおり。
SST開始時期：4歳11か月
（現在継続）

2）方法
実施にあたっては，グループを構成する人数，場所，時間，グループのメンバーの発達程度，メンバーの音楽能力や音楽的環境および音楽的興味などの要因を考慮した。すなわちおのおののメンバーが本SSTにおける個人の目標をよりよく達成するために，個々のメンバーに適した音楽的課題を設定するよう配慮した。

本グループは，年齢も性別も障害も異なるという意味でシミュレーションソサエティであると考えられた。セッションの方法，具体的な実施方法およびプログラムの内容は，以下のとおりである。

①セッションの内容と手順
・セッションは1か月に1回1時間とし，時間を定めて同じ会場で行なった。
・セッションを行なうスタッフは，セラピスト1名，アシスタントとサポーター4～7名，ピアニスト1名，ビデオ担当1名，スーパーヴァイザー1名で構成された。
・各メンバーには，担当者を決めて配置し，教示や言語による援助を個別に行なった。
・毎回の行動観察と獲得目標の評価を行なった。
・どの活動をしている時にも，騒ぎ回る子ども

■表1-1 第1期（対象）グループのメンバー構成

授業開始時暦年齢	性別	知能検査	診断名	就学状況	適応の上の問題
4：2	女児	IQ65（TKビネー）	AD/HD	幼稚園	ことばの遅れ，多動，公共の場での問題（乗り物のなかで騒ぐ），集団行動ができない
4：11	事例A	PIQ95 FIQ	言語性LD	幼稚園	ことばの遅れ，集団行動ができない
5：9	女子	IQ82（TKビネー）（8歳2か月時）	高機能自閉症	幼稚園	視線があわない，ことばの遅れ，集団行動ができない，泣くことが多い
6：3	女子	IQ55（TKビネー）（5歳2か月時）	言語性LD	幼稚園	ことばの遅れ，集団行動ができない
6：8	女児		MR	幼稚園	ことばの遅れ，多動
7：9	女子	VIQ985PIQ69FIQ83 WISC-Ⅲ	非言語性LD	小学生	対人関係・学校での自信のなさ，不器用，失敗経験に弱い
15：6	女子	VIQ121PIQ127FIQ121 WISC-Ⅲ	非言語性LD	私立高校生	登校拒否の既往歴，対人面で孤立，状況に合わせたコミュニケーションが苦手
16：5	男子	IQ70（TKビネー）（14歳時）	軽度MR	養護高等部	集団適応できない，暴力を振るう
19：11	女子	IQ19（TKビネー）（18歳時）	MR	作業所勤務	頻尿，強迫的問題行動

や参加できずにいる子どもに対して，スタッフは，否定的な言動をせず，状況を理解して子どもたちみずからの行動をうながす体制で行なった。
・セッションプログラムは1週間前に父兄または本人に渡して，読んでから参加するように伝えた。

②プログラムの構成とねらい

プログラムを作成にするにあたりプログラムにおける各児の獲得目標を設定し，プログラムで場面設定を編成するにあたっては，全体グループ活動，小グループ活動，個人活動の3つにわけそれぞれに習得することをねらいとした課題を設けた（表1-2）。

③セッション前後における実施課題

・セッション開始前に来た子どもたち（以下，メンバー）とスタッフがボール遊びをし，楽器に興味があるメンバーはスタッフといっしょに練習し，開始時間まで自主的な行動の観察を行なった。また，父兄へのフィードバックのときも，メンバーとスタッフとの自由時間を設定して開始前と同様な観察を行なった。
・家を出てセッションに参加し帰宅するまでの間もSSTの一環と考え，家を出る時のようす，交通機関を使用して会場に来るまでのようす，帰宅するまでのようすを父兄から聴取した。
・セッション終了後に父兄へのフィードバックを行なった。さらに，父兄から出されたセッション中には見られなかった日常の行動上の問題や治療教育上の質問などに対して，セラピストが回答した。

④評価方法

評価の方法として，表1-3の検査および調査を行なった。

3）経過および結果

①第1期　就学前　（4歳～5歳）

＜獲得目標　集団行動への適応＞

SST開始前に行なった音楽療法基本調査表（資料1-6）からは，Aと両親および姉は，音楽歴がなく，家庭内でも音楽を聴たり，コンサートに行くなどの日常的習慣はなかった。Aは，歌を歌うことができず，テレビやCDの歌をくちずさむこともなかった。特別に不快と感じる音の報告もなかった。

初回のセッションは，Aは泣いて入室に時間を要し，母親に抱きついたまま椅子に坐って参加できず見学をしていた。泣きやむと視線を子どもたちには向けず，とくにキーボードに向けて注視していたが，母親から離れることはなかった。飛び回る子どもに対しても余り関心を示すことなくテーブルの上にある楽器を見ていた。終了後，次回よりAの入室と同時に母親が退出することを提案した。セッション初回から母親は，SSTが社会的相互性や本人の発達をうながす効果があるという考えに対して懐疑的であった。しかし，筆者らは一定期間継続して来室することをすすめた。2回目のセッションでは，母親がいなくなると同時にテーブルの下にもぐって泣きはじめた。子どもたちがAの手をとり参加を呼びかけても，テーブルの下から出て来ることができず，またスタッフの援助にも応じることなくセッション活動の輪のなかに参加できなかった。しかしAはテーブルの下から活動する子どもたちや楽器に視線を向けたり，泣いている時もその場から動くことをせず視線を活動に向けていた。集団の輪のなかに入るきっかけが見つからず，いつもいっしょにいる母親が見当たらず，子どもたちの声かけに対して混乱して戸惑い，どのようにしていいのかわからないようすで，スタッフが援助すると泣いてしまった。

担当スタッフより，集団行動に入ることが困難な子どもに対して，まだ年齢的に無理なのではないか，泣いているのは拒否反応として嫌がっているのではないか，もう少し子どもの発達を見てか

■表1-2　プログラムの構成とねらい

（A）集団活動	全体活動を通して指示理解，即時反応，ルール認知，模倣・身体表現，分担・役割習得をねらいとした課題
1　導入 　　ウォーミングアップ	ピアノのテンポに合わせて Beat を刻みながら、Walk（歩く）& Run（走る）Skip（スキップ）Down（すわる）Up（立つ）、歩く時は，曲の調整に合わせて悲しい，疲れた，怒った，うれしい，元気な，など歩き方を子どもが考えながら行ない，即時同時動作を Down, Up で実施した。ピアノに合わせて Run（走る）を行なうと子ども同士でぶつからないように相手を意識できる子ども，ふざけてしまい押したりする子どももいる。その結果，転ぶ子どもやお互いにふざけあう子どももいたが，子ども同士がお互い注意しあい，担当スタッフの介入を最小限として行なった。
2　合奏	階名入り音の色階段を視覚援助として行なった。この援助を機会に合奏への積極的参加ができるようになる子どもが多い。ピッチ，強弱を打楽器や簡易楽器を操作する時に確かめてから行なった。合奏では楽器を自分で選択させて2回ごとに楽器の交換をルールとして行なった。特定楽器に固執する子どもがどのようにしたら他者と交換していけるか，スムーズに行なえない時も最小限の担当スタッフの言語援助を用いた。
3　歌唱	振りを付けながら歌をうたう身体表現。同じ曲の曲調をかえ喜怒哀楽を動作とともに表現した。
4　聴音	セラピストが弾いた音と同じ音を弾く。1音から5音と数をあてることも同時に行なった。
5　ゲーム	ピアノの音にあわせて小さな音になっても聴こえている間は座らない。 床のテープの上を踏み外さないように1曲が終了するまで何回往復できるかなど，ルール理解を確認しながら行なった。
（B）小グループ活動	小グループの活動を通してグループミーティング，調和活動，表現力の強化，参加協力をねらいとした課題
1　ボール	二人一組でボールを使用して2拍子，3拍子，4拍子とリズムを正確に刻みながら（かけ声として・イチ・ニ・サン・シ）相手に向かってボールを投げる。Aには投げる，受け取る，相手を注視し声かけをして行なった。
2　即興演奏	楽器を使用して以下の音をそれらしい音を工夫し表現させた。 　　例；汽車，波，風船など
3　創作	絵をみての楽器・声・身体を使っての表現を行なった。 　　例：重い石，水道から出る水の子，吹き飛ばされた帽子
（C）個人活動	グループの活動を通して個人個人のつまずきを確認しながらグループにおける子どもの見えない部分を確認した。また，活動を通じて一体感を養い創造性の育成や役割をもちながら達成感をもち自信回復をねらいとした課題
1　あいさつ	お互いの名前を覚えて名前で呼び合えるようにすることを獲得目標にした。名前が人前で言えスタッフからの簡単な質問に的確に応答できるようにと設定した。初段階においてはＣＤＥＦＧの音階を弾きながら合わせてみんなで「おなまえは」と歌いかけ，歌い終わると同時に名前を答えることとして行なった。
2　ボディ 　　パーカッション	1列に整列して曲に合わせ，隣の人にも合わせて，出遅れやズレがないように注意しながら，身体を打楽器としてリズムを刻む。できるようになったら歩きながら前後左右に整列して揃えることを意識して行なった。
3　イメージ絵画制作， 　　造形	即興演奏によって思い浮かんだことなどを絵に描くことを行なった。 来月の歌の曲にそっての季節・風物・行事などをスタッフと一緒に考えながら，絵画作成を行ない作成後個人発表を行なった。
4　ボールゲーム	わらべ歌を唄って，同時にボールを見ながら曲にあわせ，まりつきを行なった。歌うことが苦手な子どもは，イチ，ニとかけ声をかけることから行なった。
5　クールダウン	音楽鑑賞，考えてみよう，話し合おう，造形，絵画，抽象的なものに対しての自分の感情表現が的確に相手に伝わるように，音楽鑑賞後の感想を口頭と筆記で行なった。 身近な問題点に対して自分の意見がいえるように，アンケート方式で口頭と筆記で行なった。
6　発表	子どもたちが自主的に家庭で準備した。発表希望者は発表係リーダーと打ち合わせを行なった。発表者多数の時，制限時間を3分とした。 内容は，ピアノやリコーダーの発表演奏，なぞなぞ，手品，歌唱，創作劇，創作話など。 子どもたちだけで構成できるように援助は最小とした。

■表1-3　評価と調査方法

```
1．知能検査は1年に1度実施した。
2．S-M社会生活能力検査を1年に2度実施した。
3．ソーシャル・スキル度評価表（資料1-1）は，セッ
   ション終了後SSTチェックリスト（資料1-2）をも
   とに算出し，結果は，半年の平均値とした。
4．音楽行動チェックリスト（MCL）（資料1-3）セッ
   ション前と6か月後に実施した。
5．SSTチェックリストは，毎回のセッション後実施
   した（資料1-2）。
6．個人別担当スタッフの報告書および全体資料（資
   料1-4）は，毎回のセッション後に行なった。
7．場面課題におけるメンバーのやりとりと行動観察
   記録（資料1-5）は，セッションのなかで担当スタ
   ッフが，行なった。
8．音楽療法基本調査表（父兄からの聞き取り調査）
   （資料1-6）はセッション実施前に行なった。
9．セッションを撮影したビデオは，毎回撮影した。
＊各回のプログラム参照（資料1-7，資料1-8）
```

＊資料は章末参照

らグループに入れたほうがよいのではないかとの意見があった。筆者らは，入室してから退出するまでAは部屋の外に飛び出すこともなく，また，活動に参加することができなくても子どもたちと同じ場所にいられたことを参加の第一歩と評価した。母親に次回から開始時刻より少し早めに入室させるように指示した。Aについての評価とようすを詳細に説明し，また，気持ちの準備のために，セッションが行なわれる日時を予告することをすすめた。第3回目と4回目は病気のため欠席であった。第5回目，Aは母親と手をつなぎ歩きながら泣くことなく入室ができた。このときは発語がなく「おはよう」という子どもからのあいさつにも答えなかった。Aの担当スタッフが楽器（たいこ）を示すと，見ていても操作しようとはしないで，すぐにテーブルの上のキーボードにかけよった。セラピストがキーボードの上にAの手をおくと音が出てびっくりしていたが，驚いて泣いたりすることもなく，その場から立ち去ることはなかった。その間に母親は他の母親といっしょに退出した。セッションが開始されてもキーボードから離れようとしないAであったが，セッション導入（ウォーミングアップ）の「WALK & RUN」から担当スタッフの「はじまるよ」の言語援助と手をつないで導入する身体援助により輪に加わり，他の子どもの動きを見ながらスタッフと手をつないで参加できるようになった。初対面の子どもどうしが向き合って振りつけをしながら歌を歌う場面では，歌は歌わず相手を見ながら一生懸命体の動きを模倣していた。リラックスできていないので硬く小さな動きであった。6回目のセッションでAが自主的に参加できるところでは援助を言語だけにして参加させ，参加できないところでは担当スタッフとAは他の子どもの活動を見ていた。月に一度のセッションも体調不良のためにお休みすることが多いAであった。しかし，①来室，②入室，③退出の3項目はスムーズに行なえるようになった。あいさつ場面では，前に出て，音階（ドレミファソ）の歌にのせて前に立っている子どもにみんなで「おなまえは」とゆっくり歌いかけた（図1-2）。また伴奏は，子どもが代わってピアノで弾きながら「おなまえは」と行なうこともあった。Aは，「おなまえは」と聞かれても返事ができず，返事の代わりに右手をあげるためにスタッフが手を添えて身体援助と「手をあげて，ハイだよ」という言語援助を必要とした。Aはセッション中の発語はまったくなかったが，子どもたちといっしょにいることを嫌がらず，子どもたちの声かけやスタッフの言語援助と身体援助によって模倣をしながら音楽活動に参加をした。机上の楽器を投げて回る多動のAD/HDの子どもに対し，真似をすることなく，落ちた楽器を

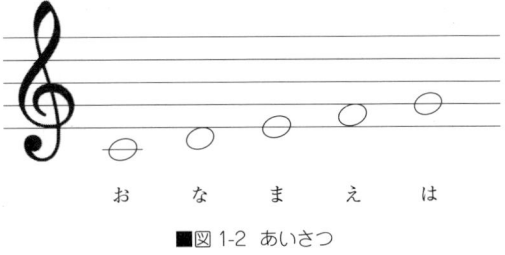

■図1-2　あいさつ

他の子どもと拾い集めて元の場所に戻すことができた。バイオリンを得意とする子どもの演奏や，指人形で創作話の発表をする子どもを集中して注視し鑑賞できた。リズムの正確性を測定するメトロノーム歩行は，リズムをとって手をたたいて強拍を表す動きが一番正確によくできた。合奏で打楽器（たいこ）のリズムを正確に刻むことができた時「できた」と大きな声で言えた。しかし，興味があるたいこに注意を奪われ，執着して，指示に従うことができず次の課題にスムーズに移行することには援助が必要であった。また，歌唱と歌いながらボールでリズムを刻む場面が苦手で歌うことができず，ボールも受け取ることができなかった。

一方，クールダウンのために行なった造形と絵画は一度も嫌がらずに参加できた。楽器に強く興味をもち，楽器の名前を覚えることができた。合奏の場面では指示する楽器を子どもたちに渡す役を受けもつようになった。セッションのクールダウンで行なう造形と絵画の課題でスタッフから出される「これは何」の質問に対して，物の命名ができた。色の弁別，色の名前，好きなアニメーションなどの名前は大きな声を出して言っていた。しかし発音が不明瞭のためにスタッフが「もう1回言って」「いまなんて言ったの」などの確認を行なうと「もう……」と言って怒って黙ってしまった。話すことへの抵抗や失敗経験による苦手意識が見受けられた。苦手なことは回避する行動をとるようになり，質問に対して，「わからない」「知らない」と言うようになった。就学が近づくころよりセッションの場面で特定の子どもとふざけてしまう行動がめだち，スタッフの注意を引いていた。スタッフに抱きついたまま課題に参加したり，帽子をかぶったまま参加したり，おぶさったり横になったりなど退行した甘えが認められた。このような行動が，周囲が就学を口にするようになるとくり返し見られた。女性スタッフに対して注意引き行動と甘えが顕著なため，甘えが出てきた時点で女性スタッフから男性スタッフに交代した。セッション中スタッフに対して甘えを示した時には，両手を交差した身振りと「いけない

よ」の言語指示によって活動にもどるようになっていった。子どもやスタッフにもことばを使ってかかわることが可能になった。気が向かないと課題に応じない子ども，楽器など机の上のものをすべて投げて勝手で乱暴な行動をする子ども，状況に無関係なことをいったりふざけたりする子ども，スタッフへのかかわり方がわからず乱暴な行動をとって部屋から出ていこうとする子どもに対して，笑ったり，制止のために追いかけたり，名前を呼びかけたりしてかかわりはじめた。集団行動のなかでやって良いことと悪いことの区別ができたと思われた。また，集団適応が可能になってきたと考えられた。

第1期経過後（6歳3か月）の知能検査（WISC-Ⅲ）評価は図1-3のとおりである。

前回は言語表現が不十分なために言語検査は測定不能であったが，PIQは92であった。今回はPIQがVIQより高く，有意な差を認めるものの，言語性課題に応答することができ，VIQが算出できた点で言語能力の発達が認められた。Aの年齢がWISC-Ⅲの適応年齢の下限に近く，また言語発達が遅れた経過を考えると，今後まだVIQが上昇する可能性が高いと考えられた。テスト時のようすから聞き取りやことばの取り出しの悪さが認められ，言語性LDである可能性が示唆された。

また，聴覚的短期記憶の悪さ，集中力の問題，興味のあり方などが影響していると考えられた。聴覚的情報より視覚的情報の取り入れが格段に良く，学校や日常生活の指導において視覚的情報に置きかえてやる援助が有効と考えられた。

Aの身体と知的発達の変化にともない母親も障害の正しい理解と認識のもとに距離をおいてAに対応するようになり，以前とは異なった前向きな姿勢をAに対してもって取り組むように変化した。父親の参加も見られるようになり，家族でAをきちんと受け止めるという環境調整ができ，療育の基礎が就学前にできあがった。また，小学校に入学するにあたり，幼稚園からはことばの遅れに対して特別クラスをすすめられたが，筆者ら

は現在発達が加速しつつあるAについては普通が適当とみなし，父兄には普通級をすすめ入学が決定した。事例Aの第1回目の評価と調査結果を以下に示す。

・音楽行動チェックリスト（MCL）（図1-4）
・ソーシャル・スキル度チェック評価（図1-5）
・SSTチェックリストの合計点数と評価項目数（表1-4）
・S-M社会生活能力検査（図1-6）

Aは，MCLの結果，セッション前と比べて聞くことと対象関係に顕著な伸びを認めた。ソーシャル・スキル度チェック評価においては，集団行

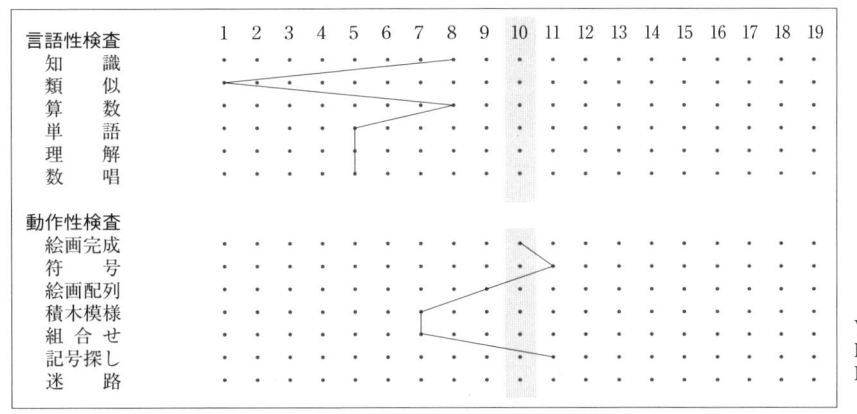

■図1-3 事例AのWISC-Ⅲ 知能検査（CA=6；3）

VIQ=71　言語理解 68
PIQ=92　知覚統合 89
FIQ=79　注意記憶 79
　　　　　処理速度 106

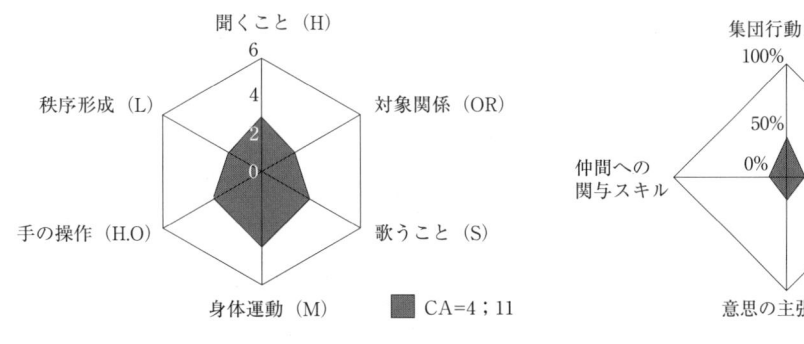

■図1-4 事例AのMCL　　　　　■図1-5 事例Aのソーシャル・スキル度チェック評価

■表1-4 第1期合計点数と評価項目数

	1. ウォーミングアップ	2. あいさつ	3. 合奏	4. 鑑賞	5. クールダウン	6. さようなら
あいさつ		10/2				
個別場面	5/2	5/1	25/5	0/2	5/1	
集団場面	30/7	20/4	20/4	5/2	10/2	5/1
注意集中・多動	35/10	30/6	25/5	20/5	25/5	5/1

点数/項目数

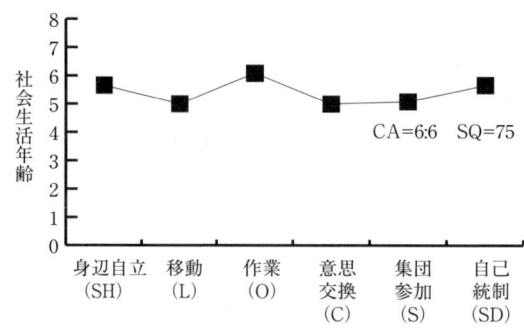

■図 1-6　事例 A の S-M 社会生活能力検査

動スキルが伸びた。またSSTチェックリストの合計点数と評価項目数の結果，事例Aの内容理解がそのまま行動に現われ，理解が可能なときは集中して意欲的だが，わからなくなると遊んでしまった。

S-M社会生活能力検査の結果，意思交換，集団参加が生活年齢より1歳半の遅れを示した。これは，ことばの遅れや経験の少なさによるものと思われた。しかし，SSTチェックリストでは，セッション内での集団参加は全項目において可能となった。

② 第2期　小学校1年生〜2年生
＜獲得目標　課題における指示理解＞

課題をとおして，ストレスを発散させながら自信の回復と注意集中の持続をうながした。

第2期は，表1-5のように，児童がふえ，新たなメンバーで開始された。

歌うことを苦手とし，語彙の少ないAに対して「ドレミファソラシド」の音の色階段を提示し

■表 1-5　第2期（対象）グループのメンバー構成

暦年齢	性別	知能検査	診断名	就学状況	適応の上の問題
4；9	男児	DQ＝68 乳幼児精神発達質問紙	自閉症	幼稚園	多動，集団行動ができない，ことばの遅れ
5；2	女児	IQ65（TKビネー）（4歳時）	AD/HD	幼稚園	ことばの遅れ，多動，公共の場での問題（乗り物のなかで騒ぐ），集団行動ができない
6；3	事例A	VIQ71 PIQ92 FIQ79 WISC-Ⅲ	言語性 LD	小学生	ことばの遅れ，ストレス発散
7；9	女子	VIQ88 PIQ69 FIQ83 WISC-Ⅲ	非言語性 LD	小学生	対人関係・学校での自信のなさ，不器用，失敗経験に弱い
8；2	男子	VIQ78 PIQ102 FIQ97 WISC-Ⅲ	言語性 LD	小学生	状況や他者とのやりとりが困難
8；7	男子	VIQ102 PIQ79 FIQ88 WISC-Ⅲ	非言語性 LD	小学生	失敗経験に弱い，自尊感情が低い
11；3	男子	VIQ985 PIQ69 FIQ83 WISC-Ⅲ	AD/HD	小学生	注意集中が困難，多弁，状況理解が悪い
9；5	男子	IQ＝27（TKビネー）	自閉症	小学生	ことばのやりとりが困難，自尊感情が低い，集団行動が苦手
17；6	女子	VIQ121 PIQ127 FIQ121 WISC-Ⅲ	非言語性 LD	私立高校生	登校拒否の既往歴，対人面で孤立，状況に合わせたコミュニケーションが苦手
18；5	男子	IQ＝68（TKビネー）	軽度MR	養護高等部	集団適応できない，家庭内暴力

た。「ドレミファソラシド」とつぶやき声で歌うことができるようになった。語彙が少なく言語理解が困難なAは，着席していてもセラピストの指示やスタッフの言語援助や子どもたちの声かけに対して，ぼんやりして注意集中が困難なようすが顕著になった。聞き返して確認を行なっても答えられないことが多くなった。これは，グループの再編成により課題の内容が高度になったことによるものと思われた。そこで，視覚的な援助をともなう音の色階段を設定した。色階段と結びつけて，Aが楽器のなかで特別に興味を示したハンドベルを強化子とした合奏活動を多く取り入れた。音の色階段を視覚援助にして，苦手な歌を階名で歌いながらハンドベルを同時にならす課題を行なった。Aはあまり気がすすまないようすであった。リズム感がよく打楽器が得意なAが，ハンドベルはできないと思い込んでいたようだった。また，できないと思うことや苦手なことを回避する傾向が見られた。ところが，Aはまもなくハンドベルに関心をもって取り組み，習得できた。Aがハンドベルを他の子どもより早く習得していけたことは，以下のような他の子どもからの声かけがはじめてAに向けられたからであった。「ド」の音の出る赤いハンドベルをAに渡して「かえるの歌」の合奏をはじめて行なった。音の階段を示すことで何度かくり返し回ってくる「ド」の音をまちがえることなく鳴らすこともできた。他児から「すごい，一度でできた」と誉められた。

　Aは，ただニコニコして応じた。このことをきっかけに全プログラムの課題に意欲をもち積極的に参加ができるようになり，スタッフの手伝いもするようになった。ハンドベルを強化子として他の苦手な課題も行なった。その結果，人前で階名と簡単な歌詞をつけた歌が歌え，子どもやスタッフの声かけにも応じて集団のなかではことばでやりとりする場面がふえてきた。指示に対して遅れがちになりながらも，他の子どもと行動をすることが可能になった。あいさつ場面では，大きな声で名前，学年，年齢などが言えるようになった。

　小学校入学後，学校生活でも集団適応ができ，友だちもできた。勉強への意欲もあり，担任の先生がAの特徴を理解して指導し，環境が整った。セッションでは，気に入りの楽器であるハンドベルをもってひとりでいくつもの音を担当するようになった。

　はじめての曲を取り上げても，スタッフが「音の色階段」を指さして援助することでスムーズにまちがうことなく演奏ができるようになった。その間ピアニカや他の楽器操作も非常によくできるようになった。本人にとっては楽器に挑戦することが楽しみのひとつとなっていった。また，家を出がけに父兄より怒られたことを引きずりセッションに参加できずに泣いている時も，合奏でハンドベルをAの前においておくと，遠くのほうからでも覚えた階名にそってハンドベルを鳴らして合奏には参加した。ハンドベルのかたづけをきっかけにして何事もなかったように途中から活動に参加することができた。学年がすすむと，セッションでのあいさつの課題が苦手になった。名前，学年，年齢をスラスラ答えることができても次に別な質問をされると固まってしまって何も言えず，泣きそうな顔をして答えることを拒否したり，「ちょっとわからない」「知らない」ということばをよく口にするようになった。入学後に見られたことばの遅れによる小さないじめやコミュニケーションがうまくいかないことの自覚などから，言語表出についての苦手意識が強まったことによると考えられた。

　第2期経過後（7歳4か月）の知能検査（WISC-Ⅲ）の評価は図1-7のとおりである。

　聴覚的情報に比べて視覚的情報のほうが取り入れやすいことが明らかであった。VIQに比べてPIQが高かったが，動作性課題での下位検査間のアンバランスが顕著であった。言語性課題については苦手意識が強く，言語課題になると落ち着きが失われ，「あと何問」などの質問が出て終わりを気にしていた。また，1問目が答えられない時に例示を手がかりにして2問目からは正答を導き出せるなどのようすが顕著であった。言語課題に関しては絶対にまちがってはいけないという意識

が強く，情緒的に過緊張となってもてる力を発揮できないことが推測された。

・音楽行動チェックリスト（MCL）（図1-8）
・ソーシャル・スキル度チェック評価（図1-9）
・SSTチェックリストの合計点数と評価項目数（表1-6）
・S-M社会生活能力検査（図1-10）

Aは，MCLの結果，セッション前と比べて聞くことと対象関係に伸びを認めた。ソーシャル・スキル度チェック評価においては，全項目に顕著な伸びを認めた。SSTチェックリストの合計点数と評価項目数よりセッションを通して指示が理解できるようになり，集団行動もでき行動にまとまりが認められた。自主的な行動も，それにともない自発語もふえてきた。S-M社会生活能力検査の結果，各項目において顕著な伸びを示した。

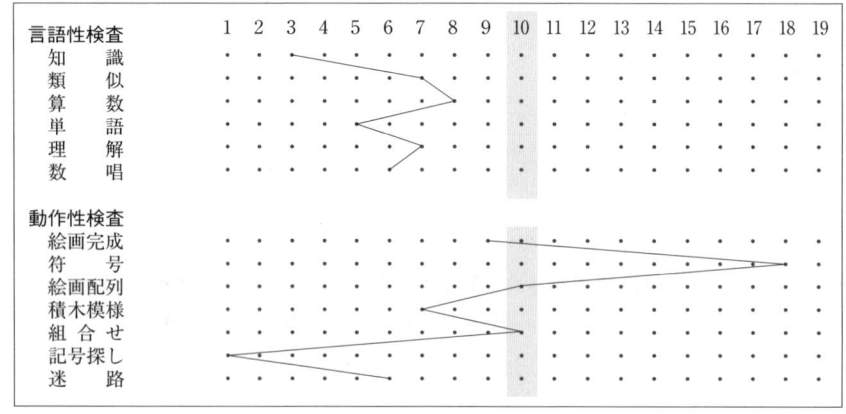

■図1-7　事例AのWISC-Ⅲ　知能検査（CA=7；4）

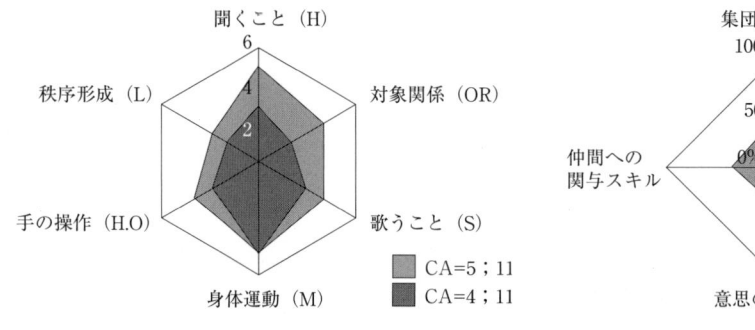

■図1-8　事例AのMCL

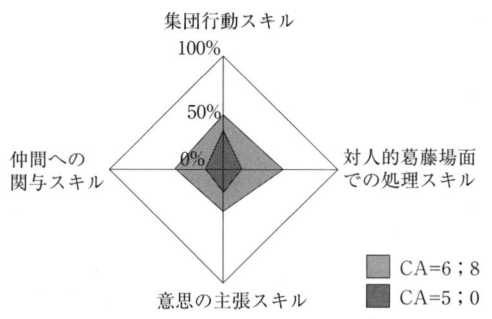

■図1-9　事例Aのソーシャル・スキル度チェック評価

■表1-6　第2期合計点数と評価項目数

	1. ウォーミングアップ	2. あいさつ	3. 合奏	4. 鑑賞	5. クールダウン	6. さようなら
あいさつ		5/1				5/1
個別場面	25/5	13/3	15/3	10/3	25/5	5/1
集団場面	15/3	15/3	10/2	0/2	10/3	20/4
注意集中・多動	35/7	35/7	35/7	15/7	35/7	5/1

点数/項目数

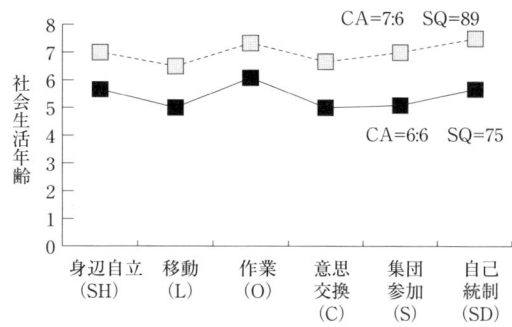

■図1-10　事例AのS-M社会生活能力検査

③第3期　小学校3年生

<獲得目標
　　　言語コミュニケーションと語彙を広げる>
ストレスを発散させながら，苦手意識の強い言語課題においての自信回復を目標に行なった。

第3期メンバーは，表1-7のとおりであった。

メンバーの社会年齢があがり，課題は言語課題が中心となり，Aにとってはさらに課題がむずかしくなった。

Aは，課題のなかで集団活動におけるあいさつや質問に答えること（場面コーナー）が苦手であった。これらは，緊張が高く自信を失う課題であった。経験にもとづいて答えることができること を聞かれた時や，興味のあることを聞かれる時は，自信をもって答えることができ，比較的スムーズに応じた。順番で，Aの前に答える子どもが困ったり，泣き出したり，うまく答えられず，途中で席についてしまうと比較的安心して質問に応じることができた。

Aにとって緊張感が高いあいさつ場面では苦手意識をもち，課題の好ききらいが明確になった。自信のもてることや自分の得意とする楽器演奏などを好み，苦手意識の高い言語課題は，子どもどうしでふざけてしまい，拒否することもあった。以上の課題に関しては，来室前に家庭でやりとりの練習をしてから行なうことも試みた。しかし，

■表1-7　第3期（対象）グループのメンバー構成

暦年齢	性別	知能検査	診断名	就学状況	適応の上の問題
7；4	事例A	VIQ75 PIQ106 FIQ88 WISC-Ⅲ	言語性LD	小学生	状況や他者とのやりとりが困難
11；3	男子	VIQ98 PIQ103 FIQ98 WISC-Ⅲ	AD/HD	小学生	注意集中が困難，多弁，状況理解が悪い
10；5	女子	IQ＝82（TKビネー）	高機能自閉症	小学生	ことばのやりとりが困難，自尊感情が低い，集団行動が苦手
23；4	男性	VIQ65 PIQ77 FIQ66 WISC-Ⅲ	高機能自閉症	アルバイト	対人コミュニケーションが困難，独語が多い
13；6	男子	IQ＝30（TKビネー）	自閉症	養護中等部	ことばの遅れ，注意集中が困難
26；2	女性	IQ＝38（TKビネー）	精神発達遅滞	作業所	過緊張，強迫的な問題行動，頻尿
8；3	女子	IQ78（TKビネー）	軽度MR	小学生	ことばの理解が悪い，失敗経験に弱い
16；3	男子	VIQ98 PIQ97 FIQ96 WISC-Ⅲ	ADD 不登校	高校生	自尊感情が低い，対人関係のつまずき
14；6	男子	VIQ65 PIQ79 FIQ65 WISC-Ⅲ	軽度MR	中学生	多動，不登校，対人関係のつまずき

質問が聞き取れなかったり，聞いたことや覚えてきたこともすぐ忘れてしまい，「何だっけ」といって困惑した。ことばの不明瞭さを指摘されたり聞き返されたり，子どもにまちがいを指摘されたりすると涙ぐむようになった。また，他の子どもの言動をそのままそっくりまねて答えることもしばしば見受けられた。質問に対して，考えようとしないで「知らない」「え，ちょっと……」などとすぐ言ってしまったり，電報口調で答えることがしばしば見られた。質問の意図を理解できない，聞きちがう，記憶できない，といったことのために自分の考えをまとめてから答えることがむずかしかった。あいさつ場面でのやりとりでは聴覚的な認知の問題や表出言語の問題がはっきり現われてきており，Aの障害の特徴が明らかになった（表1-8参照）。

以上のようにAにとってむずかしいあいさつ場面とやりとり課題は，家庭で母親と練習してからセッションに参加し，なお，できなかったことに対しては機会を改めてくり返し行なった。また，他の場面でも指示理解ができているかどうかをスタッフが確認をし，担当スタッフが言語援助を行なって少しずつ理解や聞きちがいがなくなった。

通知表を筆者に見せながら「音楽は全部『よくできた』の所に○だよ」と，指で示しながら得意そうに話しかけてきた。Aの得意なことや自信のもてることを課題に取り入れて，言語課題を行なうようにした。Aの意欲を持続させながら失敗経験にもめげないよう指導した。そのため，不明瞭なことばについてスタッフが聞き取れずに聞き返しをしても，嫌がらずに答えることができる場面も出てきた。国語の学習では早い時期から辞書でことばの意味調べをすることが得意であった。しかし集団のなかでは，話しことばに対しての苦手意識が最初にあるため，まちがえてはいけないと緊張して課題に取り組んでいた。以前のようにできなかったことやわからないことに対して泣くことはなくなったが，黙ってしまい，一度でも「えっ，何，何て言ったの」と言われてしまうと答えようせずその場で固まってしまうことがあった。歌を歌うことが苦手でできなかったが，階名を覚えて，歌うことが可能になると，積極的に歌唱の場面に参加して歌うようになった。歌詞カードがなくても短い歌は暗記して人前で歌えるようになった。ストレスを発散させながら徐々に苦手な課題に取り組んでいった。あいさつ場面ではAに質問リ

■表1-8　事例Aのやりとり

質問事項全員共通課題	Aの回答
今度何年生になるんですか？	「小学校2年生です」
春休み何をしたいですか？	言語援助すると「忘れた」と答える。
学校で一番好きな先生の名前は？	「……。（固まってしまった）」
夏休み，何が一番楽しかった？	「旅行に行ってきました」
何時に寝た？	「9：30」
旅行にはだれと行ってきましたか？	「家族全員」
どこに行ってきたの？	「山」
好きな乗り物は？	「ない」
母の日に，お母さんに何かしましたか？	「……。（沈黙）」 うしろの壁に手をつく。 <u>「母の日にお祭りに行った」</u>
それはいいね。何を買ったの？	<u>「お祭りは○○公園です」</u>
何か，買った？	<u>「お祭りではいろんなものを売りました」</u>
雨の日は何をして遊びますか？	「なかであそびます」
新しいクラスのお友だちと遊ぶのかな？	「新しいお友だち」
クラスのお友だち？	「新しいお友だち」
好きなお友だちは？	「男の子で，○○君」（きちんと言える）

<u>　　　　　　　　　　</u>不正答

ーダーとして子どもたちに共通の質問をさせることを試みた。やがてプログラムを見ながら相手に質問ができるようになった。しかし，質問を記憶して行なうことはできず，メモを見て読みあげた。

Aは，学校生活をとおして自分と他者とのちがいを感じることや，担任の先生が言うことが速すぎてよく聞き取れずよくわからないことを訴えるようになった。スタッフはAの訴えによく耳を傾け，合奏や発表など得意なことでストレス発散をさせ，あいさつ場面での苦手な課題は，リーダー的役割をもたせながら行なった。クールダウンで行なった「音楽鑑賞後の感想」（表1-9，表1-10）「考えてみよう」（図1-11〜図1-13）「あなたの意見を教えてください」（2章表2-2）の課題は，音楽のような抽象的なものを言語で表現させ，また身近な問題を取り上げて状況の理解をうながし，その問題に対してどんな気持ちになったのか表情画を描かせ行なった。

「音楽鑑賞後の感想」の課題は，スタッフの明確なことばによる援助のもとに形容詞カード（表1-14）による視覚的言語援助を与えた場合と与えない場合を設定して行なった（与えない場合は表1-9のとおりであった）。

視覚的言語援助を与えた手続きとしては以下のとおりである。
① 楽曲ははじめて聴く曲とし，テンポ・音域・旋律・調を考慮しバッハとショパンより選曲した。
② ピアノ演奏者を子どもの視野に入れず，ピアノ演奏を聴かせた。
③ A）動きやようすを表す7つのことば　B）感情を表現する7つの

■表1-9　音楽鑑賞後の感想

	曲目	事例A	言語援助回数	AD/HD	言語援助回数	HFA	言語援助回数
ギター	ミッキーマウスマーチ	〈言〉ギターが上手だった。	0	〈言〉ミッキーマウスマーチ。あまり楽しくなかった。	2	〈言〉楽しい感じ。（目を閉じ揺れるジェスチャー）	0
	大きな古時計	〈言〉楽しかった。	1	〈言〉感じた。ピョーン。少しさわった。	2	〈言〉悲しかった。	0
	禁じられた遊び	〈言〉大きな音だった。うれしい。	2	〈言〉小さかったです。少し。	1	〈言〉気持ちよく，……悲しかった。	0
ピアノ	聖者が町にやってくる	〈言〉聞いたことない。きらい。うるさい。	2	〈言〉ものすごいボワーンとした。	2	〈言〉盛り上がって楽しかった。大声で，聞かれる前に。	0
	おお牧場はみどり	〈言〉楽しかった。（前者の感想を聞いてそのまま発言）	0	〈言〉地獄の曲だった。	2	〈言〉衝動的に聞かれる前に）0　〈言〉楽しい。	
	トロイメライ	〈言〉楽しかった。好き。	1〜2	〈言〉また地獄の曲だった。	1	〈言〉今起きた。眠い感じ。	0
キーボード	グリーンスリーブス	〈記〉音がとてもよかった。	0	〈記〉ぼくが牛になったみたいです。きびしい曲です。	0	〈記〉とても，きもちでねむっちゃうほどいいおでやすやすきがみんにかする曲だった。とても気持ちが良く眠っちゃうほどいい音で安らぎが感じる。	0

* 〈言〉：言語　〈記〉：記述

■表 1-10 音楽鑑賞後の感想

曲目	事例 A	＊	HFA	＊	AD/HD	＊
〈バッハ〉 メヌエット　G-dur Moderato	やさしくきれいな歌	3	はげしいでしたくらいでした。	3	この曲は，はやくてあかるい曲です。	2
インベンション a 3 voix Bwv787 C-dur allegro moderato	はやくてきれいな	1	おそいくらい曲だった。	2	はげしくて，あかるい曲でした	1
Eight Little Organ プレリュード 8 B-dur allegro	はげしくきれいな音	0	はげしい，うるさい	1	はげしくて，たのしい曲です。	0
〈ショパン〉 ワルツ op64 No.2 cis-moll　Tempo giusto	おそくてしずかな歌	2	やさしい，きれいしずかな	1	この曲は，はげしくてちょっとしずかな曲です。	1
エチュード op 10 No.3 E-dur　Lent, ma non troppo	強くて明るい	1	よわい，うるさい曲だった	1	おだやかできれいな曲でした。	0
ノクターン op 27 Nolcis-moll Larghetto	おだやかなしずかな音	0	おそく，くらい	0	やさしくてきれいでねむい曲でした。	0

数字は言語援助の回数　　記述：正答（＋）誤答（－）

＊上記は表 1-9 を用いた時の感想文（カード使用後）

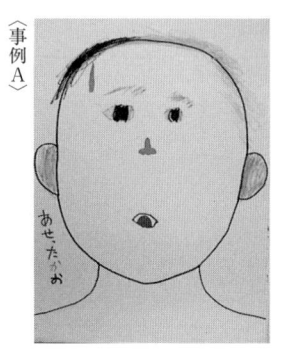

〈事例 A〉

あせった顔

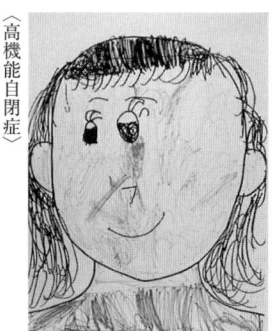

〈高機能自閉症〉

あせった顔

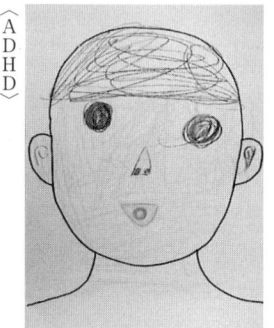

〈ADHD〉

はてな顔

①先生が「絵を持ってきて下さい」と言っています。でも，まだできていません。
　あなたはその時どうしますか？　どうしたらよいですか？

	事例 A	高機能自閉症	ADHD
解答・口頭表現	・持って行く。	・できない。困る。 ・まじめにやる。	・先生に「できていない。続きはいつやるか。」って言う。
音読・意味理解	・援助ありでできる。	・援助ありでできる。	・援助ありでできる。
援助回数	・無答後 3 回	・誤答後 3 回	・誤答後 1 回

■図 1-11　考えてみよう①

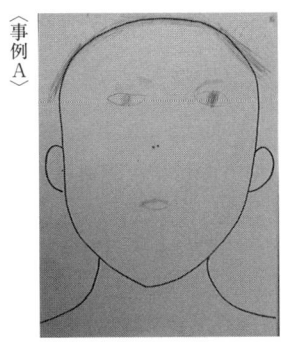 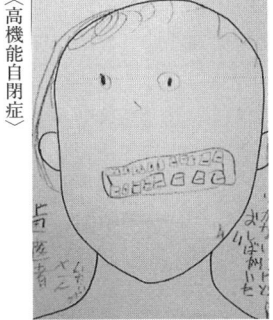 

〈事例A〉　はてな顔　　　〈高機能自閉症〉　悲しい顔　　　〈ADHD〉　困った顔

②お友だちから「あいつは生意気だから下駄箱の靴を隠して来い」と頼まれ（命令され）ました。
　あなたはその時どうしますか？　その時の気持ちを絵にかいてみましょう。

	事例A	高機能自閉症	ADHD
解答・口頭表現	・何もしない。よくないこと。 （やられた経験あり）	・そういうのは罪。できないと言う。 （やられた経験あり）	・よくないこと。 できないと言う。
音読・意味理解	・援助なしでできる。	・援助なしでできる。	・援助なしでできる。
援助回数	・無答後5回	・誤答後2回	・誤答後2回

■図1-12　考えてみよう②

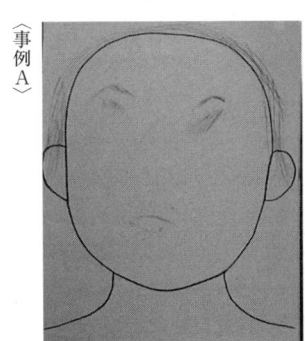  

〈事例A〉　怒っている顔　　　〈高機能自閉症〉　あせった顔　　　〈ADHD〉　困っている顔

③片づけをこれから「やろう」「はじめよう」とあなたが思っていた時，お友だちから「早くやれよ」とか「サッサと片付けろ」と言われてしまった時あなたはどうしますか？

	事例A	高機能自閉症	ADHD
解答・口頭表現	・怒る。 ・やろうと思っていたから。	・まじめにやる。	・落ち込んで、はいって言う。
音読・意味理解	・援助ありでできる。	・援助ありでできる。	・援助なしでできる。
援助回数	・無答後2回	・誤答後3回	・誤答後2回

■図1-13　考えてみよう③

■表1-11 形容詞カード

カード1

A	B
やさしい	さみしい
はやい	しずかな
おだやか	あかるい
おそい	おちつく
つよい	きれいな
はげしい	楽しい
よわい	くらい

ことばを文字で明記した。1枚のカードを提示した。
④音楽聴取後A）B）からことばをひとつずつ選ばせ口頭で答えさせた。
⑤口頭で答えた曲の感想をノートに記述させ，内容と文章化された構成について指導し行なった。

感想文については，Aは，音楽鑑賞と感情表現を結びつけることが容易にできたが，このことは視覚的言語援助によるものと思われた。

第3期経過後（8歳6か月）の知能検査（WISC-Ⅲ）の評価は図1-14の通りである。

VIQとPIQ，各IQおよび群指数の特徴は，前回とほぼ同様であった。しかし，動作性下位検査のプロフィールにおいては，前回と大きなちがいが確かめられた。すなわち積み木模様と組合せが正常域にあるが，絵画配列が低値であり，前回きわめて低値であった記号探しが平均以上であった。以上のことから，言語性能力の影響がある検査における困難が示唆された。

前回同様に言語課題になると緊張してしまい，教示を聞かずに「あとどのくらい」「これで終わり」など私語が多くなり注意集中ができなくなった。下位検査の1問目で反応ができず，例示を手がかりにすると2問目以降は正答を導き出すことが容易であった。言語課題ではまちがってはいけないと強く意識したり，解答を回避したりした。わからないと検査者に甘える素振りを見せた。

ことばで考える，ことばで表現する力が弱い部分は，Aも気づいており，学習面，対人関係，日常生活で相当なプレッシャーをかかえていると感じた。自信のもてないことは，実際はできることであってもあきらめてしまう傾向が強いので，たいせつな経験の機会が失われないようにサポートする必要があると思われた。事例Aの第1回目から第3回目の評価と調査結果を以下に示す。

・音楽行動チェックリスト（MCL）（図1-15）
・ソーシャル・スキル度チェック評価（図1-16）
・SSTチェックリストの合計点数と評価項目数（表1-12）
・S-M社会生活能力検査（図1-17）

Aは，MCLの結果，セッション前と比べて聞くことと対象関係に顕著な伸びを認めた。ソーシ

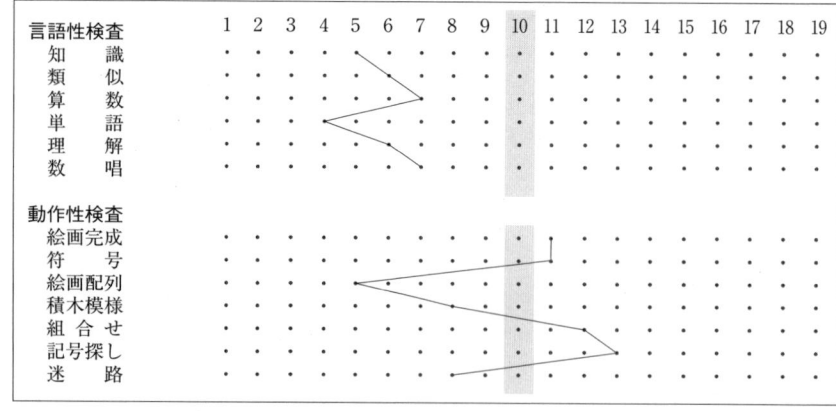

■図1-14 事例AのWISC-Ⅲ 知能検査（CA=8；6）

VIQ=72　言語理解 71
PIQ=96　知覚統合 93
FIQ=82　注意記憶 82
　　　　処理速度 111

■図 1-15 事例 A の MCL

CA=6；11
CA=5；11
CA=4；11

■図 1-16 事例 A のソーシャル・スキル度チェック評価

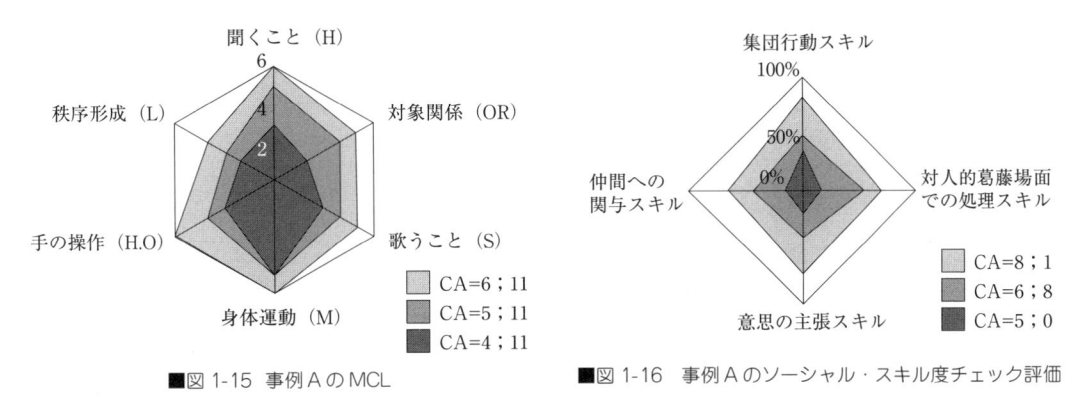

CA=8；1
CA=6；8
CA=5；0

■表 1-12 第3期合計点数と評価項目数

	1. ウォーミングアップ	2. あいさつ	3. 合奏	4. 鑑賞	5. クールダウン	6. さようなら
あいさつ		10/2				
個別場面	15/3	13/3	15/3	8/2	15/3	13/3
集団場面	15/3	8/4	10/2	10/2	5/1	5/1
注意集中・多動	25/7	25/7	35/7	35/7	35/7	30/6

点数/項目数

シャル・スキル度チェック評価においては集団参加と対象関係が他の項目より伸びを示した。SSTチェックリストの合計点数と評価項目数の結果，集団行動において注意集中が持続できるようになった。S-M 社会生活能力検査では各項目において顕著な伸びを示した。お気に入りの時計をもってきたことで，全体場面で注意集中が途切れがちだった。場面4では，字を書く課題で集中が持続できた。

Aは，ソーシャル・スキル度評価表でのすべての項目で得点の上昇を認めた。S-M 社会生活能力検査の結果，生活指数（SQ）が上昇し，とくに集団参加に顕著な伸びを認めた。音楽のような抽象的なものに対する言語による感情表現について，視覚的言語援助は有効であると考えられた。また，障害による問題の特徴の改善がなされ，集団生活や日常生活への般化を可能にしたと考えられた。

4）考察

言語には，思考，行動の調整，コミュニケーションという3つのはたらきがある。子どもは周囲の人や物，ことがらなどの相互作用をとおしてこの機能を獲得していく。コミュニケーションには，主にことばが介在する。ことば以外では，視線や表情，身体の動きなどが重要なコミュニケーション手段である。Aは，言語発達の遅れがあり，そのために他者との言語コミュニケーションができず，社会的相互性に問題をもっていた。音楽のもっている心理的，生理的，社会的機能と言語指示を用いて，Aに対する SST を行なった。第1期，自発語のほとんど聞かれない A に対して，他者の身体運動の模倣から導入して SST を行なった結果，MCL における対象関係で発達が見られ，集団行動が可能になった。また，言語指示やスタッフの言語援助は，課題の理解や場面理解を容易にし，A自身が混乱せず落ち着いてセッションに参加できたことが集団適応を可能にした。知能検査において言語表現が不十分で言語検査ができなかったAであったが，SST後の検査では，言語発達が見られ検査が可能になった。これは，SSTにおいて他者とかかわり，スタッフの言語援助を

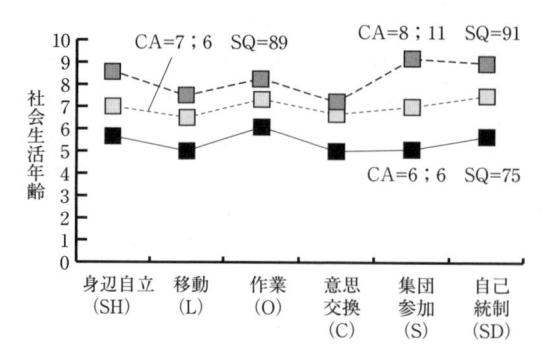

■図1-17　事例AのS-M社会生活能力検査

もとに人や物の操作などを模倣することからことばづけを行なっていったことが，Aの表出言語の発達をうながしたためと考えられた。その結果SSTスキル度チェック評価においては，集団行動のスキル，対人葛藤場面でのスキル，意思の主張スキル，仲間への関与スキルの全項目において得点が増加し伸びが認められた。S-M社会生活能力検査からは，身辺自立，作業，自己統制が生活年齢に近い値であった。セッション終了後に父兄にフィードバックを行ない，Aの日常生活での問題点を父兄と話し合った。話し合いのなかで父兄がAに対する正しい理解をもつようになっていった。このことが，父兄とAの関係を改善し，また，障害についての正しい理解と対応が可能になった。その結果，Aは情緒が安定して行動がまとまり，集団行動が可能になったと考えられた。

就学前に行なったSSTの結果，小学校に入学して友だちもでき，集団生活にも適応ができた。これは，セッションで自信がもてる課題をA自身が見つけたことにより，セッションへの参加が可能なことになった。また，集団行動のなかで子どもたちの行動をよく観察しながら，Aが良いことと悪いことを認識できるようになった結果でもあると考えられた。ことばの遅れをもつ子どもの行動調整には，楽しみながら種々の課題を用いることができる音楽を導入することが有効であると考えられた。

第2期，小学校1年生になったAは，知能検査の結果，言語性LDであることが示唆された。志が高い特徴を活かして，興味を示したハンドベルを強化子として，年齢も障害も異なるメンバーのなかで，他者とかかわりながら自分の居場所を見つける動機づけを行なった。

その結果，MCLにおける聞くこと，手の操作，身体運動，歌うこと，秩序形成，対象関係のすべての項目において得点に伸びが認められた。また，聞くこと，身体運動，手の操作でも有意な得点の伸びを示した。S-M社会生活能力検査においては，意思交換，集団参加，自己統制，作業，身辺自立，移動のすべての項目において1歳以上の伸びを示した。楽器操作により微細運動や協調性を養い，自己達成感や自信のもてることを増やしていくことができた。スタッフや子どもたちからのはたらきかけにより発達がうながされ，子どもたちから認められることにより，達成感が得られ，自信の回復がうながされた。日常生活においても，早い時期からことばについての苦手意識が強かったAは，友人関係で問題が生じることもあった。その点も考慮して，自信をもたせながら言語コミュニケーションをうながす課題を取り入れた。セッションで行なったことが，とくに学校生活における教科学習への意欲と結びつき，苦手意識を克服して成果を得られる教科がふえた。関係が悪化した友人関係も友人を選んでつきあうことができるようになった。このことは，SSTのグループを異なる年齢と障害で構成したなかでAが子どもたちのなかから気の合うメンバーとかかわりはじめ

た時期と一致していた。また，Aが困難と思われる課題と早期に取り組み，的確な言語指示によりSSTをおこうことが重要であると思われた。

第3期のセッションは，Aを係やリーダーとして，Aの苦手な言語を中心とした課題を多く取り入れたSSTを行なった。その結果，ソーシャル・スキル度チェック評価において，集団行動スキルと意思の主張スキルに顕著な伸びが見られた。知能検査の結果は，注意集中，処理速度が伸びを示した。以上のことからも楽器操作に強い関心と興味をもって注意を集中して行なうことを求められるような課題は，Aにとって有効であったと考えられた。また，言語課題を使用する課題を中心とした時には，ことばへの苦手意識とつまずきをもつAは，積極的に取り組むことはなかった。Aのもつ障害の特徴から，音楽のような抽象的なものを言語化することはスタッフの援助があっても困難をともなった。しかし文字などによる視覚的言語援助のもとに行なうと，積極的に取り組み正答を導きだすことができた。また，質問カードのように視覚的かつ具体的な課題では，Aはことばをつけることが可能であった。状況理解をうながすためには，具体的なことがらと視覚的情報を用いながら，言語的援助により子ども自身の考えをことばにすることが効果的であり，社会的相互性と言語コミュニケーションの発達をうながすことができた。このような指導は，ことばを獲得しはじめた段階からタイミングを逃さない取り組みが不可欠であると思われた。聴覚認知や記憶の問題による言語発達の遅れは，幼児期から児童期に対人関係や学習面での困難を生ずる。今後，学年が進むにつれて生じていく他者と自分の比較，言語に対する苦手意識からおこる自己嫌悪，それにともなう緊張感や失敗経験によるストレスなど二次的な問題を考慮しながら，ストレスをじょうずに発散させ，自分が得意とすることが自他ともに認められた音楽活動をとおして行なうSSTの適用が，これからもAにとって大きな意味をもつと思われた。メンバーに役割を与えながら苦手な課題に積極的に取り組める環境調整やくふうが，苦手な言語コミュニケーションの獲得に取り組む姿勢を正しく保つことにつながると考えられた。また，従来の言語指示や援助をともなわない音楽療法ではなく，音楽のもっている心理的，生理的，社会的機能を活かして，軽度発達障害児に対して，場面の枠組みを定め，獲得目標を設定し，言語指示を与え，言語的および身体的援助を行ないながら社会的相互性とコミュニケーション能力の発達をうながしながら対人関係の改善を図る，といった治療教育的視点で行なったSSTは，多くの課題をのりこえ，社会的スキルを高めることができ，日常生活への般化を可能にした。

■資料 1-1　ソーシャル・スキル度チェック評価表

ソーシャル・スキル度チェック評価表

総合点数（　）

Ⅰ　セルフコントロール

集団行動スキル

	ほとんどない	時どきある	よくある
・まわりの迷惑にならないよう行動できる（来室帰宅時・公共場面など）	0	1	2
・指示がなくてもみなと同じに行動できる（はじまりと終わり）	0	1	2
・セッション時のきまりに従い守れる	0	1	2
・共同制作・個人製作に使用するものを共有できる	0	1	2
・すべての音楽活動場面に参加できる	0	1	2
・次の場面にスムーズに移ることができる	0	1	2
・友だちの意見・発表をきちんと聞ける	0	1	2
・楽器に興味をもち個人演奏できる	0	1	2

対人的葛藤場面における処理スキル

・感情的になっても気持ちの切りかえがうまくできる	0	1	2
・仲間とぶつかっても，かっとならずにいられる	0	1	2
・自分と合わない人とでも，じょうずにやっていかれる	0	1	2
・注意・批判に耳を傾けられる	0	1	2
・仲間やスタッフ（大人）と意見が合わない時主張を譲ることができる	0	1	2

Ⅱ　積極性スキル

意思の主張スキル

・活動のリーダーシップがとれる	0	1	2
・理不尽なあつかいを受けた時，その気持ちを適切に言える	0	1	2
・いやなことに対していやと言える	0	1	2
・おかしいと思えば，みなの決めたきまりやセラピストの指示に意義が唱えられる	0	1	2

仲間への関与スキル

・自分から仲間にあいさつ，話かける	0	1	2
・集団のなかに入れない仲間を誘う	0	1	2
・集団の仲間に途中からでも入れる	0	1	2
・不当に注意を受けている仲間をかばう	0	1	2
・仲間のけんかの仲裁をしようとする	0	1	2
・困っている仲間の手助け，声かけをする	0	1	2

（得点のつけ方）
1. 資料1の場面で該当項目をすべて点数にして場面数で割る。
2. 70％〜100％を2点，31％〜69％を1点，0％〜30％を0点とする。

■資料 1-2　SST チェックリスト

ソーシャルスキルトレーニングチェックリスト（目白発達心理研究所）　No.1

ソーシャルスキルセッション報告書（平成　年　月　日）　記入者　　　／対象児

☆第　回めのじろグループセッション
☆反…反応、援…援助項目番号

評価項目	援助項目	前 反/援	① ウォーミング・アップ 反/援	② あいさつ 間 反/援	③ 合唱と合奏 反/援	④ クールダウン 間 反/援	⑤ みんなの広場 間 反/援	⑥ さようなら 反/援

1. 来室（帰宅）までの公共場面・交通機関などでの問題：パニック・問題行動など	1. 援助なし・自発（5点）
	2. 事前の言語援助（4点）
	3. その場の言語援助（3点）
	4. 視覚的援助（2点）
	5. 身体的援助（1点）
	6. 上記複数援助の場合（0点）
	7. 言語援助3回以上（0点）
		+
		 ±
		 −
			+ 1
			  2
			± 3
			  4
			  5
			− 6
			  7
				+ 1
				  2
				± 3
				  4
				  5
				− 6
				  7
					+ 1
					  2
					± 3
					  4
					  5
					− 6
					  7
						+ 1
						  2
						± 3
						  4
						  5
						− 6
						  7
							+ 1
							  2
							± 3
							  4
							  5
							− 6
							  7
								+ 1
								  2
								± 3
								  4
								  5
								− 6
								  7

2. 出かける時、スムーズであったか？出しぶりがあったか？	1. 援助なし・自発（5点）
	2. 事前の言語援助（4点）
	3. その場の言語援助（3点）
	4. 視覚的援助（2点）
	5. 身体的援助（1点）
	6. 上記複数援助の場合（0点）
	7. 言語援助3回以上（0点）
		+
		 ±
		 −
			+ 1
			  2
			± 3
			  4
			  5
			− 6
			  7
				+ 1
				  2
				± 3
				  4
				  5
				− 6
				  7
					+ 1
					  2
					± 3
					  4
					  5
					− 6
					  7
						+ 1
						  2
						± 3
						  4
						  5
						− 6
						  7
							+ 1
							  2
							± 3
							  4
							  5
							− 6
							  7
								+ 1
								  2
								± 3
								  4
								  5
								− 6
								  7

コミュニケーション
1. 挨拶
＊声かけに適切な態度（声の大きさ・調子・視線）
	1. 援助なし・自発（5点）
	2. 事前の言語援助（4点）
	3. その場の言語援助（3点）
	4. 視覚的援助（2点）
	5. 身体的援助（1点）
	6. 上記複数援助の場合（0点）
	7. 言語援助3回以上（0点）
		+
		 ±
		 −
			+ 1
			  2
			± 3
			  4
			  5
			− 6
			  7
				+ 1
				  2
				± 3
				  4
				  5
				− 6
				  7
					+ 1
					  2
					± 3
					  4
					  5
					− 6
					  7
						+ 1
						  2
						± 3
						  4
						  5
						− 6
						  7
							+ 1
							  2
							± 3
							  4
							  5
							− 6
							  7
								+ 1
								  2
								± 3
								  4
								  5
								− 6
								  7

＊自発的に適切な態度（声の大きさ・調子・視線）	1. 援助なし・自発（5点）
	2. 事前の言語援助（4点）
	3. その場の言語援助（3点）
	4. 視覚的援助（2点）
	5. 身体的援助（1点）
	6. 上記複数援助の場合（0点）
	7. 言語援助3回以上（0点）
		+
		 ±
		 −
			+ 1
			  2
			± 3
			  4
			  5
			− 6
			  7
				+ 1
				  2
				± 3
				  4
				  5
				− 6
				  7
					+ 1
					  2
					± 3
					  4
					  5
					− 6
					  7
						+ 1
						  2
						± 3
						  4
						  5
						− 6
						  7
							+ 1
							  2
							± 3
							  4
							  5
							− 6
							  7
								+ 1
								  2
								± 3
								  4
								  5
								− 6
								  7

2. 個別場面での態度
・会話・対人関係
＊着席時（姿勢・視線・相づち・体の向き・注意集中）
	1. 援助なし・自発（5点）
	2. 事前の言語援助（4点）
	3. その場の言語援助（3点）
	4. 視覚的援助（2点）
	5. 身体的援助（1点）
	6. 上記複数援助の場合（0点）
	7. 言語援助3回以上（0点）
		+
		 ±
		 −
			+ 1
			  2
			± 3
			  4
			  5
			− 6
			  7
				+ 1
				  2
				± 3
				  4
				  5
				− 6
				  7
					+ 1
					  2
					± 3
					  4
					  5
					− 6
					  7
						+ 1
						  2
						± 3
						  4
						  5
						− 6
						  7
							+ 1
							  2
							± 3
							  4
							  5
							− 6
							  7
								+ 1
								  2
								± 3
								  4
								  5
								− 6
								  7

第　回　対象児　No.2

評価項目	前	① ウォーミング・アップ	間	② あいさつ	間	③ 合唱と合奏	間	④ クールダウン	間	⑤ みんなの広場	間	⑥ さようなら
＊相手に合わせながら指示されたことができる（歌唱・合奏・創作・身体運動・発表）	+　±　−	1. 援助なし・自発（5点） 2. 事前の言語援助（4点） 3. その場の言語援助（3点） 4. 視覚的援助（2点） 5. 身体的援助（1点） 6. 上記複数援助の場合（0点） 7. 言語援助3回以上（0点）		+　±　− 1 2 3 4 5 6 7		+　±　− 1 2 3 4 5 6 7		+　±　− 1 2 3 4 5 6 7		+　±　− 1 2 3 4 5 6 7		+　±　− 1 2 3 4 5 6 7
＊相手に合わせて適切な態度がとれる（歌唱・合奏・創作・身体運動・発表）	+　±　−	1. 援助なし・自発（5点） 2. 事前の言語援助（4点） 3. その場の言語援助（3点） 4. 視覚的援助（2点） 5. 身体的援助（1点） 6. 上記複数援助の場合（0点） 7. 言語援助3回以上（0点）		+　±　− 1 2 3 4 5 6 7		+　±　− 1 2 3 4 5 6 7		+　±　− 1 2 3 4 5 6 7		+　±　− 1 2 3 4 5 6 7		+　±　− 1 2 3 4 5 6 7
＊適切な態度で仲間と関われる（言葉使い・声の大きさ・調子・視線）	+　±　−	1. 援助なし・自発（5点） 2. 事前の言語援助（4点） 3. その場の言語援助（3点） 4. 視覚的援助（2点） 5. 身体的援助（1点） 6. 上記複数援助の場合（0点） 7. 言語援助3回以上（0点）		+　±　− 1 2 3 4 5 6 7		+　±　− 1 2 3 4 5 6 7		+　±　− 1 2 3 4 5 6 7		+　±　− 1 2 3 4 5 6 7		+　±　− 1 2 3 4 5 6 7
＊適切な態度でスタッフと関われる（言葉使い・声の大きさ・調子・視線）	+　±　−	1. 援助なし・自発（5点） 2. 事前の言語援助（4点） 3. その場の言語援助（3点） 4. 視覚的援助（2点） 5. 身体的援助（1点） 6. 上記複数援助の場合（0点） 7. 言語援助3回以上（0点）		+　±　− 1 2 3 4 5 6 7		+　±　− 1 2 3 4 5 6 7		+　±　− 1 2 3 4 5 6 7		+　±　− 1 2 3 4 5 6 7		+　±　− 1 2 3 4 5 6 7
＊自発的に質問・発言できる（各場面でのセラピストの指示に対して）	+　±　−	1. 援助なし・自発（5点） 2. 事前の言語援助（4点） 3. その場の言語援助（3点） 4. 視覚的援助（2点） 5. 身体的援助（1点） 6. 上記複数援助の場合（0点） 7. 言語援助3回以上（0点）		+　±　− 1 2 3 4 5 6 7		+　±　− 1 2 3 4 5 6 7		+　±　− 1 2 3 4 5 6 7		+　±　− 1 2 3 4 5 6 7		+　±　− 1 2 3 4 5 6 7
＊自発的に提案したりルールを説明できる（何をどうするか確認した時）	+　±　−	1. 援助なし・自発（5点） 2. 事前の言語援助（4点） 3. その場の言語援助（3点） 4. 視覚的援助（2点） 5. 身体的援助（1点） 6. 上記複数援助の場合（0点） 7. 言語援助3回以上（0点）		+　±　− 1 2 3 4 5 6 7		+　±　− 1 2 3 4 5 6 7		+　±　− 1 2 3 4 5 6 7		+　±　− 1 2 3 4 5 6 7		+　±　− 1 2 3 4 5 6 7

第 回 対象児　　　　　　　　　　　　　　　　　　　　No.3

評価項目	前		① ウォーミング・アップ	間	② あいさつ	間	③ 合唱と合奏	間	④ クールダウン	間	⑤ みんなの広場	間	⑥ さようなら
*音楽鑑賞をした時に感情表現が適切にできる（自分はどう感じたか、気持ちを言葉で表せる）	+ ± −	1. 援助なし・自発（5点） 2. 事前の言語援助（4点） 3. その場の言語援助（3点） 4. 視覚的援助（2点） 5. 身体的援助（1点） 6. 上記複数援助の場合（0点） 7. 言語援助3回以上（0点）		+ ± −	1 2 3 4 5 6 7		+ ± −	1 2 3 4 5 6 7		+ ± −	1 2 3 4 5 6 7		+ ± −	1 2 3 4 5 6 7		+ ± −	1 2 3 4 5 6 7
3. 集団場面での態度・対人関係 *年下・年上（両者）の人と関わりながら行動できる	+ ± −	1. 援助なし・自発（5点） 2. 事前の言語援助（4点） 3. その場の言語援助（3点） 4. 視覚的援助（2点） 5. 身体的援助（1点） 6. 上記複数援助の場合（0点） 7. 言語援助3回以上（0点）		+ ± −	1 2 3 4 5 6 7		+ ± −	1 2 3 4 5 6 7		+ ± −	1 2 3 4 5 6 7		+ ± −	1 2 3 4 5 6 7		+ ± −	1 2 3 4 5 6 7
*他の人の話を聞くことができる	+ ± −	1. 援助なし・自発（5点） 2. 事前の言語援助（4点） 3. その場の言語援助（3点） 4. 視覚的援助（2点） 5. 身体的援助（1点） 6. 上記複数援助の場合（0点） 7. 言語援助3回以上（0点）		+ ± −	1 2 3 4 5 6 7		+ ± −	1 2 3 4 5 6 7		+ ± −	1 2 3 4 5 6 7		+ ± −	1 2 3 4 5 6 7		+ ± −	1 2 3 4 5 6 7
*自発的に発表できる	+ ± −	1. 援助なし・自発（5点） 2. 事前の言語援助（4点） 3. その場の言語援助（3点） 4. 視覚的援助（2点） 5. 身体的援助（1点） 6. 上記複数援助の場合（0点） 7. 言語援助3回以上（0点）		+ ± −	1 2 3 4 5 6 7		+ ± −	1 2 3 4 5 6 7		+ ± −	1 2 3 4 5 6 7		+ ± −	1 2 3 4 5 6 7		+ ± −	1 2 3 4 5 6 7
*質問・問いかけに適切な答えが返せる	+ ± −	1. 援助なし・自発（5点） 2. 事前の言語援助（4点） 3. その場の言語援助（3点） 4. 視覚的援助（2点） 5. 身体的援助（1点） 6. 上記複数援助の場合（0点） 7. 言語援助3回以上（0点）		+ ± −	1 2 3 4 5 6 7		+ ± −	1 2 3 4 5 6 7		+ ± −	1 2 3 4 5 6 7		+ ± −	1 2 3 4 5 6 7		+ ± −	1 2 3 4 5 6 7
*相手に適切な質問ができる	+ ± −	1. 援助なし・自発（5点） 2. 事前の言語援助（4点） 3. その場の言語援助（3点） 4. 視覚的援助（2点） 5. 身体的援助（1点） 6. 上記複数援助の場合（0点） 7. 言語援助3回以上（0点）		+ ± −	1 2 3 4 5 6 7		+ ± −	1 2 3 4 5 6 7		+ ± −	1 2 3 4 5 6 7		+ ± −	1 2 3 4 5 6 7		+ ± −	1 2 3 4 5 6 7

36 ● 1章 【事例A】注意集中困難と自尊感情の低さをともなったLD

No.5

第 ___ 回　対象児 ___

評価項目	前	① ウォーミング・アップ	間	② あいさつ	間	③ 合唱と合奏	間	④ クールダウン	間	⑤ みんなの広場	間	⑥ さようなら
注意集中・多動												
1. 注意を引きたくて騒いだり、ふざけたりしない	+　±　−	1. 援助なし・自発（5点） 2. 事前の言語援助（4点） 3. その場の言語援助（3点） 4. 視覚的援助（2点） 5. 身体的援助（1点） 6. 上記複数援助の場合（0点） 7. 言語援助3回以上（0点）	+　±　−	+　±　−　1 2 3 4 5 6 7		+　±　−　1 2 3 4 5 6 7		+　±　−　1 2 3 4 5 6 7		+　±　−　1 2 3 4 5 6 7		+　±　−　1 2 3 4 5 6 7
2. ふらっと席を立ったりしない	+　±　−	1. 援助なし・自発（5点） 2. 事前の言語援助（4点） 3. その場の言語援助（3点） 4. 視覚的援助（2点） 5. 身体的援助（1点） 6. 上記複数援助の場合（0点） 7. 言語援助3回以上（0点）	+　±　−	+　±　−　1 2 3 4 5 6 7		+　±　−　1 2 3 4 5 6 7		+　±　−　1 2 3 4 5 6 7		+　±　−　1 2 3 4 5 6 7		+　±　−　1 2 3 4 5 6 7
3. 勝手におしゃべりしたり、手遊びなどしない	+　±　−	1. 援助なし・自発（5点） 2. 事前の言語援助（4点） 3. その場の言語援助（3点） 4. 視覚的援助（2点） 5. 身体的援助（1点） 6. 上記複数援助の場合（0点） 7. 言語援助3回以上（0点）	+　±　−	+　±　−　1 2 3 4 5 6 7		+　±　−　1 2 3 4 5 6 7		+　±　−　1 2 3 4 5 6 7		+　±　−　1 2 3 4 5 6 7		+　±　−　1 2 3 4 5 6 7
4. 音楽活動とは関係ない物や音に大きく反応しない	+　±　−	1. 援助なし・自発（5点） 2. 事前の言語援助（4点） 3. その場の言語援助（3点） 4. 視覚的援助（2点） 5. 身体的援助（1点） 6. 上記複数援助の場合（0点） 7. 言語援助3回以上（0点）	+　±　−	+　±　−　1 2 3 4 5 6 7		+　±　−　1 2 3 4 5 6 7		+　±　−　1 2 3 4 5 6 7		+　±　−　1 2 3 4 5 6 7		+　±　−　1 2 3 4 5 6 7
5. 長時間ぼんやりしたり、キョロキョロ見回すことはしない	+　±　−	1. 援助なし・自発（5点） 2. 事前の言語援助（4点） 3. その場の言語援助（3点） 4. 視覚的援助（2点） 5. 身体的援助（1点） 6. 上記複数援助の場合（0点） 7. 言語援助3回以上（0点）	+　±　−	+　±　−　1 2 3 4 5 6 7		+　±　−　1 2 3 4 5 6 7		+　±　−　1 2 3 4 5 6 7		+　±　−　1 2 3 4 5 6 7		+　±　−　1 2 3 4 5 6 7
6. 他の人の行動に注意が転導しない	+　±　−	1. 援助なし・自発（5点） 2. 事前の言語援助（4点） 3. その場の言語援助（3点） 4. 視覚的援助（2点） 5. 身体的援助（1点） 6. 上記複数援助の場合（0点） 7. 言語援助3回以上（0点）	+　±　−	+　±　−　1 2 3 4 5 6 7		+　±　−　1 2 3 4 5 6 7		+　±　−　1 2 3 4 5 6 7		+　±　−　1 2 3 4 5 6 7		+　±　−　1 2 3 4 5 6 7

38 ● 1章　【事例Ａ】注意集中困難と自尊感情の低さをともなったLD

第　　回　　対象児　　No.6

評価項目	前	①ウォーミング・アップ	間	②あいさつ	間	③合唱と合奏	間	④クールダウン	間	⑤みんなの広場	間	⑥さようなら
7. イスを揺らせたり、隣の人に手を出さない		1. 援助なし・自発（5点） 2. 事前の言語援助（4点） 3. その場の言語援助（3点） 4. 視覚的援助（2点） 5. 身体的援助（1点） 6. 上記複数援助の場合（0点） 7. 言語援助3回以上（0点） 　＋ 　± 　－		＋ 1,2 ± 3,4,5 － 6,7		＋ 1,2 ± 3,4,5 － 6,7		＋ 1,2 ± 3,4,5 － 6,7		＋ 1,2 ± 3,4,5 － 6,7		＋ 1,2 ± 3,4,5 － 6,7

☆プログラムごとの具体的な子どもの様子

☆次回申し送り事項

（場面評価項目）
1. 2.（＋）3. 4. 5.（±）6. 7.（－）間とあるのは、場面と場面の切り替わりの時間です。次の準備を子ども達と一緒に行なった際の行動観察です。詳細はすべて書き込み用スペースに書きます。

■資料 1-3　音楽行動チェックリスト（MCL）

音楽行動チェックリスト（MCL）

記入年月日　　　　　　　記入者　　　　　　
氏名（対象）　　　　　　

1. 聞くことH（　　）
   H1：音刺激に対してまったく注意を向けない。あるいは反応が見られない状態。
   H2：音刺激に対して生理的レベルの反応は見られるが，音源への注意のレベルになっていない。
   H3：音刺激に対して一時的に注意を向けるが持続しない。
   H4：音刺激に対して明らかに注意を向け，注視，音源探索，触れる，身体運動などが反応として見られる。
   H5：音刺激を快・不快に分化し，それぞれ特異な反応をする状態。
   H6：快刺激としての音に積極的に反応し，また求める動作をし，それに誘発された発声，リズミカルな身体運動が見られる。

2. 対象関係OR（　　）
   OR1：対象への注意，関心がほとんど見られない段階。
   OR2：欲求対象への注意関心が起こり，快，不快が分化し，それぞれ反応が体制化される段階。
   OR3：対象の道具的使用の段階からなんらかのコミュニケーションが成立するまでの段階。
   OR4：明白な非言語的交流が行なわれ，模倣も活発になる段階。
   OR5：言語的交流が開始し，指示を理解し，要求もするようになる段階。
   OR6：自己と対象が分化し，明白な言語交流（会話）が確立し，集団内交流をもつことができる段階。

3. 歌うことS（　　）
   S1：泣くことによる表現しかない段階。
   S2：微笑，偶発的発生の段階。
   S3：喃語出現，音の模倣，声の抑揚，強弱が出現する段階。
   S4：ことばが使われる段階。
   S5：ことばにアクセント，リズム，調子をともない，自分ですきなように旋律をつくって唱える段階。
   S6：歌の模倣がさかんに行なわれ，正確なリズムや旋律で唱うことができる段階。

4. 身体運動M（　　）
   M1：受身的で，ほとんど自発的な運動は見られない段階（反射段階）。
   M2：四肢をはじめ身体各部の任意な運動が行なわれる段階。
   M3：姿勢の変化を積極的に行なおうとすることから這い這いをしはじめるまでの随意的運動の活発化する段階。
   H4：這い這いから直立歩行までの段階。
   H5：直立歩行からリズミカルな全身運動，膝の屈伸，腕振り，足踏み，跳躍などの体制化されるまでの段階。
   H6：リズムに合わせて，全身運動，登る，飛び降りる，走る，踊るなどの高度な全身運動ができる段階。

5. 手の操作H.O（　　）
   H.O1：触る，つかむなどの反射の段階からくり返しが行なわれるまでの段階。
   H.O2：一定時間ものを保持することから，握る，押さえる（手掌全体で）つかむなどの運動を反復し，目的行動ができるようになるまでの段階。
   H.O3：握る力が備わり，ものをたたく，短時間のリズミカルな反復動作ができるまでの段階。
   H.O4：両腕の協応が可能になり，さらに指の協応もはじまり，指を使って操作することができる段階。
   H.O5：音楽に合わせて，楽器の操作ができ，身体各部の協応ができる段階。
   H.O6：操作と結果の関係理解し，操作法をコントロールすることができるようになった段階。

6. 秩序形成L（　　）
   L1：運動は秩序なく行なわれる段階。
   L2：同一動作が反復される段階。
   L3：二つ以上の動作が分化し統合される段階。
   L4：正確な模倣ができるようになり，速度，強弱，高低などの比較検討することにより，順序をつけることのできる段階。
   L5：一定の秩序に従って，音楽活動を行なったり，他人と協力して活動することができる段階。
   L6：集団内で役割を分担したり，リーダーシップがとれる段階。

7. 音に対する異常な反応様式PR
   異常反応の内容：_____
   異常性の強度：PR1　PR2　PR3　PR4　PR5　PR6（正常な場合はPR6）

8. 反応する音楽の性質：MN_____

   TOTAL
   1) H（　　）+2) OR（　　）+3) S（　　）+4) M（　　）+5) HO（　　）+6) L（　　）=（　　）
   2) MCL指数（I）/36×100 =（　　）

日本臨床心理研究所（作）

■資料1-4　個人別担当スタッフの報告書および全体資料（次回スタッフ用資料）

第　回めじろリトミック全体資料（2005.　）

氏名	前回の様子	申し送り事項
A （担当者名） 生年月日 診断名		
B （担：） H5.9.12 AD/HD		
C （担：） HFPDD SpeechRetardation		
D （担：） HFPDD		
E （担：） Autism SpeechRetardation		
F （担：） 重度MR過緊張		
G （担：） 軽度MR		
H （担：） HFA		

第　　回　めじろリトミック担当スタッフ資料

(1) ②あいさつ場面における席順

　　　　　　　　　　　　　　　あいさつを
　　　　　　　　　　　　　　　する人

子どもの席順を明記

　　　　　　　　　E A B H G F C D　　　メンバーの名前と担当スタッフ

　　　　　　　　　　　　　　　　　　　　A……担当スタッフ名
　　　　　　　　　　　　　　　　　　　　B……
　　　　　　　　　　　　　　　　　　　　C……
(2) ④クールダウン場面における席順　　　D……
　　　　　　　　　　　　　　　　　　　　E……
　　　　　　F　　　　　　　スタ　A　　　F……
　　　　　　　スタ　　　　　ッフ　　　　G……
　　　　　　H　ッフ　　　　　　　D　　　H……
　　　　　　　　　スタッフ
　　スタッフ名　B　E　　G　C　スタッフ名

今回出席スタッフ名
　　A ／ B ／ C ／ D
　　E ／ F ／ G ／ H ／ I

　　セラピスト……………………
　　あいさつ後の質問係……
　　ピアノ…………………
　　ビデオ…………………
　　教材作成………………
　　楽器運搬………………

　　運ぶもの　　ボンゴ，ハンドベル（1セット），タンバリン，ツリーチャイム，たいこ，木琴，
　　　　　　　　音の階段+指し棒，ボール，ギター，キーボード，（他，必要な楽器明記）
　　　　　　　　「　　　　　」「　　　　　」の歌詞カード，時計，ビデオ，
　　　　　　　　話し合いカード，鑑賞カード，各自のノート，

■資料1-5 場面課題におけるメンバーのやりとりと行動観察記録

氏名 生年月日	診断名担当者	前回のようす	音楽療法獲得目標	今回の目標・留意点	チェック (＋・－)
	HFPDD Speech Retardation	場面①	適確な言語・対人コミュニケーション 状況理解 言語指示の理解 聴覚過敏の軽減 リズムの正確性	・状況の理解を高め、状況に即した発言ができる。 ・注意引き行動の軽減。 ・苦手なことへの取り組み方と興味を引き出す。 ・不安場面においての自傷行為の軽減。 ・話しことばの理解を高める。語彙を広げる。 ・聞き取りができている（確認する）。	
		〈主だったようす〉		留意点・今回の主な問題 ・苦手意識が強く、ならびに失敗経験に弱いため自信回復となる言語援助が必要。 ・指示内容を理解していないことが多いので丁寧に確認と援助が必要である。 ・状況理解におけるうながしと注意集中できるように声かけが必要。 〈スタッフより〉	

■資料1-6　音楽療法基本調査表

音楽療法基本調査表

アンケート用紙
　クライアントの音楽的家庭環境と現況

1. 家庭ではどんな方法で音楽にふれていますか？
　　　テレビ（例：アニメーションソング，みんなの歌　など）
　　　CD　カセットテープ　カーステレオ，VTR，DVD，楽器（例ピアノ，バイオリン，その他）
　　　ご家族の方の趣味
　　　習いことなど（例：コンサートに行く，ご両親のどちらかがピアノなどの楽器を弾く，兄弟姉妹のピアノ，バイオリンなどの練習）その他

2. 好まれる音楽は何ですか？
　　　音楽ジャンル
　　　曲名（　　　　　　　　　　　　　　　）
　　　作曲家など（　　　　　　　　　　　　　　　　　）

3. きらいな音楽は何ですか？

4. 好まれる楽器や音は何ですか？
　　　たいこ，カスタネット，すず，シンバル，リコーダー，鍵盤ハーモニカ，木琴，鉄琴，琴，ギター，フルート，タンバリン，トライアングル，バイオリン，ピアノ，ハープなど
　　　大きな音，大きな声（人や動物），金属音，騒音，工事現場の音，小動物の鳴き声，声（女性または男性），高い音，低い音，小さな音などその他（　　　）

5. 好まない楽器や音は何ですか？
　　　たいこ，カスタネット，すず，シンバル，リコーダー，鍵盤ハーモニカ，木琴，鉄琴，琴，ギター，フルート，タンバリン，トライアングル，バイオリン，ピアノ，ハープなど
　　　大きな音，大きな声（人や動物），金属音，騒音，工事現場の音，小動物の鳴き声，声（女性または男性），高い音，低い音，小さな音など
　　　その他（　　　　　　　　　　　　　　　　　　　　　　　　　　　）

6. ご家族の方で音楽歴をお持ちの方はいらっしゃいますか？

7. 保育園，幼稚園，学校以外で通っているところはありますか？
　　　（例：水泳教室　毎週月曜日）

■資料1-7　各回のプログラム（1）

```
♪♪ MTG エンジョイリトミック ♪♪
```

第　回　セッションのお知らせ

　　日時　　平成　年　月　日（土）
　　場所

グループセッションプログラム（所要時間30分〜40分）

　　1.始まりの歌
　　　　あいさつと各自の名前を歌にのせて呼びかけを行ないますので、「はい」と返事をしてみましょう。

　　2.リズム練習（3拍子・4拍子）
　　　　Walk, Jump, Free, リズム体操，創作動作。
　　　　楽器（木太鼓，太鼓，タンバリン，すず）を使って合奏。
　　　　音楽にあわせて楽器でリズム模倣。
　　　　好きな動物の歩行を3拍子・4拍子で表現。

　　3.聴音練習（C-dur より）
　　　　1オクターブ（ドレミファソラシド）より音あてをします。
　　　　それができましたら、和音（I&V）のハーモニーの練習。
　　　　キーボードを使い順番に前の人が弾いた音を弾きます。

　　4.簡単な歌，好きな歌を音程を正確に唄いましょう。
　　　　一人で一曲はお友だちの前で発表しましょう。

　　5.さようなら

　　こどもたちは自由時間
　　保護者の方とミーティングタイム（意見・感想・希望など）

お母様方へのお知らせ

　　　　　　　　　　　　　　　　　　　　　　　　　目白発達心理研究所

＊リトミックはグループ名

■資料1-8　各回のプログラム（2）

♪♪ MTG エンジョイリトミックグループ ♪♪

第○○回
日時：　　　　　　　　　　　　　場所：

月の目標

お友だちと楽しく積極的にお話しよう。苦手なことにも取り組める元気をもとう。
　<u>＊じょうずにできなくても，失敗しても次へとがんばってやれることをたいせつにしましょう。</u>

♪プログラムは3回読みましょう。宿題と担当はみんな忘れずにね。　宿題は　2.あいさつです。
全体のリーダーは○○君です。みんなの名前を呼びながらの声かけをしっかりやりましょう。

1. ウォーミングアップ　リズム担当とリーダーは○○さんです。
　　　ピアノの音を聴きながら，うれしい時，怒った時・かなしい時・つかれた時，がっかりした時，力がぬけた時，あわてた時，Walk & Run!　小さくなってDown!　元気にUp!　大きくJump!
　　　ゆっくり深呼吸！

　　＊お友だちと二人組を作りましょう。ピアノに合わせてボールをワンバウンドして4拍子。Slow～Fast

2. あいさつ　質問と進行係り　○○君
　　　名前・学年・年齢・今年の目標（頑張ろうと決めた事）・いつも大切にしたい人
　　　○○さん（次の人の指名もして下さいね。）
　　　＊①声の大きさ②姿勢③お友だちにわかるようにあいさつをしましょう。

3. 合奏　いろいろな「きらきら星」曲調やリズムの変奏
　　　練習時間5分です。
　　　打楽器とピアノのきらきら星
　　　　①ツリーチャイム　○君　ボンゴ　○君　タンバリン　○君（ピアノ/MS）
　　　メロディー楽器とピアノのきらきら星
　　　　②ハンドベル　○さん　○君　○さん　木琴　○さん（ピアノ/MS）

　　　<u>机を準備して下さい。係は○君，○さん</u>

4. 鑑賞曲（くらべてみよう。）＆みんなの意見
　　　ピアノの曲を聴いてからプリントに書かれた言葉を選んで感想を書きましょう。
　　　プリントを読み，あなたの意見を書きそれからお姉さんに教えて下さい。
　　　　<u>わからない時は名前を呼んでお姉さんに聞いて下さい。</u>

5. みんなの広場　発表リーダーは○さんです。　発表者の名前を言って下さい。
　　　発表時間は，一人3分です。時間係　○子さん　○君

6. さようなら　○さんのピアノとリコーダー○君，
　　　　　　　みんないっしょに「なべなべそこぬけ」
　　　　　　　<u>さようならの当番は○君です。大きな声でさようならを言いましょう。</u>

＊保護者の方とミーティングタイム（意見，感想，希望）子どもたちは自由時間です。
＊筆記用具など使い慣れたものは色鉛筆各自持参して下さい。

　　　　　　　　　　　　　　　　　　　　　　　　　　　　　　　　　　目白発達心理研究所

＊リトミックはグループ名

2章 【事例B】注意集中困難, 情緒不安定, 不登校をともない軽度発達遅滞が疑われたLD

1. 事例Bの特徴と目標

1) 障害ベースの特徴

　事例B（以下Bと略）は，乳児期の発達検査で，定頸1か月，始歩15か月，始語11か月（マンマ）ととくに発達上の問題を指摘されなかった。小学校は普通級に入学したが，1年生のころより落ち着きのなさについて教師から指摘された。姉も同様に落ち着かなかったが，5，6年生ごろには落ち着いた。しかし，Bの落ち着きのなさは改善されず，医療機関を受診して，注意欠陥／多動性障害（以下AD/HD）であり，知的には境界線級知能と診断された。薬物治療（リタリン）が開始されたが効果が認められず中止された。小学校6年生の秋ごろまで，他機関で治療教育を受けていた。指導は不定期に行なわれ，算数は，とくに四則計算の掛け算とたし算と引き算を指導され，国語では，漢字を中心とした課題が行なわれていた。しかし，学校での授業に追いつくことは困難であった。また，Bは視覚認知の悪さがあり，そのために6年生のときに時計の読み方と見方がやっとできるようになった。6年生の3学期に，個別学習指導を定期的に行なう目的で某研究所に来所し筆者が学習指導を開始した。Bは，ことばを使って論理的に考えたり推論することや，ことばによって抽象的な概念を形成することなどことばを使って考えることは得意であった。しかし，耳から入る情報を短時間記憶にとどめることがむずかしく，数を用いた計算問題が苦手であった。また，全体的に形をつくることが困難で，漢字の読みに比べて，漢字を書くことがむずかしく抵抗を示した。そのため漢字をくり返し練習させるよりも，「外」は「タトー（立とう）」などことばを用いて指導したが，学習意欲があった時でも漢字の習得にかなりの努力と時間を要した。中学校に入学してからの学習は，とくに英語と数学が困難であり，学習全般に対しての取り組みは消極的であった。中学校2年生の終わりごろから学業不振のため不登校気味になり，クラスに入れず，友だちとも話をすることがないと言って，登校してもひとり別室で過ごしていた。このころより，「高校へ行く意味がない」「勉強などもうしたくない」「どうせやってもできないから」などと口にするようになった。Bは，自己のイメージを現実より高く持ち，現実と乖離し，自分にとって悪いことやうまくいかないことはすべてまわりに原因を求めるような言動をするようになった。まじめに勉強に取り組むが，注意集中が困難なことと短期記憶や視覚認知の悪さなどのためになかなか思ったようには成果が上がらず，受験を控えていながら学校の学習にほとんどついていけなかった。また，対人関係でもつまずきをみせていた。Bは，クラスの仲間を見下したり，卑下したりするようになり，孤立していた。また，障害ベースの特徴のため日常生活でも問題があった。たとえば，日常生活や学校生活でたいせつな話をされても記憶に残らず，やりかけたことを途中で放り出したままにして同じ注意をくり返し受けていた。また，学校での連絡事項を忘れて母親に伝えなかったり，宿題のプリントを紛失したり，時間や期日が守れず約束に遅れるこ

とがしばしばあった。Bは，そんな自分を何とかしなければいけないと思い，忘れてしまう自分を責めていた。筆者らは，対策としてメモをとることを指導したが，そのメモも失くしてしまうこともあった。以上のようなことから，Bは二次的な問題も呈してきた。自己評価が低く，情緒が不安定であり，自傷行為も見られた。そこで，学習指導の最後に自分自身が関与するようなテーマを決めて指導者と話をすることを提案し，Bの了解を得て行なった。個別指導は，基本的な学力をつけることと得意な漢字の読みとを中心に組み立てて実施した。テーマにそった話の時間では，興味や関心のあることには多弁となり，対人面で学校の先生や友人とは表面的にはつきあえるが気持ちのなかでは不満を覚える点などを数多くあげて言うようになった。「ここでの勉強はわかっていい。学校はもういいや。学校の先生も好きじゃない」と言うようになった。Bは，「趣味は，ゲーム，夢見ること，CDを聞くこと，髪を伸ばすこと，背を伸ばすこと，きらいなことは学校と勉強，運動，学校行事」と述べ，学校にいてもいごこちのよい場所が見つからず，そのため学校では別室で過ごす時間が多くなってきた。Bは「もともと人と話すのは好きじゃない」と言っていたが，「ここでは話ができる」とみずからを語るようになった時，対人関係を広げていくうえで年齢や性別も考慮し，Bの了解を得て個別指導の担当を男性スタッフに交代した。

以上のようにBに認められる障害は，注意集中の持続が困難で，聴覚的記憶や視覚的認知の悪さによる学習障害があり，まじめに意欲的に学習に取り組むにもかかわらず十分な成果を上げられないという特徴をもっていた。そのため学業に自信がなく，学校での居場所が見つからず，不登校状態にあった。また，二次的な問題としては，自信のなさや不注意で約束なども忘れてしまうといったことが自己嫌悪につながり，対人関係で対等なコミュニケーションができず，集団生活のなかにも入れず，社会的相互性に問題を呈していた。

2）心理テスト・心理面接結果の特徴

指導開始時（15歳3か月）の知能検査（WISC-Ⅲ）の評価は図2-1の通りである。

WISC-Ⅲの結果から，知能は境界域にあった。知的水準が低めなことに加えて，認知能力のバランスの悪さがともなうため，Bは学習意欲があっても習得にかなりの努力と時間を要することが予想された。学力についても領域別習得にアンバランスが認められた。

筆者らの心理面接から，以下のことが明らかであった。すなわち，ことばを使って論理的に考えたり，推論することは得意であるが，長い文章を

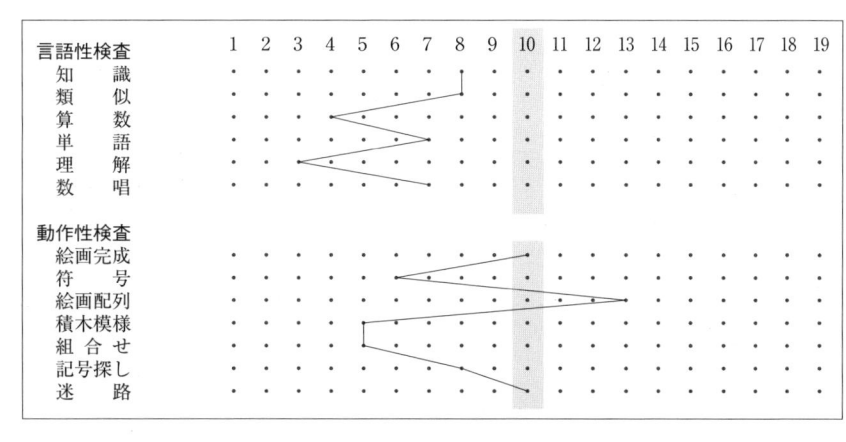

■図2-1　事例BのWISC-Ⅲ　知能検査（CA=15；3）

VIQ=75　言語理解 79
PIQ=85　知覚統合 89
FIQ=77　注意記憶 73
　　　　処理速度 83

聞いて考える場合に何度か聞かせる必要があった。ことばの意味を理解し、ことばによって抽象的な概念を形成し、ことばを介して考えることは得意であったが、注意集中が困難で注意が持続する時間が短く、耳からの情報を短時間記憶に保持すること（聴覚的短期記憶）や、数をあつかう能力に弱さがあると思われた。また、図形の部分には注目できるが、図形の全体的な構成が困難であり、漢字や英単語などを書くことの苦手さに関連していた。短期記憶が関係する問題では「さっき聞いたことをなんで忘れるんだ」と頭をたたく行為をして懸命に思い出そうとした。

2. 事例Bに適用されるSSTの方法とその意義

Bが中学校2年生の終わりごろから「なぜ、勉強しなくちゃいけないかわからない」「なぜ、高校へ行かなくちゃいけないかわからない」「こんな問題なんてやったって将来役に立たないだろう」と気弱に冗談交じりに話した。筆者らは、「勉強というのは、たくさんあるまだ知らないことを知るためにやる」「高校では、自分のやりたいことを見つけるために時間を使える」「問題が役に立つか役に立たないかもっと先になって答えが出るよ」と答えた。このように、Bがかかえる学習障害や注意・記憶や人間関係の問題について、問題解決の方法を具体的に教え、実行させ、その効果を自覚させて自己効力感を高めていく方法がとられるべきであると考えた。学校では、学業不振のためにBが自信をもてる場所もなく、友人もなく、将来への目的の足がかりもなく、家にいることが多くなってきた。Bはロックコンサートのチケットを買い求めるために出かけることがあり、また、ゲームとゲームサウンドにとくに関心が強く音楽が好きであった。この音楽への関心を指導の導入にする目的で、BにSSTを目的としたグループ音楽療法の内容を説明した。Bが、楽器やとくにギターを習得したいと希望していたのでグループ音楽療法の手伝いと参加をうながした。Bは、「やってもいいよ」と了解した。

Bは個別指導のなかで、日常生活や学校生活で困ったこととして、忘れものが多い、時間にルーズ、聞いたことが記憶できず頭に残らない、などをあげていた。具体的対処法の獲得をうながすために、スタッフとともに行なう楽器運搬の役割を与えた。また、B自身が受け入れやすい好きな音楽を通じて、自信の回復と人とのコミュニケーションの広がりをめざすことを目標にした。セッションのなかで、年下や年上の子どもとかかわりながらお手本となれるように、Bが得意とすることばによって考える場面に音楽鑑賞やソーシャル・ストーリーの課題を取り入れた。

本章において、音楽的要素を取り入れたSSTを行なう意義については、第1章（2）と同様である。

3. 事例BにおけるSSTの実施経過と効果判定

1）対象

対象は、7歳（小学生）から26歳（成人）までの年齢も障害も異なる9名から成るグループで、内訳は1章表1-7のとおりである。

SST開始時期：15歳
（現在継続）

2）方法

方法は、1章の第3期の方法と同じである（表1-2、表1-3参照）。

3）経過および結果

Bの獲得目標は、①集団に参加しながら自信回復をうながすこと、②高校へ進学するための目的をもつこと、の2点とした。

音楽療法基本調査表をSST開始前に施行した（1章資料1-6参照）。これによれば、好きな音楽はゲーム音楽とクラシック音楽、きらいな音や音楽は歌謡曲であった。また、家族のなかでコンサートに出かけたり、楽器を弾いたり、習った経験がある者はいなかった。Bは、ギターが弾けるようになりたいと希望していた。

BへのSSTは，中学校2年生の3月から現在まで続いている。以下に，役割認識の変化と各セッション場面での経過について述べる。

①「役割認識」での変化

Bには，女性スタッフから楽器運搬を役割として依頼した。依頼する理由としては，運搬担当の男性スタッフが他の課題の役割に回ったため，運搬が女性スタッフになり，Bにやってもらえると助かる旨を伝えた。男性スタッフからも「これからよろしく頼めるかな」と依頼をした。その結果，Bは快く引き受け，当日は時間前に到着して運搬を行なった。手伝ってもらい助かっていることと感謝の気持ちをことばで伝えると，意欲的にセッションに参加し，積極的に課題に取り組めた。また，別の男性スタッフが加わり楽器運搬とセッションをいっしょに行なうと，「○○さんがいるから僕はいらないね」と言い，セッションに参加することにも消極的になった。参加できない場面では，携帯電話のゲームをしていた。Bは，自分の役割が明確にならないと何をしていいのか理解できず，所在なくフラフラしてしまった。次回から役割認識をうながすために楽器運搬の必要性について話し，スタッフから手順について明確な指示を与えた。次に女性スタッフ2名と楽器運搬を行なったが，遅刻することなく到着し準備ができた。Bは，荷物をもつ時，進んで重たい物をもつなど，スタッフから感謝のことばとともに褒められる行動が多くなった。スタッフから頼られていると確信することが自信につながっているようすであった。その後に再度，男性と女性スタッフを加えての楽器運搬を行なった。今度は男性スタッフとのかかわりを楽しみながら運搬することができた。セッションにも積極的に参加ができ，前回に比べて男性スタッフがいることへのこだわりがなくなってきた。しかし，重い荷物運びは，男性スタッフがいることを引き合いに出し，Bがみずからもつことはなかった。さらに次に女性スタッフ2名と楽器運搬を行なった時，楽器の数が減っていたために3人で運ぶものが少なくなってしまうと自分の役割を見失いそうになり，「おれはいなくても大丈夫じゃないの」と不安そうに言った。次回，また女性スタッフ1名と楽器運搬を行なった時には，Bは重い楽器を率先して持ち，役割が果たせたと認識できたようで，満足気なようすであった。

楽器運搬では待ち合わせ時間の課題も取り入れた。約束の時間よりかなり早く到着してしまうことがあったので，Bと時間の確認の話し合いを行ない，時間範囲の設定をして約束をした。その後，約束の範囲を守るようになってきたが，時として早すぎたり遅すぎたりその日の気分で守れないこともあった。楽器運搬時の困ったことやたいへんだったことについてBは，男性スタッフに積極的に話をした。男性スタッフが楽器運搬のたいへんさに対してねぎらいと感謝のことばを言うと，Bはとても照れてうれしそうに笑っていた。

7回目よりBに対する課題を以下のように一段階進めた。Bは，忘れ物が多く，言われたこともすぐ忘れてしまうために責任をともなう行動が苦手であった。そこでプログラムに明記された記載事項を読み，スタッフの言語指示のもとでBが責任をもって楽器を準備することを課題とした。

Bは，楽器をプログラムにそって準備し，忘れ物がないようにと確認もB自身で行なった。しかし，プログラムを見ながら楽器を取り出す時に，他の楽器を鳴らして，スタッフに「この楽器の名前は何」と聞いたりして，他の楽器に気をとられてしまうことがあった。今，何を準備し持参していくのかがすぐわからなくなってしまい，「今，何を袋に入れたのか」などとスタッフにたずねたりした。このようにして，楽器を準備するのに時間が長くかかり，セッション開始時間に間に合わなくなった時には，スタッフがBといっしょに急いで準備をした。筆者とスタッフは，Bと楽器準備に際して3つの約束をした。楽器の準備中は，「プログラムを良く見て行なうこと」「準備の終わりの時間を決めて確認すること」「楽器に気をとられずに準備すること」を約束した。そして，約束を確認してスタッフが指示を与えてからBが楽器準備を行なうことになった。しかし，セッシ

ョン会場で筆者が楽器を確認すると、ハンドベルの箱に異なる楽器が入っていたり、指示した音のベルがなかったり、また、木琴の箱にはバチが見当たらず、他の楽器ケースに1本だけバチが入っていたりした。Bは時間をかけて一生懸命準備をしたが、結果的に忘れた物が多く、合奏曲や楽器の変更をメンバーに告げてセッションを行なうことになった。Bはひどく気落ちしていたが、筆者らが、「だれでもまちがいや失敗をすることはある」ことを話した。

また、忘れ物をしない対処方法を具体的に提案した。すなわち、楽器を準備し終わった時に、スタッフがひとつひとつ楽器の名前を言い、Bが確認をすることとした。スタッフのことばがけと再確認することで楽器の運搬のときに忘れ物がなくなった。また、Bは自分がいないとスタッフが困り、メンバーに迷惑がかかると思うようになっていた。その結果、家庭の都合で欠席する時以外は、風邪をひいて熱がある時でも楽器運搬を行なうセッションに参加できた。

② 「ウォーミングアップ」での経過

セッション開始直後のウォーミングアップに積極的に参加できる時と、体調不良を理由に参加しないで見ていることがあった。運動や身体を動かすことは苦手だというBには、曲に合わせて身体で喜怒哀楽の表現をしたり、動きの速い課題を年下の子どもといっしょに行なうことに抵抗があるように見えた。Bは「子どもは好きじゃない」と言い、年下の子どもといっしょに課題に参加しても、できない子どもや困っている子どもに対して援助をしようとすることはなかった。しかし、セッション開始前に年下の子どもたちから話しかけられると、アニメのコレクションやゲームの話を笑いながらしていた。Bは、アニメやコレクションに精通しており、子どもたちから一目おかれる存在であった。また、新しくグループに加わった子どもにBがみずから握手を求めることも見受けられた。Bが好んで話しかけるのはスタッフであったが、スタッフがうながすと参加メンバーに向けて話をすることもできた。また、参加しているメンバー全員からは、Bが一番たいせつな友だち、好きなお兄さん、と人気があった。Bは、そのことをとてもうれしく思う反面、「失敗は許されない、みっともないことはできない」と言い、自信のない課題や緊張感の高い課題場面では参加しようとしなかった。Bは、「好きだと言われたからには、弱みをみせたり、みっともないことはできない」と言い、セッション中のメンバーやスタッフに対して緊張感をさらに高めていった。筆者が「好きだってことは、その人の弱みやみっともなさも丸ごと受け入れることだと思う」と援助すると、「むずかしい、できるかな」といいながら、体調不良を訴えながらも参加するようになった。

③ 「あいさつ場面」での経過

Bに学校の勉強に追いつくようがんばりを常に求めることは、Bを行き詰まらせ、追いつめてしまうことであると考えられた。それで、あいさつ場面では、メンバーもBと同じように困っている問題があるが、がんばって取り組んでいることなどを明らかにするような質問を行なった。また、Bが自分と向き合い自己の確認を行なうことができるように、メンバーの前に立って答えるような形で行なった。最初自信のないBは、人前で自分の考えや自分の気持ちを話すことを嫌がり、「恥ずかしい」と言って拒絶し参加できなかった。参加できないBに筆者は、「あいさつをして質問に答えることで、答えることに苦手意識のある参加メンバーのお手本になれるようになるといいね」と話してから、Bにあいさつをうながした。

Bは、あいさつ場面の課題に参加したメンバーのなかで、質問にうまく答えられず泣いてしまう子どもがいると「かわいそうだよ」と心配をしたりした。横に坐った高機能自閉症者の独語に対しても「静かに聞けよ」と制止の声かけをした。この声かけで、独語の多い高機能自閉症者は、すぐ静かになり前を向いてあいさつをするメンバーを見ていることができるようになった。不明瞭な発

音の子どもの質問にも，Bはきちんと耳を傾けて考えながら答えることができた。Bはよく人の話を落ち着いて聞けるようになったが，それでも，「今言われたことや今聞いたことが覚えられない」とか「記憶がおかしくなっている」と頭をたたくこともあり，自分自身の障害の特徴について悩んでいた。このような経過のなかで，Bは課題がむずかしく自分より困っているメンバーを見ると声をかけるようになり，他者とのかかわりをみずからもとうする態度へと変化していった。

課題におけるBとスタッフやメンバーとのやりとりは表2-1のとおりであった。

④「合奏場面」での経過

Bは，ギター，ベース，パソコンに興味があった。また，バンドを組んでみたいと話をし，バンド活動をしたことがあるスタッフとよく話をするようになった。学校へ行かず家に閉じこもっていた時も好きなバンドのコンサートへはチケットを求めに外出することができた。そこで，Bにとって興味のある音楽が人間関係を構築するきっかけとなると考え，ツリーチャイムやギターの指導を試みた。楽器操作の指導を受けながらスタッフにみずから質問したり，弾けない楽器が弾けるようになったり，ひとりではむずかしいと思ったり考えたりしたことも相手がいると思っていた以上にできるようになることを自覚することで，自信の回復を可能にする課題であった。

Bはツリーチャイムを，他のメンバー2名はボンゴとピアノで合奏を行なった。最初に楽譜にかかれたリズム表記の箇所から鳴らしはじめることや，楽譜通りにツリーチャイムを鳴らすことがBにはむずかしかった。筆者がピアノでテンポをとり，ボンゴの音を聞いて，リズム通りにBがツリーチャイムを鳴らすことができるようになった。その間うまくいかなくてもくり返し行なったが，嫌がらずに何度も練習した。また，合奏では，曲調やテンポを変奏しながら課題曲を行なった。ピアノとボンゴとツリーチャイムのセッションでは，ピアノ伴奏がジャズの曲調になるとリズムをとり相手に合わせることが困難であった。しかし，曲調を変えてふだん聞きなれた曲へと調整すると正確に楽譜通りに鳴らすことができた。

Bは，ジャズの変奏が気に入っていたが，合奏では出足が揃わず，相手の音やリズムもまったく聞いていることができなかった。三人で行なった演奏は，Bには楽しく，注意集中が途切れることはなかった。

■表2-1 あいさつ場面

質問	Bの回答
一番行きたい国はどこですか？	「フランス。いろいろな所にいってみたい」
高校に入ったらやってみたいこと，	「ない」
勉強してみたいことは何ですか？……	「英語の力をつけてみたい」
きらいな授業は何ですか？	「英語」
	「英語が少し鈍いみたい，英語かな」
どんな音楽のCDを聞いていますか？	「クラシック」
好きな作曲家はだれ？	「……。(一瞬無言。困惑する)」
	「ベートーヴェン」言語援助
好きな映画は？	「ないよ。あんまり映画見ない」
お友だちとは？	「行かない」
毎日勉強していますか？	「してないかな」(照れたしぐさをする)
一番困っていることはなんですか？	「ない」
今年一番がんばったことは何ですか？	「学校に通うこと」
好きな友だちの名前は？	「いない。今探しているところかな」

次にBが取り組んだ楽器はギターであった。現在もスタッフのギター指導を積極的に受けている。個別で指導を受けた後にメンバー全員と合奏を行なうこの課題は，Bにとって一番集中ができ，自信がもてる課題である。楽器操作ができるようになり，メンバーとバンドを編成し，合奏を行なうことは，Bがいつも話している「他のものは苦手でも自分にはこれができる」といった確信が得られて，自信に結びついたと考えられた。また，合奏を通じてスタッフやメンバーと話をする機会がふえてきたことは，人間関係を深めていくうえで大いに役立ったと思われた。

■表2-2　形容詞カード

カード2

```
音楽聴取アンケート
①1曲目はどんなかんじの曲でしたか？

②2曲目はどんなかんじの曲でしたか？

③2曲をくらべてみると

わたしは                          です。
```

⑤「クールダウン場面」での経過

Bの注意集中の持続困難に対して，音楽鑑賞を行なって，聴取した曲についての感想を口頭で答え，それを筆記するという課題を行なった。

初回はショパンとバッハのピアノ曲を聴取後に口頭で感想をたずねた。「どんな感じの曲ですか」に対しては，「何て言っていいかわからない」「高校生としてむずかしいことを言わなければいけない，書かなければいけない」と考えて書くことも言うこともできなかった。その後は，曲の感想を表わす形容詞を文字で記載したカードを使用した（1章表1-11参照）。

使用する形容詞は，小学校4年生までに国語の教科書で使用される動きを修飾することば，感情を表現することば，ようすを表すことばのなかから選出した。

Bは，感想を言う時も，「これとこれ」などと言って指さしカード1の単語を読んでいた。「感想は」とたずねると単語を指で示すだけで，感想をことばにしなかった。感想を文章で書く課題は，文を構造化することが困難であった。また，文字を書くことに苦手意識が強く，「パソコンばかりだから字は書けなくなった」と言いながら，カードに示された形容詞だけを書いた。1章表1-11のカード1に加えて文章を部分的に構成する感想文（表2-2）の課題を行なった。しかし，Bは，それでも音楽鑑賞後の感想を書くことにスタッフの指示と時間を要した。隣にいたメンバーに「まだできていない」と指摘されて，あわてて書くことがあった。

音楽鑑賞で演奏を聴くことはBにとって落ち着いて集中できる課題であった。しかし，その曲が好きかきらいかを答えることはできても，形容詞をいれて感想を述べたり，書いたりすることには抵抗があることがうかがえた。しかし，スタッフの声かけやカードによる視覚的言語援助を行なうと感想が口頭で言えるようになった。Bは，他のメンバーと異なり，むずかしいことばを用いて感想を言い，メンバーから「すごいなあ」と感心されることを強く意識し望んでいたため，感想を述べることにためらいが強かった。カードを見て「こんな簡単なことを言えばいいのか，もっとむずかしく考えていた」と不満気であったが，それにもかかわらず，述べたり，書いたりすることは困難であった。また，正答とはいいがたい独特の感想を曲のイメージに持ち，主観的要素の強いこだわりのある感想文となった。

Bは，曲のイメージにかかわらず，とくに「落ち着く」「おだやか」という形容詞を好んで使用した。

⑥「考えてみよう」での経過

Bは，青年期になり，障害の特徴とあわせて二次的な問題が多く見られるようになった。自信の

なさから人とのかかわりに独特のこだわりをもち，人といると気疲れしてなかなか友人ができず，とくにひとりでいることが安心できいごこちがよいと言っていた。対人関係を構築し広げていくために，日常的におこりうることがらを設定したソーシャル・ストーリーを行なった（表2-3参照）。

Bは，口頭ではすらすら正答を言えても書くことに時間と言語援助を要した。Bの答えの内容は，「つきあいたくなくてもつきあう」など苦手な人ともあわせてうまくやっていこうとする特徴が認められた。このことは，Bの気弱さの現われと考えられた。しかし口頭ではこのように答えても筆記する段階では頭のなかで答えをまとめられず，また，何を書けばよいのかすぐに忘れてしまった。自分の気持ちに関する項目は，文章の構造化がむずかしく，「むかつく」「うるさい」などのことばを並べて書くだけだった。

Bは，人に対して自分の気持ちとは裏腹な行動をとる傾向がみられた。「演じることがうまい」と自分でよく言っていたが，そのとおりの答えを述べていた。対人関係につまずきがあり，自己評価が低く，自己防衛が強いというBの特徴を表わしていた。気持ちを表情画に描き表わす課題は，絵に対する苦手意識の強さとボディーイメージの貧困さのため，言語援助や視覚援助を行なっても一度も描くことができなかった。「音楽を聴くことはいいけどチビたちとこんなことをやらなくていいよ」と何度も言っていた。しかし，その課題になるとメンバーの輪のなかにいることはでき，課題に取り組んでいた。苦手な場面への参加や集団で行なうことに自分なりに適応しようとする変化が見られた。

⑦「あなたの意見を聞かせてください」での経過

ソーシャル・ルールの一環として，日常的におこりうる状況や問題とされていることが書かれた問いに対しアンケート方式で回答を求めた（表2-4）。

アンケート用紙を読み，自分の考えをまとめて口頭で言わせてから記述させた。

Bが自分自身の問題としてアンケートに書かれたことを客観的にとらえて，自分は人からはどう思われているのかについて考えていく課題を取り入れ，手がかりを言語援助しながら行なった。Bは，正答をいい，理由も「常識だから」と答えることができた。答えをひらがなで「じょうしき」などと記述した。Bは，「やらなくてはいけないと思っても身体が動かない」とか「やる気にならない」「頭でわかっていてもなかなか自分を思うようにコントロールできない」と自分のことを話し，「こういうのは病気だ」といって自分の特徴を自覚しているように思われた。

参加メンバーのアンケートの正答は，次回のセッションでBやメンバーに渡された。そして，セッションの課題に再び組み入れながら具体的対応の復習を行なった。

■表2-3 ソーシャル・ストーリー例

アンケート1

> あなたと仲の良い友だちが，あなたの悪口をあなたの知らないところで言っているとクラスのお友だちが教えてくれました。
>
> ＊あなたはそのときどうしますか？
>
> ＊教えてくれた人にはどう答えますか？
>
> ＊あなたの気持ちをノートに書きましょう。

アンケート2

> あなたの苦手（きらいな）人といっしょに映画を見にいき，その後食事をすることになってしまいました。
>
> ＊そのときあなたはどうしますか？
> （あなたは苦手な人にたいしてどうすればいいと思いますか？）
>
> ＊あなたの気持ちを言ってから，表情画にしましょう。

■表2-4　ソーシャル・ルール

（例：ソーシャル・ルールのあなたの意見を聞かせてください。）

アンケート用紙1
　　　あなたの意見を書きましょう
＊勝っても自慢しない。負けても怒ったりしない＊

①いいことか，わるいことか，どちらか答えを選んでしるしをつけましょう。
□いいこと
□わるいこと

②次に自分の意見を（自分はどうしてそう思うのか）書きましょう。
・いいことと思う人の意見
　_____

・わるいことと思う人の意見
　_____

アンケート用紙2
　　　あなたの意見を書きましょう
＊相手の目を見て話をしよう＊

「たとえば：だれかが話している時にはその人の目を見よう。だれかが意見を発表している時には，その人のほうに顔を向けよう」

①それはいいことですか？わるいことですか？
□にしるしをつけましょう。

□いいこと
□わるいこと

②それからあなたの意見を書きましょう。

・いいことにしるしをつけた人の意見
　_____

・わるいことにしるしをつけた人の意見
　_____

アンケート用紙3
　　　あなたの意見を書きましょう
　　　＊整理整頓をしよう＊

必要なものがすぐ取り出せるように机やあなたの部屋をきれいに整理しておこう。
（整理整頓・みだれたものをきれいに片付けること）

①しるしをつけましょう
□いいこと　　　□わるいこと

②あなたは整理整頓がいつもできますか？
□はい　　　　　□いいえ

③どうしてできないのか書きましょう（②にできないと答えた人）。
　_____

　SST終了時（16歳9か月）の知能検査（WISC-Ⅲ）の評価は図2-2のとおりである。
　前回は知的レベルが境界線域であったが，今回は正常域であった。VIQとPIQの有意差は認められなかったが，「言語理解」と「知覚統合」が正常域であるのに対して，「注意記憶」「処理速度」は，境界線上にあり，認知のアンバランスを認めた。
　Bの障害特徴である耳で聞いた情報を一時的に記憶しておくことの弱さや，不器用という問題が示唆され，AD/HDとLDが疑われた（図2-3，図2-4，図2-5）。
　Bは，楽器運搬の役割を100％実行した。待ち合わせ時間に早く来すぎたり遅れたりして時間通りの行動ができない時もあったが，前日に時間の打ち合わせと約束を行なうことで時間に合わせて行動できるようになった。また，高校への進学も果たした。S-M社会生活能力検査から意思交換と自己統制に顕著な伸びが認められた。
　ソーシャル・スキル度評価表においては，集団行動スキル，対人的葛藤場面における処理スキル，意思の主張スキル，仲間への関与スキルの項目の

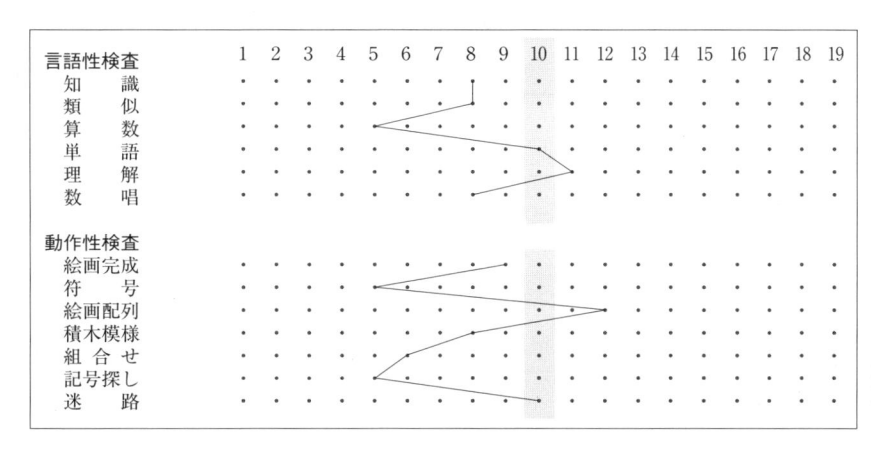

■図2-2　事例BのWISC-Ⅲ　知能検査（CA=16；9）

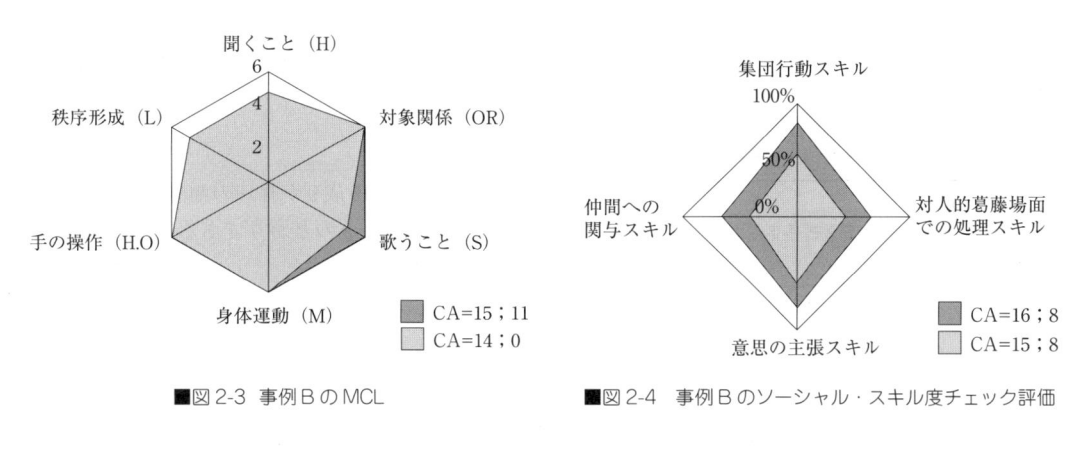

VIQ=90　言語理解 95
PIQ=86　知覚統合 92
FIQ=87　注意記憶 79
　　　　処理速度 72

■図2-3　事例BのMCL

■図2-4　事例Bのソーシャル・スキル度チェック評価

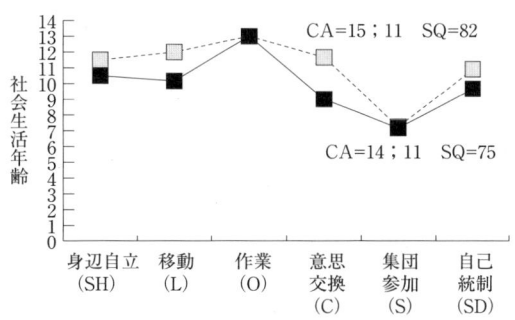

■図2-5　事例BのS-M社会生活能力検査

すべてにおいて得点が上昇した。しかし，S-M社会生活能力検査の集団参加は，他の下位検査項目に比べて変化が認められなかった。Bが同年代の子どもとの対人関係を築くことに困難があり，学校において集団で行動することがむずかしいことが示唆された。

音楽行動チェックリスト（MCL）は，各検査項目において得点がふえ変化が認められた。セッ

ションでは責任感と役割を認識し遂行することで自信を回復し，注意の集中も可能になった。

4) 考察

Bは，小学校のときに落ち着きのなさを担任より指摘されていた。学校の勉強では，視覚認知の悪さのために全体的に形をつくることがむずかしく，漢字の読みに比べて，漢字の書き取りを苦手とし，時計の読み方と見方が6年生でやっとできるようになった。また，耳からの情報を短時間記憶にとどめることがむずかしく，授業中の先生の話を聞いて覚えることや数を用いた計算問題が苦手であった。まじめに取り組んで勉強をしてもなかなか成果が上がらなかったBを，母親は，中学校入学のときに特別クラスに編入させることを希望した。しかし，就学時の試験でBは普通クラスで十分やっていくことができると判断され，中学校は普通クラスに入学した。

ことばを使って論理的に考えたり推論することや，ことばによって抽象的な概念を形成するなどことばを使って考えることは得意としたBであったが，中学校での学習についていくことは困難であり，そのため自信のなさからクラスメートに対しても消極的なかかわりとなり，学校での居場所をなくし不登校となった。また，進学を控えて自分の居場所と目的をどこに向けていいのか苦慮するようになった。対人関係でつまずき，高校へ進学をすることに抵抗を示したBに対して，自信を回復させて目標をみずから引き出せるようにすることを目的にして，グループ音楽療法によるSSTを行なった。SSTにおいて楽器運搬の役割を与え，役割を遂行することでグループのメンバーにとってBの役割が責任をともなうことを自覚させた。

家庭の都合で休む時以外は，どんなに体調が不良でも必ず出席して一度も休まず役割を遂行できたことに，Bの自覚がうかがわれた。そして，グループのなかに居場所をみずから見つけ，メンバーから慕われることで自信の回復へとつなげていった。また，目的をもちながら高校へと進学した。

楽器運搬を行なう過程でスタッフとのかかわりを楽しみながら楽器をみずからそろえることや時間を守ることなど，Bにとって苦手な課題でも，スタッフの言語指示を素直に受け，自分が頼りにされていることを自覚しながらみずからメンバーとのかかわりをもち改善をみせた。しかしセッション場面での参加はできる時とできない時があった。失敗経験に弱く，Bが手本となるようにと言語援助を受けて喜んで引き受ける旨の返事をしていても，いざとなるとプレッシャーになり，家を出て来る時に時どき体調不良に陥っていた。しかし，休むことはなく，セッションが終了すると体調不良を口にせずスタッフやメンバーと楽しそうに話をしていた。

Bは高校への進学も果たせたが，昼夜逆転の生活のために学校へ行くことが困難なこともあった。ソーシャル・スキル度チェックリスト評価表においては，セッションへの参加場面回数がふえ，集団行動のスキル項目が顕著な変化を示した。

S-M社会生活能力検査において社会生活指数（SQ）は上昇した。下位検査の項目のなかでとくに「意思交換」と「自己統制」に顕著な点数の変化が認められた。しかし，「作業」と「集団参加」に変化は認められなかった。このことは，同年代の子どもと対人関係，とくに学校生活における友人関係の構築が困難であったことがうかがわれた。

Bは学業で努力をしても成果が上がらず，性格的な真面目さから自己評価も低くなるといった二次的な問題が，年齢が上がるに従って顕著になり，社会的相互性，とくに対人関係や集団行動で問題がみられるようになった。また，日常生活では，物忘れが多く，時間が守れず，整理整頓ができず，今やらなくてはいけないことを忘れて他のことに注意を奪われるなど日常生活や学校生活でも支障をきたしていた。SSTの課題で取り上げたソーシャル・ストーリーやソーシャルルールでは，性格的な気弱さから嫌とは言えなかったり，断ることが苦手であったりした。正答が言えた時であっても，頭では理解できるとBが言っていたよう

に，行動にはなかなか結びつくことがむずかしかった。そのため，具体的な対処方法を指導しながら実際に役割を与えて指導していくなかで練習を行なった。

その結果，Bはメモをとったりすることをみずから行ない，また，スタッフやメンバーから昼食に誘われても家族と約束のある時は必ずまっすぐ帰宅できるようになった。

以上の点からも，BのようなLDやAD/HDに対して，年齢や障害の異なるグループという枠組みのなかで言語援助を行ないつつ，好きなことを動機づけとしたSSTを行なうことは意義があることであると思われた。また，苦手なことや日常生活で支障をきたすこと，友人関係でのつまづきなどに対しては，ソーシャルルールやソーシャル・ストーリーを用いて，具体的な対処方法を日常生活でのスキルとして身につけ，みずからの対人関係での偏った考えや，他者と異なる意見を自覚し，人それぞれの多くの考えがあることを知ることが，とくに社会に出ていく前には必要であると思われた。

音楽療法は，Bのような知的に問題はないが十分に自分の力を発揮できない青年や子ども，また，対人関係でつまずきをみせたり，ひきこもってしまう子どもたちに受け入れられやすく，活動の場を与えることが容易であり意義があると思われた。また，社会に出てからおこりうる具体的な問題などの対処方法を指導することを前提に，動機づけが容易な音楽をとおしてグループ活動を行なうことが効果的であると思われた。そしてSSTをとおして体験したことが日常生活へと般化できるものと考えられた。

3章 【事例C】多動性をともない発達とともに社会性の問題が顕在化した自閉性障害

1. 事例Cの特徴と目標

1）障害ベースの特徴

事例C（以下Cと略）がはじめて来室したのは，小学校2年生，7歳のときであった。Cは，父，母，姉，Cの4人家族であった。Cは，2年生の夏休みに，近隣の耳鼻科を受診した際に，診察を受ける態度が悪く，医師から多動の可能性を指摘されていた。その後，母親は多動性を指摘されたことが気にはなっていたものの，とくに相談機関を利用することまでは考えず，夏休みも終わり2学期を迎えることになった。ところが，2学期がはじまると，Cの学校での行動は1学期とは異なって荒れはじめ，友だちをたたいてしまう，怒り出すと落ち着くまで手がつけられない，などの行動上の問題が顕在化することになった。そこで，母親が相談機関を探し，学校での不適応を主訴に来室するにいたった。当時，Cとの最初の面接では，「クラスメートが話しているのを見ると，Cの悪口を言っているように感じる」などの発言が聞かれるなど，被害妄想的な言動もめだっていた。当時Cのクラスでは，Cに対するいじめは認められなかったが，Cは男子生徒から無視されていると感じているようだった。Cは運動面が非常に苦手で，走り方やボールの投げ方にぎこちなさが見られた。しかし，一方で，学習面は非常に優秀で，学校の勉強には自信を見せていた。Cの発達的な特徴を明確にするために，知能検査を行なった。

2）心理テスト・心理面接結果の特徴

心理検査（WISC-Ⅲ　知能検査）を行なうことで，神経心理学的に①注意欠陥多動性障害（以下AD/HD）による特徴が認められるかどうか，②広汎性発達障害（以下PDD）による特徴が認められるかどうか，③情緒的な要因による問題が認められるかどうか，の検討を行なった。また，心理検査については，検査結果から得られる数値について検討するだけでなく，検査時に行動観察を行なうことで，検査時の緊張の有無・課題への関心・課題への積極性と消極性・テスターとの疎通性・注意力の持続，などの情報を得ることもできる。

①第1回目　WISC-Ⅲ　知能検査

言語性IQ（以下VIQ）121，動作性IQ（以下PIQ）136，全検査IQ（以下FIQ）132と，VIQ，PIQ間の差は大きく，5％水準で有意差を認めた（図3-1）。知的発達は良好であった。群指数でも全般に良好な結果であったが，とくに知覚統合は，言語理解，注意記憶，処理速度と比較すると，有意に高い結果であった。下位検査では，言語性，動作性の両方でアンバランスを認め，言語性下位検査では，Cの平均と比較して，「知識」課題が有意に高く，「単語」課題，「数唱」課題が有意に低い結果であり，「単語」課題では，ことばはわかっている印象であったが，検査者がわかるように説明することにむずかしさがあった。動作性下位検査では，「絵画配列」課題が有意に高い結果であったが，「絵画配列」課題は，動作性課題で

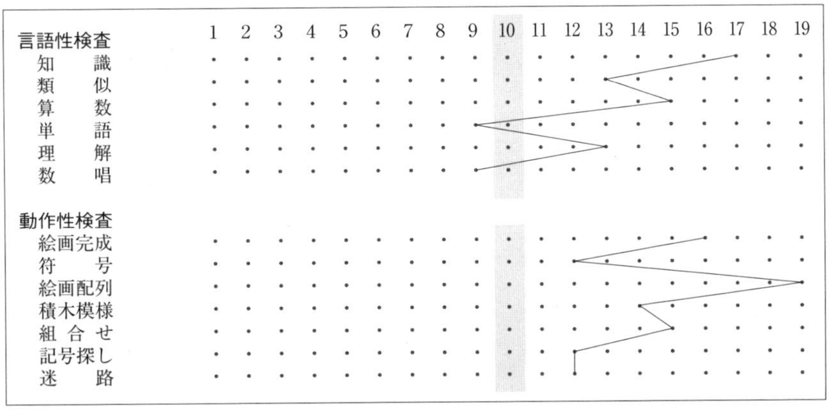

```
             1  2  3  4  5  6  7  8  9 10 11 12 13 14 15 16 17 18 19
言語性検査
  知　　識   ·  ·  ·  ·  ·  ·  ·  ·  ·  ·  ·  ·  ·  ·  ·  ·  ·  ·  ·
  類　　似   ·  ·  ·  ·  ·  ·  ·  ·  ·  ·  ·  ·  ·  ·  ·  ·  ·  ·  ·
  算　　数   ·  ·  ·  ·  ·  ·  ·  ·  ·  ·  ·  ·  ·  ·  ·  ·  ·  ·  ·
  単　　語   ·  ·  ·  ·  ·  ·  ·  ·  ·  ·  ·  ·  ·  ·  ·  ·  ·  ·  ·
  理　　解   ·  ·  ·  ·  ·  ·  ·  ·  ·  ·  ·  ·  ·  ·  ·  ·  ·  ·  ·
  数　　唱   ·  ·  ·  ·  ·  ·  ·  ·  ·  ·  ·  ·  ·  ·  ·  ·  ·  ·  ·

動作性検査
  絵画完成   ·  ·  ·  ·  ·  ·  ·  ·  ·  ·  ·  ·  ·  ·  ·  ·  ·  ·  ·
  符　　号   ·  ·  ·  ·  ·  ·  ·  ·  ·  ·  ·  ·  ·  ·  ·  ·  ·  ·  ·
  絵画配列   ·  ·  ·  ·  ·  ·  ·  ·  ·  ·  ·  ·  ·  ·  ·  ·  ·  ·  ·
  積木模様   ·  ·  ·  ·  ·  ·  ·  ·  ·  ·  ·  ·  ·  ·  ·  ·  ·  ·  ·
  組 合 せ   ·  ·  ·  ·  ·  ·  ·  ·  ·  ·  ·  ·  ·  ·  ·  ·  ·  ·  ·
  記号探し   ·  ·  ·  ·  ·  ·  ·  ·  ·  ·  ·  ·  ·  ·  ·  ·  ·  ·  ·
  迷　　路   ·  ·  ·  ·  ·  ·  ·  ·  ·  ·  ·  ·  ·  ·  ·  ·  ·  ·  ·
```

VIQ=121　言語理解 118
PIQ=136　知覚統合 139
FIQ=132　注意記憶 112
　　　　　処理速度 111

■図3-1　事例CのWISC-Ⅲ　知能検査（CA=7；8）

あるものの，言語性の要素を有する課題であることが影響しての結果と考えられた。検査中は離席がめだち，足を机の上にのせるなど検査態度の問題が顕著であった。また，解答では，「それはつまり○○」など年齢には不つりあいな大人びたことばづかいが聞かれた。「算数」課題には自信があり，もっと課題を出すように検査者に求めた。検査中，Cとの会話では，学校で友だちはおらず，休み時間は図書室に行き，本を読んで過ごすことが多いが，「学校は楽しい」とのことばが聞かれた。また，興味のあることには集中できるが，教示を最後まで聞けないなど，衝動性の高さが見られ，行動のコントロールのむずかしさが感じられた。Cは多動が顕著であったが，年齢に不釣合いな独特なことばの言い回しや，対人面での希薄さがうかがわれるなど，行動面の問題には，広汎性発達障害（以下PDD）がそのベースにあるものと考えられた。

　心理検査後，Cは医師の診察を受けた。そして診察の結果，リタリンが処方されることになり，服薬を開始した。その時点で心理相談を継続しなかったが，リタリンを服用してから9か月後，リタリン服用後の変化を確認するために，再度WISC-Ⅲを受けるため，来室することになった。Cはそのとき，3年生に進級していた。

②リタリン服用後　第2回目　WISC-Ⅲ　知能検査

　VIQ128，PIQ140，FIQ137と，VIQ，PIQ間の差に有意傾向が認められた（図3-2）。知的発達は全般的に良好であった。群指数では，前回同様，言語理解，注意記憶，処理速度と比較して，知覚統合が有意に高い結果であった。下位検査では，言語性，動作性の双方でアンバランスを認め，Cの平均と比較すると，言語性下位検査では，前回同様「知識」課題が有意に高く，「数唱」課題が有意に低い結果であった。動作性下位検査では，「積木」課題が有意に高く，「迷路」課題が有意に低かった。「迷路」課題では，先の見通しを立てず，試行錯誤的に進み，行き止まりに入るようすがくり返し見られた。検査中は独語が減り，ことばでの教示が入りやすい印象であった。

③母親面接

　母親面接でのCの日常のようすでは，Cは3年生に進級してから，他の生徒とのトラブルは続き，休み時間に特定の生徒の顔が「気に入らない」と，相手に手をあげてしまったことが述べられた。また，登校する時に通学路で大声を出し，学校に着いてからも興奮した状態が続き，教室の電気をつけたり消したりをくり返したり，さらに引き戸を勢いよく音を立てて開けるなどの問題行動がたびたび見られていた。さらに日常生活では，他人の

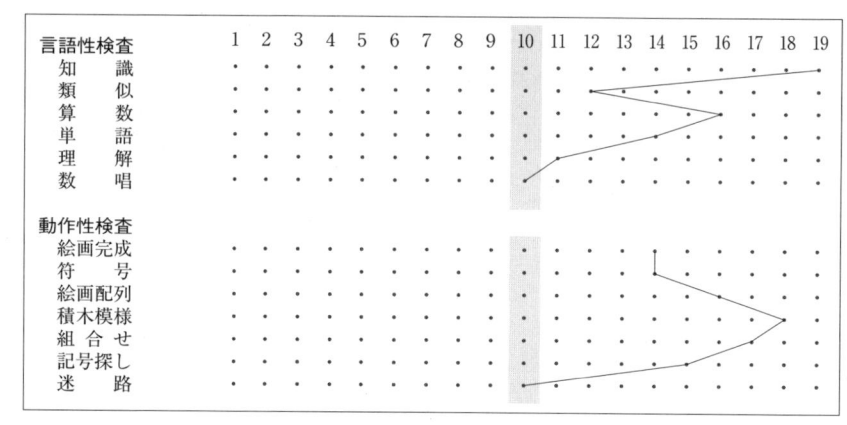

■図3-2　事例CのWISC-Ⅲ　知能検査（CA=8；5）

VIQ=128　言語理解 124
PIQ=140　知覚統合 141
FIQ=137　注意記憶 118
　　　　　処理速度 125

声が気になってしまい，休日の外出でも，周囲にいる人の声ばかり気にして，せっかく遊びに行っても目的のものをまったく見られなかった。学校では授業中に，クラスメートのおしゃべりの声が気になってしかたがないようすであった。Cは友だちに興味はあるものの，相手へのかかわり方がわからなかった。教室では通常，クラスメートと机を並べて座っていたが，Cは隣に席を並べる生徒がおらず，ひとりで机をおいていた。ところが，学校のようすとは異なり，習いごとの習字教室では，年齢がちがう者どうしであれば，お互いにかかわることができ，年下の子の世話をすることもあった。

2. 事例Cに適用されるSSTの方法とその意義

Cはリタリンを服用したこともあって，多動性は徐々に軽減している印象であったが，検査時の応答のようすからは，コミュニケーションの希薄さは依然として感じられた。また，話をしている相手と意見が食いちがう際に，相手を非難するような言い方になることがあった。母親との面接でも聞かれたが，Cは同年齢間のコミュニケーションはむずかしく，年齢が異なる子どもや人とかかわる場面では，下の年齢のものを世話することもあった。

そこで，同年齢間のコミュニケーションでは，相手も同じ年齢であることから，Cの特徴を理解し行動することがむずかしいため，Cには異年齢の集団でのコミュニケーションの機会が重要と思われた。具体的には以下の方法が考えられた。Cと指導者が同じ場面を共有し，まず，Cが直面している状況で，Cが求められている行動を，指導者が口頭でCに説明する。Cは説明を受けたことで，その場面についての理解が促進され，正しい行動をとることができる。そして最後に，Cが正しい行動をとったことに対して，指導者がCに正のフィードバックを行なう。これらは，いわゆる行動療法的なアプローチと考えられる。しかし，集団の場での練習は，異年齢のキャンプであり，通常1年に1回しか行なわれないため，回数に限度がある。そこで，個別式でのSSTを併用し，指導者と1対1の関係を構築したうえで，くり返し対人場面で，ことばでのやりとりを行ない，相手との情緒的相互性の理解をうながしていく方法が有効と思われた。知能検査でのようすからは，心理面接では十分にやりとりができないことが予想されたため，ゲームなどを媒介としてルールの理解，衝動性のコントロール，相手の気持ちの理解など，ソーシャル・スキルの獲得をめざすこととした。

さらに，学校ではクラスメートとのトラブルが

あることから，今後二次的な障害の予防も重要であると思われ，1対1の個別指導をとおして，プレイセラピー的な意味合いも含めて，丁寧な指導が必要であった。

Cは2回の知能検査から，良好な知能であり，言語的な理解も十分であったことから，対人場面での状況の理解が十分にできていない部分に，ことばでの説明をつけ加えることで，理解の助けになることが予想された。

SSTはCが小学校3年生の夏から開始され，小学校6年生の3学期まで継続した。キャンプには年1回，計3回参加し，個別式SSTは月に1回から開始し，Cの予定に合わせ，適宜回数の調整を行なった。CへのSSTは，集団によるSSTと個別式のSSTを併用した指導といえる。

3. 事例CにおけるSSTの実施経過と効果判定

1) 対象
PDDで，多動性をともなった事例
SST開始時期：小学校3年生　2学期
SST終了時期：小学校6年生　3学期

2) 方法
異年齢の集団と個別式を併用したSST
1セッション　50分　1か月1回　全30回実施
キャンプ　年1回　計3回参加

3) 経過および結果
①第1期　小学校3年生2学期
＜短期的目標：異年齢の集団のなかでルールを守って行動する・1か月1回の間隔で来室し，担当者と学習の時間をもつことへの意識づけ＞

Cは指導者とともに，病児のキャンプに2泊3日で母親と参加した。Cには男性ボランティアがひとり担当してつくことになり，指導者と3人で行動することとなった。行きのバスのなかで行なわれたクイズ大会では，他児に解答の機会を与えることができず，ひとりで続けて手をあげていた。ことばでの制止は聞けず，手をあげた時に指名されないと，体を動かし，椅子から落ちそうになるほどであった。途中の休憩所で，指導者が，いっしょに参加しているほかの子どもたちも，クイズに参加したいと思っていることをことばで伝えたが，Cは答えたい衝動を，以降もコントロールすることができなかった。目的地に着くと，宿泊中の予定についてしおりを使い，注意点について説明した。Cにとっては，はじめての場所ということもあり，注意散漫で，落ち着いて話をきくことができなかった。当日，Cはリタリンを服用していなかった。夜のキャンプファイヤーでは，火を使用することもあり，くり返しことばでの説明を行なった。ボランティアもしっかりと対応したが，キャンプファイヤー会場に向かう暗い道では，参加者といっしょに歩くように指示したものの，徐々に歩くのが速くなり，最後には小走りになってしまった。結果的に周囲から注意を受けてしまう状態であった。また，キャンプファイヤーがはじまると，木を燃やすことが環境破壊であると言い，火にむかって「消えろー！」と怒鳴る場面も見られた。食事，風呂などでは，男性ボランティアとの関係は良好で，指導者が声を掛けなくてもいっしょに参加することができた。他の参加者にも興味があり，参加者の名前はすべて覚え，自分からかかわりを求める場面も見られた。

キャンプ参加後，母親面接を行なった。そのなかで，キャンプから帰宅後，2日間はCの表情が通常とちがい，"柔らかい"表情をしていたが，それ以降は以前の表情に "もどってしまった"ことが述べられた。家ではキャンプについて，「楽しかった。本当はつまんなかった」などとさかんに言い，キャンプへの関心は増しているようだった。しかし，学校については「学校がはじまったらまた暴れる」と話していた。手にはかきむしったような傷があり，チック症状の一部と思われたが，夏休み終了時にはかゆみを訴え，症状は悪化していたようであった。

キャンプ参加後，個別指導を1か月に1回の間

隔で開始し，Cが希望したゲームを行ないながら，ルールやプレイの順番を守る練習を行なった（表3-1）。また，すごろくがしたいと訴えたことがあったが，指導者がすごろくがないことを伝えると，「つくりたい」と言い，次の回で実際にすごろくをつくることになり，製作の準備として，必要な物の打ち合わせを行なった。Cからは「ストーリーのあるものにしたい」「ゴールはつくらず何度も回れるようにしたい」「コインなど使用するむずかしい版と簡単版をつくりたい」「逆にもどるマスもつくりたい」などの希望が聞かれた。準備するものとしては，コマ，サイコロ，台紙，シール，鉛筆，消しゴムをあげた。「（自分がすごろくをつくることで）みんなも喜ぶかな？」と言ったCのことばが，指導者には印象的だった。

だれかのために何かをしたい，という意識が強く，個別指導のなかで，おもちゃのおいてある部屋のかたづけをしたいとの意向が聞かれたこともあった。指導者が「手伝ってくれる？」と，Cに尋ねた時に見せたうれしそうな表情が印象的であった。日常では何かをまかされるということはほとんどなかった。次の指導で実際におもちゃのかたづけを行なうことにした。かたづけにあたりおもちゃにつけてあるマークと，収納棚のマークを照らし合わせてかたづけるようCに説明した。かたづけ途中に「これどうやって遊ぶのかな？」などと，目新しいおもちゃに興味を示し，時どき手をとめながらも，「何でこんなにごちゃごちゃなのかな？」と言い，かたづけにもどることができた。マトリョーシカ（木製入れ子）が何度か棚から床に落ちると，「どうして落ちるかな？　音が嫌なんだよ」と怒鳴るように言った。聴覚防衛により，落ちた時の音がCには不快に聞こえることが考えられ，「音が嫌なんだね。落ちない場所に置こう」とCに声かけし，一番下の棚に移動させた。かたづけ終了後，指導者が「かたづいたね」とCに話しかけると，「うん」と満足そうなようすであった。

学校では小さなトラブルが続いていた。学校の習字の時間に墨汁の蓋を完全に閉めていなかったため，下校途中に墨汁が漏れてしまい，洋服や足についてしまったこともあった。家庭でも，食べ物にかけるソースなどが入っている容器の蓋を完全に閉めておらず，こぼれることもあった。蓋をしっかり閉めた状態で，蓋とボトルにまたがるように線を1本書き入れ，線が合わさるまで蓋を閉めるように説明することを母親にすすめた。

学校では他父兄からCの状況を理解し，協力したいとの意向が聞かれたことから，一部父兄にCの状態を説明したが，完全に理解してもらうことはむずかしかった。学校ではCが実際にまったくかかわっていないことも，結果的にCが行なったと苦情が出ることがあり，校長立ち会いのもと父兄との話し合いがもたれた。

②第2期　小学校3年生3学期
＜短期的目標：日記を利用して，1日にあったこと，そのときの気持ちをふり返る＞

学校では，クラスメートにトイレをのぞかれる，また，蹴られることがあり，「（僕は）いじめられている」「なぜ先生は注意しないのか？」という訴えがCから聞かれた。指導者と母親とで話し合い，対応方法を考えることをCに伝えたうえで，指導者も母親もCのことが心配であることを話し，その日学校であったことは必ず母親に話すことを約束した。そのときに，Cから「僕っていじめられやすいのかな？」とのことばが聞かれた。2学期後半から家庭でもあまり話をしなくなっていた。一方，塾は息抜きの場であり，イライラすることもなく，Cには塾が自分を正しく評価してくれる場であるとの思いが強かった。

日記を利用し，来所した日から翌月来所するまでの間のことを日記に書くことを課題にした。Cには書く内容が，数行でも良いことを伝えた。Cが書いたものは次回まで指導者が預かり，コメントを書き加え，翌月Cに返した。はじめての日記には，毎日の日付とその日の学校の給食のメニューがかかれているだけだった（図3-3）。1ページごとに，「どんな味がしたのか？」「Cはまた食べたいと思うのか？」など，指導者が知りたいと

■表3-1 事例Ｃの個別指導における反応

学年	ゲーム内容	Ｃの反応	備考
小3 2学期	ジェンガ	ジェンガ対戦「負けたら後かたづけね」とＣが言い出した。負けたらきちんとＣがかたづけることを約束させ，勝負した。指導者が勝つと，「どうしてこーなるぅ？」と言いながらもかたづけることができた。	次回以降も定期的な来室の意向を確認したところ，来室意向が確認できたことから，ソーシャル・スキルの獲得と，二次的な障害へのプレイセラピーを1か月に1度の頻度で行なうこととなった。 キャンプに参加。
	オセロ	指導者に次に打つ場所を教えてくれることがある。指導者が勝つと，勝利を認めることができた。指導者の順番を待つことができず，次々に進めようとする。指導者の行動はまったくみておらず，Ｃが次に打つ手のみを考えている。	
	UNO	指導者がゲームのルールがわからないことを伝えると，Ｃが説明する。最初のゲームにＣが勝つと，「せこい勝ち方だった？」と指導者に尋ね，「そんなことないよ。良い勝ち方だったよ」と伝えると，頭に手を置きながら，笑う。4回ゲームを行ない，5回目で「あと1回で終わりだよ」と伝えると，素直に応じる。2度目に行なった時にはＣなりのルールでゲームをしたいと言いだし，Ｃに都合の良いルールを設定する。指導者の「ウノ」の声を待たずに，「ウノ」と発し，指導者が言い忘れたと指摘する。	
小3 3学期	すごろくづくり	進む，もどるのほかにノロノロゾーン，スピードラインをつくる。「○○つくろうか？」「○○でもいいかな？」と指導者に確認しながら行なう。「意地悪すごろくつくった」と満足げに話し，指導者が「みんなも喜ぶようなすごろくつくるんだよね。良いところも入れた方がいいんじゃない？」とうながすと，「しょうがないな。じゃいいアイデアもつくるよ」と答える。すごろくをつくった次の回には，入室するやいなや指導者に，「すごろくどう？」と尋ね，他児の反応を気にしているようすであった。「なかなかあがれないって言ってたよ」と他児の感想を伝えると，「なおそう」と進むためのマスをつくりはじめた。しかし，つくり続ける間に，だれのために，どのような物をつくろうとしているかが，不明瞭になり，「不幸の枠をつくろう」などの発言が聞かれるため，その度に，指導者が「だれのためにつくるの？」と，本来の目的を話す必要があった。背景も書きたいと，海，町などを書き入れる。すごろくをつくりながら学校のことを尋ねると，「今はイライラする」が手をあげることはなかった。	
	ストーリーの理解	「桃太郎」を取り上げ，Ｃにストーリーを説明してもらう。ストーリーは詳細までわかり，説明することができた。桃太郎の気持ちをたずねると，「よくわからない」と答え，指導者が「Ｃ太郎ならどうするの？」とＣに置き換えてたずねると，「助ける」と答えた。指導者が「なぜ？」と言うと，「困っているから」と理由も答えることができた。	

学年	個別指導	Ｃの反応	
小4 1学期	すごろくづくり	一人でルールをつくり，すごろく制作を行なっているように見えるが，指導者が必要なものをとりに部屋を出ると，すごろくから離れ，窓辺に座り，指導者が戻るとすごろくづくりを始めるなど，いっしょにつくることを意識している様子がうかがわれた。	
	人生ゲーム	Ｃがリードしてゲームを行なうが，ルーレットが止まるのを待てず，手で止めてしまう。指導者の順番で，ルーレットを回すと，Ｃが待てず指導者のコマを動かし，マスに書かれた内容を読み，一人納得してしまう。ゲームに新たにスタッフが一人入り，各自がコマを動かし，マスの内容を読むことを約束し，ゲームを始める。ゲームが進むと，衝動的にＣが自分以外のコマにも手が出そうになるが，約束を復唱させゲームを継続した。イライラした様子で，しきりに足が動いていたが，最後まで他者のコマを動かすことはなかった。	
小4 2学期	コリントゲーム	順番を決め，順番を守り，ゲームをすることができた。	キャンプに参加

小学校4年生2学期以降は，個別ＳＳＴの場面で，ゲームを媒介にすることなく，指導者と1対1で面接が可能になったことから，二次的な障害の予防も考慮し，心理面接を行なった。心理面接の中で，具体的な場面についてＳＳＴを実施した。

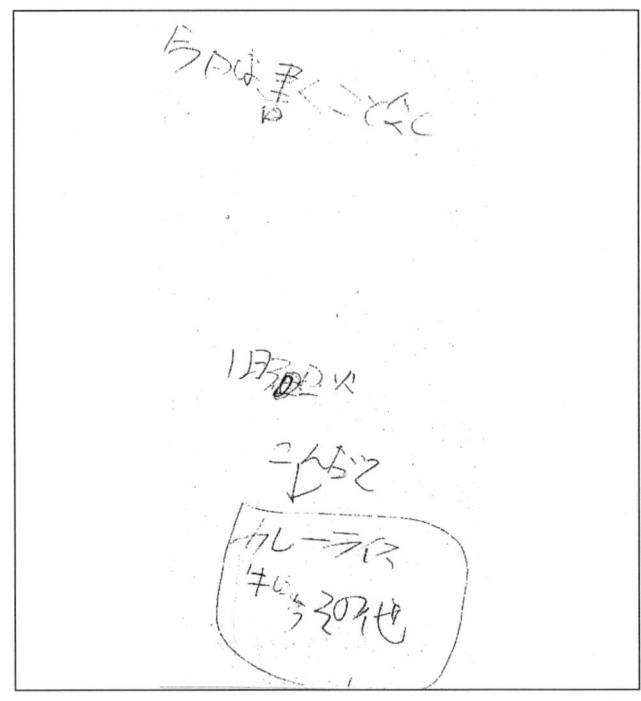

■図3-3　事例Cの日記例1

思うことを記入し，Cに日記を返した。Cにとっては，何も書かれていないノートに毎日書くことができたのは，給食のメニューのみで，指導者から何を書くことを求められているのかが，明らかではないようだった。学校では読書感想文が苦手で，あらすじのみの羅列になってしまうとのことであった。「いつ」「だれが」「どこで」「何をして」「どうなったか」，そして「Cはどう思ったのか」という例文をつくり，Cにはその例にそって書いてみることをすすめた。

成績は全般的に良好だったが，社会・理科では"調べてわかりやすく表現すること"，音楽は"音楽の特徴を感じ取って書くこと"，図工では"想像したことを表現すること"，体育では"ルールを守り楽しく運動すること"などがむずかしかった。

CA9歳3か月のときにLD児診断のためのスクリーニングテスト（PRS）を実施した。

PRSの結果，非言語性LDサスペクト児の判定であった。テストでは，経験を話したり，考えを話したりする，話しことばに関する能力，バランス感覚，手先の不器用さなどを示す運動能力，さらに協調性，新しい状況に適応する能力や，社会から受け入れられているかどうかなどを意味する社会的な行動に関して，平均下の結果であった。

③第3期　小学校4年生1学期
＜短期的目標：自分が知っていることを，相手に伝える＞

「ブルドック（ブルドック，グンカン）しよう」とCから指導者をゲームに誘い，指導者がゲームのルールを知らないことを伝えると，早口だったがルールを説明してくれた。「だれに教えてもらったの？」と指導者がCに尋ねると，「ちょっとね。友だちがやってたの」と答えた。学校でいっしょに遊んでいるわけではないが，教室で遊んでいる友だちが何をしているのか，Cなりに周囲のようすを気にしているようすがうかがえた。

日記では，Cが感じた気持ちを記入することをうながすと，「楽しかった」「ドキドキする」など

の記述が見られようになってきた（図3-4）。

また，指導場面でギャグを言い，「これ寒い？」など，指導者の意見を尋ねたりすることもあった。さらに「先生は年収いくら？　昨日テレビでお医者さんの年収やってた。小児科減ってるんだよね」と唐突な質問も聞かれた。

指導者がクラスのことを尋ねると，「だいぶまし，いじめとか減った」と答え，「もうトイレのぞかれない？」とCに尋ねると，「でもおトイレとかのぞけちゃうから」と話し，依然いじめは続いているようすであった。しかし，教室では男子生徒と机を並べることができたことで，その男子生徒の得意なこと，苦手なことを指導者に教えてくれた。アトピーで手をかいていたが，かく回数も減っているのか，以前よりは改善している印象であった。

今年の夏のキャンプについての説明を行なうと，Cからは服薬を中止したいとの意向が聞かれた。「僕もふつうになってきた。学校で暴れることもなくなってきた。でも薬をやめたら成績が下がってきた」という内容で，Cも中断すべきかどうか，迷っているようすであった。主治医に相談することをすすめ，「何かをする時に，やりたい気持ちを抑えることがむずかしい場合に，お薬を飲むことで，コントロールできることもある。薬を飲んでいるC君も，飲んでいないC君も，両方C君であることには変わりがない。薬をやめることも，続けることも，必要な時にだけ飲むこともできるから，主治医の先生に相談してみよう」と話した。

家庭では，Cが母親に服薬の理由や，「勉強はできるのに病気なのか？」などと尋ねることがあり，母親はどのように対応すればいいのか迷っているということだった。周囲との差を感じはじめていることから，いい加減にごまかさず，勉強をする能力と，行動をコントロールすることとは異なる能力であることを話すように求めた。

④第4期　小学校4年生2学期～3学期
＜短期的目標：自分の気持ちをことばで伝える＞

日記を書くのを忘れたとのことだったが，1か月間のできごとを面接時に指導者に話すことができた。以前は話をしても，単語や一方的な内容が多く，ひとつのことについて話し合うことができなかった。その日のCは，何日に何があったのか，日にちまでしっかりと覚えており，「〇月〇

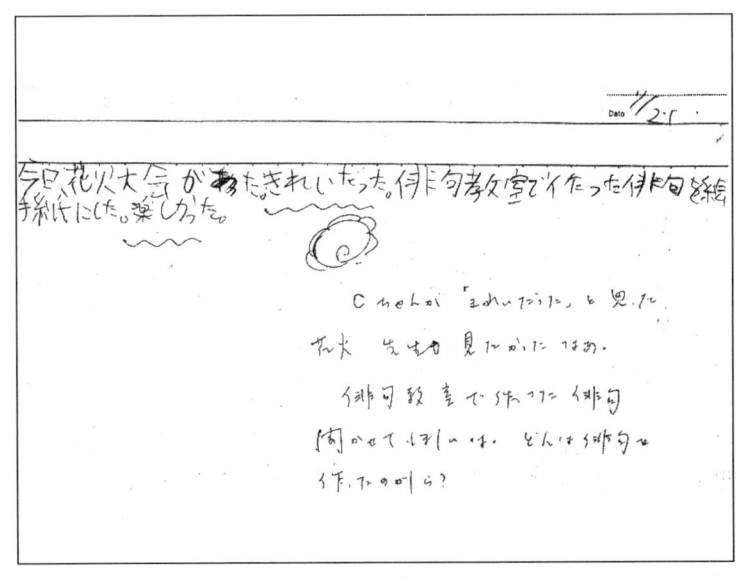

■図3-4　事例Cの日記例2

日 ○○と○○に行った」など，日付の順番に話していき，スケジュール帳を見ているかのようであった。そのなかには父親と野球観戦に行き「Cが行くとホームチームが負ける」こと，ウォーキング大会に参加し「父親より早くゴールした」こと，テーマパークに行き，「ちょーおもしろかった」こと，学校の遠足が延期になり「つまらなかった」こと，花火を見に行き「きれいだった」ことなどが語られた。Cなりに感じたことが，気持ちを表すことばで語られていた。

また，来年5年生に進級すると，「下級生の世話をするが，どうしてあげればいいのかわからない」ことが話された。「わからないことがあったら，先生に尋ねても良いし，6年生に聞くこともできる」ことをCに話した。

夏に実施されたキャンプにも保護者といっしょに，2泊3日の日程で参加した。事前に予定されていることについて，説明を行なった。当日は，Cと保護者，他参加者，そしてボランティア，というグループでの行動が主であった。あらかじめ決められた日程への不満などは聞かれたが，グループでの行動であり，納得がいくことも，納得がいかないことも含まれていることを伝えると了解することができた。他の参加者からも，Cの行動上での変化が認められ，口頭でCへの正のフィードバックがなされた。また，ボランティアには自発的なはたらきかけも見られ，保護者から離れての行動にも抵抗を示すことはなかった。他の参加児についても，「これは聞かれると嫌だよね」と言い，尋ねて良いことと，尋ねないほうが良いことの区別がついてきているようだった。

学校では，とくに顕著な問題もなく「友だちはとても平和」と話していた。また，好きな歌手がいて，「(その歌手の)トークが好き」など話すこともあった。感情的な表現が随所で聞かれるなど，C自身についての内省もできるようになってきていたが，"外出する機会がないと，ここのところ良いことがない"など，思考の堅さも依然認められた。教室のザワザワした感じが嫌で，「1日ストライキした」と，欠席する日もあった。学校

三者面談が予定されているが，担任に「クラスメートが自分のことをどう思っているかを尋ねてほしい」との発言が聞かれた。

母親面接の話では，学校でゲームに参加しているが，特定のクラスメートと衝突することが多く，負けたくない気持ちが抑えられなくて，Cなりの参加のしかたになり，負けたことに文句を言ってしまうとのことだった。とくに，服薬しない時に「自分が楽しければ良い」との方向性になることが多いようであった。服薬は面倒と言っていたが，他科から処方されている薬は抵抗なく服薬しているので，リタリンについては，Cが一生飲み続けなければならないと思っていたことが影響したと考えられた。休日は，Cの希望を優先し，服薬を中止していた。低学年に発達上問題のある児童がおり，その子のことが気になっているようすだった。友だちになりたかったのか，休み時間になると，その子のクラスに見に行っていたが，その子が転校してしまって寂しそうなようすであった。

中学進学にあたっては，中学受験を考えていた。塾での学習は，算数は得意であったが，国語でのつまづきがあり，物語の登場人物の感情を問われると理解できないことを指摘されていた。また，社会では歴史上の人物の名前が覚えられず苦労しており，歴史を漫画で読み，人名，年代，場所など，個々の用語に意味をもたせることを助言した。

CA 9歳11か月のときにS-M社会生活能力検査を実施した。

母親に記入してもらい，検査者との面接によって内容を確認した。結果は社会生活年齢が9歳0か月，社会生活指数が91と，平均下ではあったが，個人差の範囲内に位置した。しかし，下位検査ではアンバランスを認め，「行動領域」が5歳10か月の結果で，「ひもを結んだり，ほどいたりできる」「ナイフなど刃物を注意してあつかえる」「かなづちやドライバーが使える」などの，道具の使い方に関する項目での不通過がめだち，Cが有する手指機能の不器用さによる結果と思われた（図3-5）。

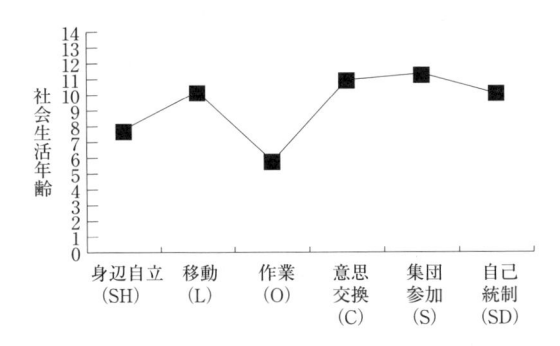

■図3-5　事例CのS-M社会生活能力検査

⑤**第5期　小学校5年生1学期～2学期**
＜短期的目標：自分の感情への気づき＞

　「夏のキャンプが気になる。どこに行くの？」「みんなは，どこに行きたいかな？」「○○につれて行ってあげたい」など，入室するとすぐに，次回のキャンプへの積極的なことばが聞かれた。キャンプに参加することは，Cにとっては，1年のなかの行事のひとつになっている印象であり，そこには他の参加者を意識してのことばが多く聞かれ，"仲間意識"が育ってきていた。

　服薬については，「リタリンを服薬しても落ち着かない」との訴えがCから聞かれた。次回主治医の診察で相談することをすすめた。

　クラスのなかで話をする友だちが数人できたと自慢げに報告していた。しかし，依然として他児童からのいじめは続いており，その生徒の話になると，「ムカムカしている」「がまんしている」などのことばが聞かれた。Cは相手の児童を無視するようにつとめていた。学校側の対応としては，Cも悪いところがあると言い，積極的な介入は行なわれなかった。宿泊学習でも，同室の児童らの嫌がらせがあり，担当の先生が介入したが，Cが細かい事情を聞かれ，Cは無関係であったが，結果的にCがトラブルの原因になってしまった。そのせいか，自宅にもどってからも落ち着かない状態が続いていた。

　将来の話になると，「地道な公務員になる」と話し，指導者が「公務員になって，どんな仕事をしたいの？」とCに尋ねると，「わからない。とにかく公務員」と答えるだけであった。そこで，指導者はCに，「まだこれから，中学，高校，Cが希望すれば大学まであるんだよ。そのなかで，自分は何が得意で，何が苦手か，ということがわかってくるといいね」と話した。

　また，学校の学芸会で，役を演じたが，途中から泣いてしまったことがCより面接中に報告された。理由を尋ねるが，顔をしかめ，「参加したみんなが泣いていたから」と答えた。その場面で何か感じたことがなかったかを問うと，「そういうことが，僕はわからない。苦手なことなんだ」と眉間にシワを寄せながら答えた。なぜ涙が出たのか，そこに生起した情動がどんな気持ちにもとづくものなのかを理解することは，Cにとってはむずかしいことであった。指導者の「学芸会はうまくいったの？」の問いに，Cは「よかったんじゃない」と答えたため，「学芸会がうまくできたことで，まわりの友だちはよかったと思い，"よくがんばった"とうれしい気持ちであったかもしれないし，"まちがえずにできた"とほっとした気持ちで涙が出たのかもしれないね」と，指導者の考えをCに伝えた。Cが自分自身と物との関係，あるいはCと相手の人という，1対1の関係から，Cとクラスメート，というような集団（環境）への関心・注意が育ち，同時に自分と他者を比較することで，他者とのちがいを感じはじめている印象であった。

⑥**第6期　小学校5年生3学期**

　Cが10歳11か月のときに，ワーキングメモリ課題であるリーディングスパンテスト（苧阪・苧阪の日本版RST，小学生用試作版，五十嵐他，1997）と，遂行機能検査であるウィスコンシンカード分類検査　Keio-version（鹿島・加藤，1993）を実施した。ワーキングメモリは「行動を決断に導くのに必要な情報を一時的に保持しつつ操作する心理的機能」（苧阪，2000）であると定義され，計画性，ワーキングメモリ，衝動制のコントロール，行動の抑制，思考の柔軟性などからなる遂行機能とともに，近年では神経心理学的に前頭連合

野との関連が指摘されている。

リーディングスパンテストは，短文（10〜25文字）を音読しながら，文中に赤線の引かれたターゲット語を覚えるよう教示され，2文，3文，4文，あるいは5文を読んだ後に，ターゲット語を読んだ順番に答えることが求められる。

ウィスコンシンカード分類検査は，赤・黄・緑・青の4色を使用した，三角・星・十字・丸の4つの形を持ち，しかも形の数が1〜4個描かれているカードを用いる。被験者はその中から一枚ずつ渡されるカードを，色・形・数のカテゴリーを選択して，4枚の刺激カードに従い置くことを求められる。

Cはリーディングスパンテストでは，3文条件をクリアすることができ，Cの年齢平均以上の結果を示し，ワーキングメモリ容量の問題は認められなかった。また，ウィスコンシンカード分類課題でも，達成カテゴリー数（CA：5），保持性誤反応数（PEN：6），メンタルセットの維持困難数（DMS：1）と，ともに年齢平均以上の結果であり，遂行機能にも問題は見られなかった。

リタリンの服用については，「集中したいから（服用している）。」と自分で言うことができた。学校には服用せずに登校したいとの意志を示していたが，学校からは突然服用をやめないでほしいとの訴えが聞かれた。

⑦**第7期　小学校6年生1学期〜2学期**
＜短期的目標：同年齢の児への接し方＞

Cのクラスに転入生がひとり入ってきたが，なかなか話ができずにいた。Cとしては話したい気持ちはあったが，どのようにかかわっていけば良いのかわからず，相手が話しかけてくれるのを待っている状態であった。クラスメートに対しても，「文句でもいいから話しかけてほしい」と，他児とのかかわりを求める発言が聞かれるようになった。転入生も学校に転校したばかりで，周囲のことがよくわからずに困っている可能性があることをCに伝え，学内でウロウロしていた時には，「教えてあげようか？」「困っていることはない？」など話しかけることを具体的にアドバイスした。また，予想したような反応が返ってこないこともあることを伝え，その際にがっかりしないように話した。

夏休みはほとんど塾の夏期講習で過ごしたようであったが，Cにとっては，勉強はストレスになっていない印象であり，成績も確実に伸びを示していた。しかし，国語は依然としてむずかしい面があり，とくに記述をともなう課題では，設問の意味の解釈がずれてしまい，的確に読みとれていないとの指摘を受けていた。また，得意の算数でも立体図形では困難が見られた。理科では，力学などの計算は得意であったが，人の体のしくみなどは，理解がむずかしいようであった。受験校は出題形式も検討したうえで，塾と相談を行なった。

夏のキャンプには，Cがひとりで参加することになった。保護者と離れ，担当ボランティアとともに行動した。事前の説明では，これまで参加したメンバーと名前を比べ，参加していないメンバーについては，「なぜ参加できないのか？」と，指導者にその理由を尋ねたりもした。新しい参加者にも興味を示していた。当日はスムーズに参加者のなかに加わり，予定通りの時間に行動し，集団行動での問題もとくに認められなかった。食事の場面では，スタッフに積極的に声をかける場面も見受けられた。時に，「疲れただろうから」と言い，スタッフの肩をもむこともあった。

学校のクラスでは席がえがあり，これまで直接話をしたことのないクラスメートと隣の席になったものの，その児童は他のクラスメートから，これまでのCのクラス内でのトラブルを聞き，警戒しているようすが伝わってきているようだった。また，これまでくり返しトラブルになっていたクラスメートからは，継続的に挑発的な行動が見られ，Cはその児童を無視していたが，「なぜ無視をするのか」と，その児童から言われ，Cは対応に苦慮していた。このころになると，「クラスメートと話をすると，悪い方に行く」と，クラスメートとのかかわりにネガティブな印象を強くいだいているようすが感じられた。また，クラス

メートとの関係では，Cなりに努力をしているという気持ちがあったせいか，「相手が悪い」または「（相手の）話す態度が悪い。心が狭い」など相手を非難することばが聞かれるようになり，無理にかかわるよりは，Cが落ち着いていられる距離を維持することを心がけるよう求めた。また，学校での話題では，「自分のことを話すとイライラする」「自分が思っていることは，相手も同じことを思っているはずと思えてしまう」と，Cが思うように行動できない，まわりから受け入れられないことへのいらだちが感じられた。

学校ではスクールカウンセラーによる相談がはじまり，授業中に別室でのカウンセリングが行なわれた。Cも教室を出て相談に行くことに抵抗は示さず，カウンセリングの必要性を感じていたようだった。夏休み中は服薬も中断し，中学受験までは服薬しないことになった。

⑧第8期　小学校6年生3学期
＜短期的目標：環境が新しくなることへの準備
指導終了に向けての準備＞

受験を控え，塾の担当の先生と相談し，Cの特徴を踏まえ，受験校を選択した。受験校の選択について，指導者に説明するように求めると，「そんなことも知らないの？」と，Cは笑いながら答えた。指導者が「Cが知っていることでも，指導者が知らないこともあるんだよ」と伝えると，「ごめん，ごめん」と顔を歪め，受験校の名前，場所を説明した。複数の受験校のなかから，Cが合格したい学校を尋ねると，「○○校」とはっきりと答えた。保護者からは，自由な校風なので，Cにも合うのではないかとのことであった。

受験の結果，Cは志望校に合格した。受験後の面接ではCは以下のように話していた。

「以前は自分に自信がもてなかった。精神に。（今は）自信がもてるようになった。（どんなことがあって，自信がもてるようになったのかは）いろいろありすぎて言えない」さらに，今後については，「ボランティアをしたい。障害児とふれあう機会がほしい」とも話していた。

4）考察

Cが有する多動性の問題については，リタリンを服用することにより，しだいに行動は落ち着き，行動が落ち着いたことで，正の強化を受け，そのことで徐々に粗野な行動は軽減していった。周囲とのちがいを感じ，服薬を拒否することもあったが，主治医との相談で，中学進学まで服薬は続いた。しかし，高学年にいたっては，Cが服薬不要と判断した日には，服薬せずに登校することもあった。服薬開始にあたっては，薬の作用について，さらに，なぜCが服薬しなければならないのかという理由も，Cに説明された。Cも多動性ということばを聞き，来所時に待合い室で多動性について書かれた本を読み，「先のことを考えると気持ちが暗くなる」など発したこともあった。Cは数学的な理解が得意であったことから，障害の発症率などを説明し，指導者といっしょに考えていくことを提案し続けた。

Cは同年齢の集団での不適応が認められたが，習いごとなど異年齢の集団での適応は比較的よかったことから，病児のキャンプを紹介し，参加することになった。キャンプでは，注意引き行動と，さらに相手の気持ちを理解しにくい面をもっていることで，故意に人の嫌がることを言うこともあった。幼い間は，周囲も笑ってすませてくれることもあるが，年齢とともに非難を受けることとなる。同年齢では，とうてい受け入れることができないことかもしれない。しかし，異年齢の集団では，非難する前に，指導してもらうことができる。キャンプでは，集団行動が基礎となることから，予定を意識して行動することも重要である。食事の場面などでは，食べるのが早く，周囲は食事が終わっていない段階で「ごちそうさま」をせかすこともあり，まわりに合わせて行動することが必要であることもくり返し説明した。Cにとって，くり返し説明することは重要で，PDDの特徴をもつ児者では，社会性に関することを学習するうえで，くり返し学習することが必須となる。抽象的なことばではなく，具体的なことばで説明し，実際に例を示し，そのことを対象者に模倣させ，

正しい時には正しくできたことを，タイミングよくフィードバックする必要がある。そういう意味で行動療法的な指導が有効なケースがあり，まさにCはその指導に合致したケースであった。これまでの環境のなかで，誤学習していることも多く，再学習しなければならなかった。

　年齢とともに，自分への内省ができるようになり，相手を不愉快にさせることばを発しても，ことばの間や，相手の表情を見て，「ごめん，ごめん」と言い直すこともできるようになった。また，人を意識し，高学年になると，「相手は自分をどう思っているか？」「自分はまわりにどう見られているのか？」など発することがあった。指導当初は，1対1でも面接の継続がむずかしく，ゲームを媒介として，ルールの理解や，衝動性のコントロールを行なった。しだいに指導者との心理面接が可能な状態になり，ゲームを媒介とすることなく，会話ができるようになってきた。知能検査では言語的な能力に問題は認められなかったが，対人場面ではことばでのやりとりは容易ではなく，とくに感情的なことを答えるような場面では，単語での応答，あるいは，「わからない」と答えることが多かった。しかし，日記の記述にも変化が見られたように，「○○してほしかった」「○○で不愉快だった」など，Cが自分自身の希望や感情を，口頭で表現できるようになってきた。

　Cは知能検査の結果から，または学校での学習でも，優秀な成績を示していた。しかし，行動面での問題は，低学年のときから認められ，周囲には障害によるものではなく，家庭での対応の問題や，C自身のやる気の問題との見方がなされていた。本来Cが有する聴覚防衛についても理解されず，学習をはじめる前の自習時間に，自習せずに騒いでいるクラスメートを注意したことで，トラブルになり，騒ぎに担任が駆けつけると，すぐに気持ちを切りかえられないCのみがひとり残された状態になり，Cがトラブルの原因と誤解を受けた。クラスで問題が起これば，Cは何かかかわっているのでは，と思われることも少なくなかった。軽度発達障害児者は，一見すると問題が感じられないからこそ，わかりにくいところが多いことも事実である。しかし，望まれるように行動しようと思っても，脳の機能の問題でできない児者がいることを理解することは重要なことである。

　Cは現在も時どき不意に来所することはあるが，そのときの話では，クラスメートとの小さなトラブルはあるものの，クラブ活動にも参加し，ある種のこだわりも"真面目な部分"と先生方から評価され，学校生活を楽しんでいるようである。社会性の問題は今後も継続することであり，年齢とともに行動する範囲も広がり，問題の質も変わってくることが予想される。困ったことがあったときにはひとりで悩まずに，いつでも気軽に来所するように話している。

4章 【事例D】発達にともない社会性の問題が顕在化したLD

1. 事例Dの特徴と目標

1）障害ベースの特徴

　事例D（以下Dと略）は，幼児期から，落ち着きのなさ，集団参加へのむずかしさが見られ，就学にともない，両親が今後のDへの対応について指針がほしいと，地域の医療機関を受診した。医療機関では，知能検査および遂行機能の検査などが行なわれ，書字の障害が認められたことから，学習障害の診断を受けた。診断を受けた後，学習障害への具体的な対応方法を求めての受診となった。初回相談時，Dは小学校4年生であったが，学校側の理解もあり，3年生までは学校での適応も良好で，めだった問題は見られなかった。しかし，4年生に進級後，クラスメートからは受け入れられていたが，上級生や下級生からは「4年生のくせに」などと，心ないことばをかけられることもあり，時どき吃音が認められるなど，両親は学校での生活について気になっていた。Dには弟がひとりおり，家族は父，母，Dと弟の4人家族であった。弟はDと同じ学校に通っていることから，両親は弟への影響も心配していた。日常生活では，とくに困っていることもなく，問題は認められなかったが，休日に自宅へクラスメートが遊びに来ると，Dは嫌がって家のなかに隠れてしまうことがあった。結局，クラスメートには母親が断り，帰ってもらうことがあり，友だちとの関係についても心配をいだいていた。当時のDの遊びはひとり遊びが中心で，だれかといっしょに遊ぶということは容易なことではなかった。同年齢の子どもと同じようにゲームに興味はもつものの，実際にゲームをして楽しむということではなく，ゲームの攻略本を集め，その本を読み，ゲームについて"よく知っている"という状態であった。両親はすでに診断を受けていることもあり，LDについては，専門書や資料なども読み理解はしていたが，学校での学習方法と，日常生活で実際にどのような配慮が必要なのか，また，今後学校で他の父兄への説明が必要なのか，など具体的な対応を模索しているようすであった。

2）心理テスト・心理面接結果の特徴

　Dの障害の特徴を把握し，LDの状態像をさらに明確にするために，心理検査のバッテリーを組み，数回に分けて，①から⑦の7種類の心理検査を行ない，神経心理学的に検討した。また，認知的な面だけではなく，思春期を前に二次的な障害についても視野に入れ，情緒的な面についてもあわせて検討を行なった。さらに，母親には心理面接を行ない，Dの生育歴，および家族関係について聴取し，とくにDの乳幼児期のようすを詳細に確認した。また，D自身にも自由画，人物画と，さらに心理面接を行ない，設定された検査場面だけではなく，自由度の高い状態でDの対人面での応答性なども確認することになった。

① WISC-Ⅲ　知能検査（10歳2か月）

　検査への導入はスムーズで，検査場面では会話も成立し，教示には「はい」と答え，課題には積極的に臨むようすがみられるものの，言語性の課

題では，Dにとってむずかしい課題になると，「わからない」と言いながら顔を歪め，突然床に座りこむようすが見られた。通常1時間15分から1時間半を要する検査で，中学年になると一度で検査を終了できることもあるが，Dは一度むずかしい課題にあたるとなかなか気持ちの切りかえができなかったため，本検査を一度で終えることはむずかしく，二度に分けて行なった。また，解答の際に発音の不明瞭なことばがあり，「アリ」が「アビ」になるなど，ラ行のバ行への置換や，そのほかにタ行のパ行への置換が認められた。

検査結果は，図4-1に示した。IQは言語性IQ（以下VIQ）84，動作性IQ（以下PIQ）79，全検査IQ（以下FIQ）79と，VIQとPIQ間の差は小さく，有意といえるものではなかった。全般的に知的発達はボーダーラインにあった。

群指数では，言語理解と比較して，処理速度が有意に低い結果となっており，記述を求められる課題では，誤数は少ないものの，筆記に時間を要することが結果に大きく影響したと考えられた。

下位検査については，言語性下位検査，動作性下位検査の両方でアンバランスが認められ，D自身の平均と比較して，言語性では，「類似」課題が有意に高く，「理解」課題が有意に低い結果であった。「類似」課題では，何を答えることを求められているのかを例題で理解し，パターン化して解答できたことが高得点につながったと思われた。一方「理解」課題ではほとんどの課題で「わからない」と答えるようすが見られ，Dなりの答えを求められるような，自由度の高い言語性の課題のむずかしさが感じられた。また，「算数」課題では，指を使って計算するようすが見られた。動作性の課題では，「絵画配列」が有意に高い結果となり，検査者が制止しても，施行ごとにDなりのストーリーを語る場面が見られた。検査場面を通じ，動作性の課題を楽しみながら行なっていたかと思うと，言語性課題でむずかしい課題が続くと，突如としてパニックになるなど，ひとつの感情が持続せず，衝動的で，感情の起伏の激しさが感じられた。

知的にはボーダーラインにあり，VIQと，PIQ間ではアンバランスを認めなかったが，下位検査でのアンバランスは顕著で，LDの可能性が示唆された。また，検査時のようすから，社会性の問題についても危惧された。

②田研式　親子関係検査（10歳2か月）

母親父親ともに同様の結果が認められ，Dの有する特徴への対応のむずかしさがうかがわれた。Dの社会性の発達の未熟さに対応するためには，Dの年齢より幼い子どもへのかかわり方と同様の対応が必要であり，そのことが結果として，甘や

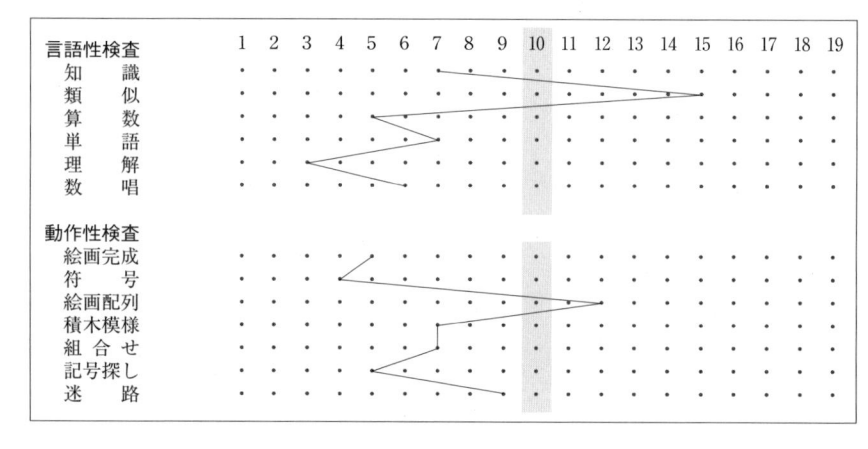

VIQ=84　言語理解 84
PIQ=79　知覚統合 85
FIQ=79　注意記憶 73
　　　　処理速度 69

■図4-1　事例DのWISC-Ⅲ　知能検査（CA=10；2）

かしとの評価にいたった可能性が考えられた。また，Dが示す感情の起伏の激しさに対しては，両親ともにきびしく接していた。また，パニックに陥った際には，その場をとりつくろいDの機嫌をとる対応ではなく，Dとの距離をおくことで，Dが落ち着くまで待つというような姿勢が，一見すると拒否的な対応に映り，拒否の強さと評価された可能性が考えられた（図4-2）。

③性格診断検査（10歳2か月）

図4-3は，母親にDについて想定して記入してもらった結果である。依存と退行が顕著に認められ，年齢と比較して社会性の未熟さが見受けられた。一方，顕示性が弱く，自制心があり，温和で理性的な行動ができると判断されており，少なくとも家庭においては，日常生活でのめだった問題が認められていないことが示唆された。

④フロスティッグ視知覚発達検査（10歳3か月）

視知覚の発達は上限の年齢と比較して，全般的に遅れを認めた。とくに，視覚運動の協応（知覚年齢5歳6か月）と形の恒常性（5歳3か月）は，遅れが顕著であった。見通しを立てることなく，場当たり的な処理がめだち，線を引く時にも，スタートで力を入れ，ゴールで力を抜くという力の強弱のコントロールが苦手で，力が一定で線が流れてしまうような描き方をしていた。筆圧は弱い印象であった。また，形の恒常性については，目から入る刺激の数が多くなると，周囲の形に影響され，ターゲットの形を見つけだすことができなかった。Dは本検査の適用年齢を超えていることから，どの下位検査においても満点を取得できるはずであったが，すべての下位検査において満点をとることができず，視知覚における問題が示唆された（図4-4）。

⑤田研式　学力検査（10歳3か月）

国語：文章題は読もうとせず，記号を書くことを求める設問では，適当に記号のみを記入した

言語事項・表現のみ施行したが，評価は3段階中評価1で，学力偏差値は25以下の結果であった

漢字は読めるものもあったが，偏，旁が何を意味しているのか，わからなかった

算数：国語同様，応用問題では問題文を読もうとしなかった

計算のみを施行したが，小数点の加算で

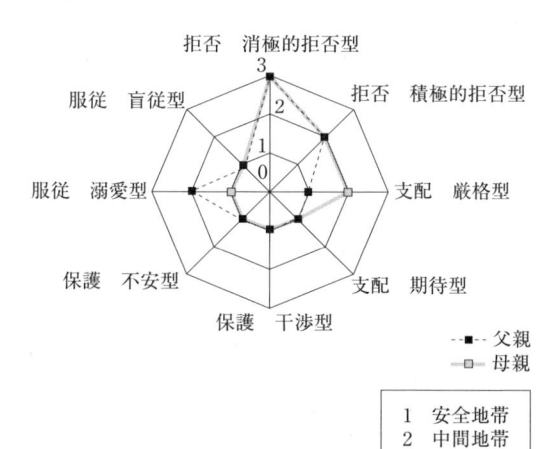

■図4-2　事例Dの親子関係検査 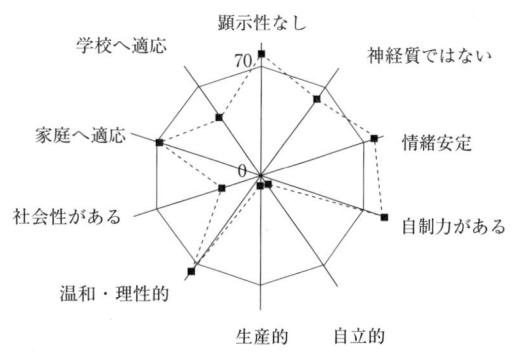　　　　　　　　　　　■図4-3　事例Dの性格診断検査

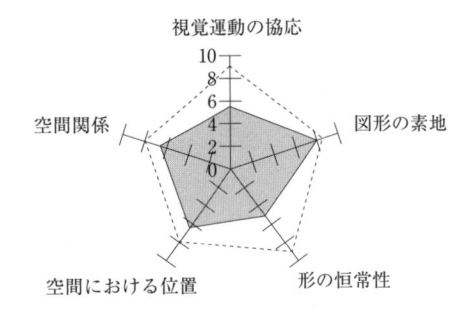

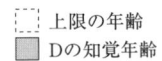

[フロスティッグ視知覚発達検査のレーダーチャート]

下位検査	Dの知覚年齢（PA）
視覚運動の協応	5歳6か月
図形の素地	8歳2か月
形の恒常性	5歳3か月
空間における位置	6歳6か月
空間関係	6歳6か月

■図4-4 事例Ｄのフロスティッグ視知覚発達検査

は繰り上がりが理解できなかった
筆算を指導すると，次の施行以降は繰り上がり計算も可能であった
繰り上がりの計算では，Dなりの計算方法があり，指を使って計算した
繰り上がりでは一度手の平で頭をたたき，繰り上がったことを覚えこんでいるかのようだった
Dなりの計算方法は，そばで見ていてもどのように計算しているのか詳細はわからなかった

　国語，算数の両方の教科で，文章題の設問を読もうとせず，問題が意味する内容を理解することができなかった。各教科とも，漢字・計算など一部のみを実施するにとどまった。学力の遅れは明らかで，小学校2年生から3年生の学習段階にあると思われた。また，検査場面でも知能検査同様，計算がうまくできないとパニックになり，椅子から床に落ち，床の上で，寝転がる行動が見られた。

⑥グッドイナフ人物画知能検査（10歳3か月）

　グッドイナフ人物画知能検査の結果では，得点16で，精神年齢が6歳1か月，知能指数は59であった。絵は赤鉛筆のみを使用して描き，人物画を書き終わると，別の用紙に同じ赤色鉛筆でアリの話をしながら"アリの巣"，家，そして木を描きはじめた。家の屋根の上が寂しいと言い，さらにカラスを描いた。人物はいずれも顔の輪郭のなかに目，口のみが描かれ，髪，眉，鼻，耳などはなく，体の部分では足の指が4本になっていた（図4-5）。

⑦PRS（LD児診断チェックリスト）（10歳2か月）

　判定としては，非言語性LDが疑われる結果であった。テストの内容からは，文法の使用，ことばを思い出す能力，経験を話すことなどの話しことばに関する能力，バランス感覚や手先の不器用さなどの運動に関する能力，さらに，手はずを整えたり，課題を処理する能力などを示す社会的な行動に関する項目で，平均下の結果が認められた。

⑧母親面接

出産時：正常分娩　出生児体重：2500g
運動発達：定頸定頷2か月　お座り：7か月
独歩：1歳
言語発達：二語文　3歳前　大きな遅れは感じられなかった
既往症：中耳炎　気管支喘息

・Dは独歩後，じっとしていることがなく，常に動き回っていた
・食事のときは最後まで座っていることはなく，食べてはウロウロと無目的に部屋のなかを歩きまわり，またもどって来ては食べ物を口に入れ，歩き回るという状態であった
・外出のときは，興味のあるものを見つけると，いっしょに出かけた家族を気にしてふり返るようすもなく，一目散にその対象に近づき，周囲が肝を冷やすことがたびたびだった
・幼稚園に入園後は，集団への参加がむずかしく，ひとりで教室から出て行き，園庭で過ごすことが多かった

■図4-5　事例Dの自由画

・幼児期はウルトラマンなどのキャラクターに興味をもち，フィギュアを集め，Dが好きなように並べて遊ぶようすが見られた
・就学に際し，ひらがなの学習で，読むことにおいてはとくに問題を示さなかった

　母親面接時に，Dは小学校5年生に進級し，教科テストもDができる範囲でがんばっており，テストの点数も悪くないことから，学校で問題を指摘されることはなかった。クラスではめだったいじめもなく，嫌がらずに登校はしていたが，日曜日に宿題が終わらず，月曜日の朝に嘔吐の症状が見られ，欠席すると症状は改善した。友だち関係でもとくにめだったトラブルはなかったが，なかなかクラスメートの名前を覚えられず，自分から友だちに声をかけることはなかった。また，最近吃ることもあるなど，周囲が評価しているほど，Dは情緒的に良い状態ではないのではないかと，両親は心配していた。
　また，学習上の問題については，各教科での困難が見られ，算数は図形の問題にむずかしさがあった。国語では，漢字を読むことはできたが，書くことは2年生レベルであった。また，粗大運動・微細運動での不器用さが見られ，図工では絵がうまく描けず，体育では，全般的に運動能力の低さが認められた。また，自宅の電話番号，住所，自分の誕生日がなかなか覚えられなかった。

⑨すべての心理検査の結果からDの発達上の問題として考えられること

　①知能検査，学力検査の結果から，Dは知的発達はボーダーラインであるものの，学習に関して，漢字の習得に遅れが見られ，漢字を含む文章の読みに困難を示していた。また，読むことができる文章でも，内容の理解は不十分で，読解の困難も認められた。書字と読解の困難が，複数の教科の学習に影響を及ぼしていることが考えられた。Dは就学前にLDの可能性を指摘されていたが，検査結果からも，書字と算数における学習障害が疑われた。

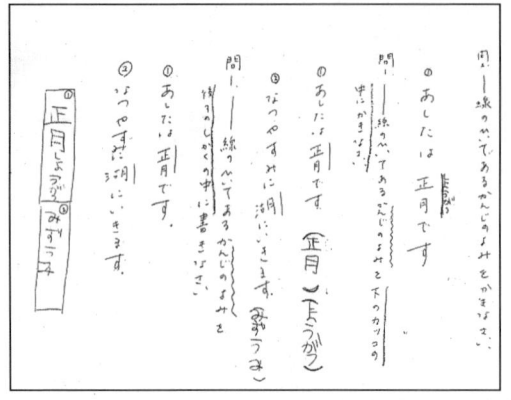

■図4-6　事例Dの設問内容理解の練習

②検査の場面で,「答えがわからない」「問われていることが理解できない」と床に寝転がるパニックがくり返し見られた。また,自由画では地面にアリの絵を細部にわたって描くなど,ある種の興味の偏りも感じられた。一見すると,検査者への自発的なはたらきかけも見られ,時に笑いながら話しかけるなど,他者に対しての友好的な印象も受けるが,コミュニケーション場面では,感情的なやりとりにはいたらず,事実関係のみが積み重ねられていく印象であった。

③総合所見としては,学習場面においては書字と算数の障害が認められるなど,学習障害の要素をもっていると考えられたが,興味の偏り,場面の切りかえの悪さ,手指機能の不器用さ,感情的な交流の少なさなどが見られ,広汎性発達障害（以下PDD）が疑われた。

④母親面接で聴取したDの生育歴からは,顕著なことばの遅れは認められなかったものの,幼児期のキャラクターへの興味の偏りとこだわり,幼稚園など集団生活での不適応,年齢相応の友だち関係を築くことのむずかしさ,日常場面での落ち着きのなさ,手指機能の不器用さ,書字の困難,などがあり,学業面における学習困難と同時に,社会相互性における問題と特定の対象へのこだわりなど,PDDに見られる問題も認められた。しかし,幼児期は多動性が顕著であり,人とのコミュニケーションがまったくとれなかったわけではないことから,本来Dが有していた社会性の問題は,周囲にはわかりにくい状態であったことが考えられる。就学とともに,幼児期ほどの多動性が認められなくなった段階で,コミュニケーションの問題がクローズアップされる結果となったのではないだろうか。

学習障害については,PRS（LD児診断チェックリスト）で非言語性LDとの判定であった。たしかにDは,視覚認知の問題,手指機能の不器用さ,注意の問題,探索行動の貧困さを認め,ルーケ（1989）が提唱した非言語性LD（nonverbal learning disabilities: NLD）の要素を有していると考えられた。

非言語性LDについては,まだ議論のあるところであり,現在の診断基準においては,発達性協調運動障害にのみ合致し,社会性の問題については広汎性発達障害などの概念を使用すべきであるとの指摘もあるが（杉山1999）,一方で社会性におけるなんらかの問題を有しながらも,広汎性発達障害の診断基準を満たさない事例が存在することも指摘されている（平林ら,1998；平林,2002）。筆者も臨床場面で,幼児期の生育歴などから広汎性発達障害の特徴には当てはまらないものの,次のようなケースに出会うことがある。手先機能の不器用さを認め,粗大運動でも走り方・ボールの投げ方のぎこちなさがあり,楽器のあつかいのむずかしさなどが見られるものの,対人場面では人

懐っこい印象があり，人には積極的にかかわっていくが，ソーシャル・スキルが十分ではなく，トラブルになってしまうケースである。早期に療育を受けたことで，それ以降の発達で補償していると考えられるケースもあるが，明らかに幼児期の発達では問題がうかがえないケースもあり，今後詳細に検討される必要性を痛感している。Dについては，幼児期の生育歴から広汎性発達障害の特徴を認めたが，さらに学習上の困難を有していることも明らかで，DSM-Ⅳに代表される診断基準を参考にすると，書字表出障害と算数障害を有していると考えられ，目から文章を見て理解し，見たものを書くことで文字を覚えるというような，通常の学習方法での文字の習得および計算能力の獲得は困難で，Dが得意としている能力をフルに活用すること，あるいは既存の道具を有効に用いた学習方法が求められた。

2. 事例Dに適用されるSSTの方法とその意義

　心理検査，心理面接から，一次的な障害としての社会性の問題と学習困難が認められ，学年があがるとともに吃音など二次的な障害も見られるなど，双方の障害への対応が必要と考えられた。学習では，他のLD児にも見られるように，Dも人並み以上にがんばってはいるものの，学習の定着が悪いことで，本人は達成感を感じにくく，さらに十分な結果が出せないことで周囲からの評価も正当なものではなかったことが考えられた。今後二次的な障害が拡大することを防止するためにも，早急に一次的な障害への援助が必要であり，そのためにはDに合わせた個別での学習指導が必須と思われた。またDは，社会性の問題も有していることから，決まった場所で，自分の担当である大人と1対1の関係で個別学習を行なうなかで，相手との人間関係の構築を学習することも必要であった。周囲との比較のなかでは評価され難い部分を，D自身の過去と現在との比較によって，変化を正しく評価することが重要であった。また，"がんばればできる""できないのはがんば

りが足りない"という考え方から，"がんばってもできない"ことはあり，そして，"できないのはがんばりが足りないためではなく"，脳の機能的な問題に帰因していることを，本人も周囲も理解していくことが求められた。集団のなかでは，みなが同じ課題を行なうことが優先され，そのなかでひとりだけ異なる課題を行なうことは，指導者にとっては大きな勇気を必要とすることかもしれない。しかし，軽度発達障害児と健常児がともに育ち合う環境のなかでは，同じ課題を行なうことに対して，指導者のみならず，それぞれが異同を感じ合っているのではないだろうか。幼児の集団であっても，すでにお互いのちがいを保育者に指摘し，どのように対応すれば良いのか，説明に苦慮しているという指導者の話を耳にすることがある。ことあるごとに両者のちがいは明確になり，「ちがっていない。みないっしょ」という説明で子どもたちを納得させることはむずかしいはずであり，そのことは何よりも，発達に問題を有する子どもたちに"みなと同じようにできなければならない"という思いをいだかせることにもつながりかねない。

　Dにとっては学習上の書字と算数の困難と，とくに同年齢の子どもとのコミュニケーションのむずかしさ，さらには思いどおりにならない場面でのパニックなどの問題点が認められた。学習の困難は，今後自尊心の低下につながる危険性もあることから，Dに合った学習方法を探し，実際に適用することが求められた。また，コミュニケーションの問題の軽減と，パニックのコントロールも望まれた。そこでDには，1対1の個別式によるソーシャル・スキル（以下SST）で，しかも，学習指導を媒介にしてのSSTを行なった。DへのSSTは，1回の指導が50分間行なわれ，1か月に1回の間隔で実施した。教科学習の内容としては，児童期には，Dがとくに困難を示していた算数と国語の学習を取り上げ，中学進学以降は英語に焦点を絞り，指導の場面をとおしてソーシャル・スキルの能力の獲得も念頭に置いた対応を心がけた。Dは思春期を前にして，今後二次的な障

害に対する心理的なケアの必要性も予想された。そこで、学習の個別指導を開始することで、自尊心の低下を防ぎ、さらにパニックへの対応方法を示し、くり返し学習することにした。DへのSSTは小学校5年生の1学期から開始し、中学校3年生の3学期まで実施回数は46回実施された。Dの状態像に変化が認められた時には、知能検査、認知検査を実施し、その時点での変化を明らかにしたうえで、方法論の修正をし、Dを取り巻く家庭、学校の環境調整も行なった。このようなDへの指導は、広義の意味でのSSTであると考えた。

3. 事例DにおけるSSTの実施経過と効果判定

1) 対象

広汎性発達障害で、学習については、書字障害と算数障害を認めた事例
SST開始時期：小学校5年生　1学期
SST終了時期：中学校3年生　3学期

2) 方法

個別指導による学習指導を媒介としたSST
1セッション：50分（1か月1回）
全46回実施

3) 経過および結果

学習指導における経過観察および結果は表4-1のとおり、SSTにおける経過観察および結果は以下のとおりである。

①第1期　小学校5年生　1学期
＜短期的目標：Dと指導者とのラポールの形成（指導のはじまりと終わりの意識）＞

検査場面ではこれまで数回Dと会っていたが、学習を行なうことははじめてであった。しかし、Dはとくに緊張することもなく、淡々と臨んでいるようすであった。学習内容はDの学力に合わせたものを対象としていることから、Dが理解できることも多く、"わからない"ということでパニックになることはなかった。しかし、学習中に視線が合うことは少なく、問題ができた時も感情の変化はきわめて少ない印象であった。学習場面を明らかにする目的で、はじまりと終わりを意識させるため、学習開始時の「はじめましょう」学習終了時の「終わりましょう」のあいさつを行なうことにした。さらにあいさつの場面では、「（指導者の）顔を見て」あるいは「目を見て」と声を掛け、視線を合わせることを意識づけた。

②第2期　小学校5年生　2学期
＜短期的目標：自分でもできることがあることへの気づき＞

徐々に学習の態勢もできてきたのか、50分集中できることもあった。宿題で丁寧に書かれた字に○をつけると、喜ぶようすも見られた。しかし、計算問題では、たとえば全部で10題の課題を行なっている時に、すべての問題を終える前に指導者がDのあやまりを見つけ、途中で指摘すると、「まだやっているのに」と言い、泣きながら訴えることがあった。指導する側は、10題の計算問題は独立した問題が10問あるだけで、最後まで課題を終える前にあやまりを指摘するほうが、それ以降同じあやまりをおかさないということで、より合理的であるとの判断であった。しかし、Dにとって、課題は一連の流れがあり、ひとつの課題を行なっている時にあやまりを指摘されたことで、気持ちを切りかえて、前の課題にもどることは容易なことではなかった。そのため、採点は一度に与えた課題がすべて終わった段階で行なうことにした。また採点では、しるしをつける意味で、○×でチェックを行なったが、あやまりに「これはちがうね」と言いながら×をつけると、「当たっているはずだ。どうしてちがうんだよ」と声を張り上げ訴えた。まちがいは修正すれば良いという観点に立ち、それ以降は正答にのみ○をし、あやまりにはチェックをせず残して、「もう一度見直してみてほしい」との指示を与えた。やはり○がつかなかったことへの抵抗は見られたが、再度見直しをする必要があることを口頭で伝えた。

■表4-1 事例Dの個別指導における反応

学年	学習目標	国語	算数	備考
小5 1学期	1か月1回の間隔で来室し，指導者と学習の時間をもつことへの意識づけを行なう。	・2年生レベルの漢字学習。 ・設問を正しく理解できていない。 ・解答欄に記入する段階であやまりがある。 漢字の読みを答えさせる設問で，解答方法にはちがいがあることを，いくつか考えられる設問を設定し，練習した（図4-6）。	・平面図形の理解は良好であったが，平面に描かれた立体の理解は困難な状態であった 立方体を説明するために，サイコロなどを例にあげると，サイコロが立方体であることは理解できたが，サイコロをイメージして，面の数，の辺の数，頂点の数などを答えることはできなかった。	
小5 2学期	国語辞書のを使用 わからない文字を自分で調べる。	・3年生の漢字の読みは問題なし。 ・3年生の漢字の書きは曖昧な漢字がめだった。 【辞書の利用】 わからない文字をいっしょに調べた。 辞書の使用は面倒ではないようですで，宿題でまちがえた漢字をひとつひとつ調べた。辞書をひく時間はしだいに短縮した。辞書で調べることにより，文字の弁別は可能になってきた。 家庭で宿題を行なうことのむずかしさは，課題の内容がわからないことと同時に，わからないことについて家族に尋ねなければならないことへのいらだちにあったようだった。辞書を使用することで，周囲にわからない文字を聞かずに課題ができることで，課題をスムーズに行なうことができた。	・垂直，平行の理解は良好であった。 ・分数の計算では，割り算の検算で，割る数を答えの数の回数分だけ足し合わせる方法で検算をしていた。 （たとえば，10÷2＝5であれば，2＋2＋2＋2＋2＝10） 【立方体の展開図を実際に書き，いっしょに作成】 作成した立方体に，問題集と同じように頂点，面の名前を書き込み，求められている場所がどこであるのか，直接Dが立方体にさわりながら確認した。「交わる（まじわる）」が読めず，（かわる）と読んでおり，漢字が読めないことで設問を正しく理解できない問題があり，国語辞書を使って読み方を調べ，記入した。 【計算ノートの使用】 計算が必要な時に使用するようにした。	
小5 3学期	道具についての再考。 不器用さによる学習の困難を軽減する。	・漢字は，指導開始時に1ページ程度を調べて記入することがやっとであったが，この時期に入ると，漢字の読み，書きで4ページ程度を終えることができた ・辞書の使用では，最初は調べる音がどこにあるのかを探す際に，50音を「あ」から順番に言いながら探していたが，しだいにまずターゲットの音が何行にあるのかを言い調べることができるようになった	・角度 【実際に分度器を使用して練習】分度器の度数を示す線が長く，はっきりと線が引かれたものを購入してもらった。キャラクターなど子どもが好みそうな物が書いてない，できるだけ大きさのある分度器をすすめた。小さい分度器では，線分に合わせることはできたが，左手で角度を測りながら，求めた角度を右手で記入する時に，体の協応がうまくいかず，角度を押さえている手も同時に動いてしまうことがあった。押さえる部分が大きいもののほうがより使いよかった。Dの分度器のように，道具の選択も学習にとって重要な要素のひとつであることから，算数で使用する可能性のある道具，三角定規，コンパスの選びかたも保護者にアドバイスし，購入する時に留意してもらうことにした。三角定規は目盛りがはっきりと，しかも大きく書いてあるものを，コンパスは線を書く部分が芯のみではなく鉛筆を固定できるもので，固定ネジが大きいものをすすめた。鉛筆を固定できるコンパスは，芯を整えるのに鉛筆削りを使用できること，大きい固定ネジはしっかりと回しきれることが利点であった。 小数は問題文を読んで，式を立てることはできたが，数字の桁がそろわないために，小数点がずれてしまった。ノートのマスを利用して，ひとつのマスにひとつの数字を記入することをすすめた。	

学年	学習目標	国語	算数	備考
小6 1学期	視覚的な手がかりの利用	・宿題は必ずやってくるようになった ・文字も上手ではなかったが、一角一角力が入り、丁寧に書くことができた ・漢字は偏と旁、文字と文字を分解して理解しようとする様子が見られた	・小数の計算では位が不揃いによる誤答が目立ったため、位をそろえることを意識させた ・小数の比較における、大小の理解の困難については、一つの位ずつ順番に比較することを提案した ・単位については、Kg, g, Km, m, l, dl などの相互の変換が困難だった 【視覚的な手がかりの使用】 単位の大小の関係を理解することは難しく、問題を行なう際は、"1 Kg = 1000g" というように、単位の関係を文字にして視覚的に確認できるようにした。すべての単位の関係を理解することは難しかったため、Dにとって使用する機会が多いと思われた、Kg, g, Km, m, mmに焦点をしぼり、体重を表す単位、身長や距離を表す単位として学習させた。 算数の宿題を用意したが、Dには負担になったのか、国語・算数共に宿題は一部分しかこなせなかった。	【保護者に宿題への協力を依頼】 宿題の時にはDの近くで見守ってもらい、Dにも算数でわからないときには両親に尋ねるように話した 【個別級利用を検討】 これまでの心理検査をもとに、学校宛の報告書を作成
小6 2学期	中学進学を控えて、教育機関との連携を行なう	・一つの漢字に異なる読み方があることに気づいた (たとえば、「粉」について「こな」と「こ」など)		WISC-Ⅲの実施
小6 3学期	略語の理解を促す	・漢字は、丁寧に一文字一文字記入し、集中が途切れることが少なくなった ・漢字の学習は、Dと相談し、家庭での宿題へ移行した ・辞書利用は定着した	・細かい課題にも集中して取り組んだ ・表・グラフの学習では、グラフに用いる省略の記号の意味が理解できなかった ・他の学習でも、略語の意味理解が難しい印象を受けた "平行""対角線"など、その単元では最も必要な言葉の意味がわかっていなかった。読んで字のごとく理解できる意味合いではあったが、Dにとっては、音韻と文字の情報が結びついていないことから生じる問題であるように思われた。音韻と文字と、そして意味とを示し、理解させる必要があった。"対角線"は言葉の意味を理解すると、求められている内容を理解し、正しく定規を用いて正答に至ることができた。	

学年	学習目標	国語	算数	備考
中1 1学期			・帯分数では，D独自の計算方法を習得したことで，時間はかかったが，一つ一つ確実に計算した。	学力テスト（小学校4年生レベル）

1学期終了の段階で，英語はアルファベットの発音を練習している段階であった。学習では英語の学習で，アルファベットを覚える段階ですでにつまずきが見られるとのことで，2学期以降英語を学習に取り入れることにした。　　母親面接

学年	学習目標	英語	備考
中1 2学期	英語の学習方法の定着 英語への苦手意識の払拭	・大文字はほぼ問題なく書くことができたが，小文字はm，n，b，rの区別がつきにくかった ・tは発音がpに置換し，オー(o)，ピー(p)，キュー(q)，アール(r)，エス(s)，ピー(t)となるが，表記はpにならずtと書けた ・アルファベットで名前を書くがスムーズではなく，例示した文字の模写では，問題文のフォントに影響された（図4-7） 【英語辞書の使用】 自分の身近にある英単語5つをノートに書いてくることを宿題にした。筆入れの名前，スポーツメーカーの名前など，Dが日常使用しているものを記述し，その単語が日本語でどのような意味をもっているのか，一緒に辞書で調べた。英単語がそれぞれ日本語での意味を持つことが，Dには新たな発見であり，二つの単語を合わせた造語などに興味を示し，Dなりの解釈をし納得した。英単語が単なるアルファベットの羅列ではなく，意味を持つことを理解した。 【単語カードの使用】（図4-8） 単語カードは，表に単語のスペルを，裏に対応する意味と読みを書いた。数字は，苦なく英語で言うことはできたが，単語を見てもどの単語が「one」なのか，全く想像ができない状態であった。初回は「one」から「ten」までの単語のカードを作った（図4-8）。次月のテストでは，「one」から「ten」まで書かれたカードを表にして全て並べ，ランダムに数字を日本語で言い，Dがその数字に対応するカードを見つけるという方法で行なったが，ほとんどの単語を覚えていた。英語の読みを言い，読みに相当する単語を見つける方法でも全てを正答した。単語を覚えるための方法は，まだ手探りの状態だったが，Dの学習の特徴から，正答へのこだわりをプラスに用い，周囲の大人に正解を確認することなく，D自身がすぐに正答を確認できることを重視した。	ワーキングメモリテスト 遂行機能テスト
中1 3学期	英単語の読み方のルールの説明	・単語カード作りが定着し，新出単語は宿題として，全てカード化した ・学校ではテストはリスニングが主で，解答は選択式であったが，耳からの学習は飲み込みがよいとの評価だった ・発音から想像するスペルでは，KとC，IとYなどに混同が見られる ・筆記では手指の不器用さから，r，n，mは判別が難しかった ・自分なりの英語の辞書を作り始めた ・書くことのできる単語，読める単語は明らかに増えたが，学校での学習は3学期の段階で，1年の半分も終了していない状態であった ・単語について「○○は英語で何ていうの？」などの質問が聞かれるようになった 【英単語の読み方のルールの説明】 単語の読み方でのルールが理解できない単語があり，fine, mine, now, knowなどは特に読み方に難しさを示したことから，英語の読み方の規則を説明した。 学校では英語の学習は，Dの書字の障害を理解し，あえて書くことはさせず，まず耳から音を聴き，英語での会話をパターンとして覚えることを重視する学習を行なっていた。そのため，Dはアルファベットを見て，単語を読むことはできなかったが，「What's your name?」と問われると，「My name is D.」と答えることはできた。 学校での英語のテストは，単語の読みをカタカナで書くことで正答とし，Dのやる気を重視しての評価を行なっていた。しかし3年後の高校受験を考慮すると，書くことは必須であることから，学校では耳から聴き，文型をパターンとして学習することを進めていただく一方で，Dとの個別指導の時間はスペルを覚え，書くことも取り入れた学習を行なうことにした。学校との連携で，それぞれが担う部分を決め，同じ方向性であるものの，指導方法は異なるものを行なうこととなった。	

学年	学習目標	英語	備考
中2 1学期	英単語を一人で調べることができるようになる	・学校で学習した文型を応用し，主語の性別などを変えて質問すると，正しく答えることができない （たとえば，「Do you ～？」に「Yes, I do」と答える文型を，「Does she ～？」と疑問文の主語の人称を変えると，「Yes, I do」になってしまう） ・会話文での人称の問題は，パターンとして理解し，「Do you ～？」には「I」，「Does she ～？」には「she」など繰り返し練習した ・単語カードは宿題として自発的に作ることができ，作ったものはDが自宅で練習しており，個別指導時にテストを行なうとクリアすることができた ・Dは自宅で，英語の辞書をAから順番に読み始めた	
中2 2学期	辞書のさらなる利用	・単語では発音が似ている単語，たとえば，moneyとmany，wellとwillなどのスペルに混乱が見られため，辞書を引き，単語の意味の違いを確認し，スペルの違いを色分けして示した ・英作文では，英和辞書の例題を参考に文章を組み立てることができた ・宿題の採点に指導者が赤いペンを用意すると，Dも自ら赤いペンを用意したため，指導者が「赤いペンでなおした方がわかりやすいよね」と声をかけると，Dが「自分でつけてみる」と言い出し，Dが解答を読み，指導者が言った答えと照らし合わせをした ・答えを読むことで，英文を読む機会にもなり，指導者がDの発音をチェックすることもできた ・筆記では，これまで，「？」マークが鏡文字になることが多かったが（図4-9），正しく書けるようになってきた ・文頭の大文字は，小文字になることが多かったが，指導者が「最初の」と言いかけると，その段階でDが気づき訂正した ・文型があっていれば，文頭を大文字になおした段階で○を書き，基本的な文型を理解したことへの評価をした ・前置詞では，beforeとafterの意味である「まえ」と「あと」という意味と，実際に文中で単語を置く位置が混乱していた ・「？」マークとピリオド，さらには，Yes, NOの後のカンマの抜け落ちが目立った ・時制の理解が気になっていたが，過去進行形は理解できた	普通高校受験を決める
中2 3学期	学習への評価を自分で行なう。	2年の3学期で，1年生の英語の学習が終了し，学校では2年生の教科書が終了していた。受験では，英語で満点をとるのではなく，具体的に40点をとることを目標として設定した。	

学年	学習目標	英語	備考
中3 1学期	受験の目標の具体化	・時制は具体的に見えない関係性であることから，特に未来についての理解が難しかったが，予測をするという意味合いから未来の理解ができてきた ・「You」には複数形があり，「Do you～？」で聞かれた時に，「Yes, I～」で答える時と「Yes, we～」で答えることがあることを理解できた ・YesとNoの後のカンマの抜け落ちは継続していた ・読みでは，「couldn't クドゥントゥ」「mustn't マストゥントゥ」の読みが難しい様子だった ・Shall you～？やShall I～？の文章では，主体が誰にあるのかがわかりにくかったが，学校で行なった耳からのパターン学習が有効であった ・宿題ではDが宿題の文面を読み，指導者が評価し，Dが採点することが定着した ・英文を声に出して読む機会が増えたことで，発音が安定した 【学習内容の確認】 学校では3年生の学習内容ではなく，1年と2年の復習に重点が置かれていた。本指導では，3年2学期に，2年生までの復習を行ない，受験には2年生までの知識で臨むことを保護者と確認した。	
母親面接では，志望校には5教科で6割程度の得点が必要なこと，科目によって得手不得手が大きいことから，得意な科目で点数をとることを学校から勧められたとのことであった。学校での数学の授業は個別指導になっていたが，わり算で，割られる数字と割る数字を逆に書いてしまうことがあるようだった。また，国語では文章題でまとめることをもとめられると，文字数に制限がある課題で，漢字が書けず，平仮名で文字数をとってしまうなどの問題が聞かれた。			母親面接
中3 2学期	自習を基礎として，3年の内容の学習	・家庭での宿題を増やし，1学期に予定通り1年生と2年生の復習が終了した ・受け身，付加疑問文は理解が難しかったが，完璧な理解を求めず，「こういう文型もあることを，覚えておいてもらいたい」と伝えるに留めた	
中3 3学期	受験に向けての具体的な準備	・発音は辞書で調べ，正しく発音できる単語が増えてきた ・現在完了形は理解が難しかったが，受験では出題の割合が高い可能性があり，いくつかの文型を暗記した 【受験校の決定】 受験校はDの希望に沿って決定した。 【受験に向けての注意事項を説明】 受験直前の個別指導では，受験日に注意することとして，これまでDが誤ることが多かった，1．文頭の大文字，2．「？」マーク，3．カンマの記入，4．まちがえは消しゴムで黒いところがなくなるまで消すこと，などの注意事項を，紙に書いてDに手渡した。	受験に学力は十分との学校側の判断だった 個別級の利用のため，内申点はつかなかったが，Dの特徴を学校側から受験校に事前に説明してもらった 特に書字の障害について，社会では地名・人名など全て平仮名で書くことも了解してもらった

アルファベットの練習　上段　tbdfh　下段　EGIPG
■図4-7　事例Dのアルファベット練習

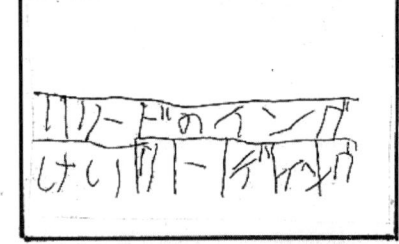

■図4-8　事例Dの作成した単語カード例

Do you like sumo?（？マークがSになってしまう）
■図4-9　事例Dの作成した単語カード例

　割り算の検算では，割る数と答えをかければ検算できることを，実際に書いて説明したが，二つの方法を比較して簡単な方法を取り入れるというより，時間がかかってもDの方法を続けることがDにとって安心できるようすだった。一般的には面倒な方法と思われたが，Dは確実に正答を得るために，丁寧に足し合わせていた。

③第3期　小学校5年生　3学期
＜短期的目標：指導者のことばかけの方法をより具体的にすることで，Dのことばへの理解を助ける・パニックへの気づきをうながす＞
　分度器の使用では，線のどの部分に，分度器のどの部分を合わせたらよいのかがわからなかった。Dが用意した分度器は角度を示す線が短く，問題の線分をイメージ上で延長しなければならなかった。実際に確認できないことはDにとっては納得ができず，「どうしてそうなるんだよ」とイライラした口調で尋ねる場面も見られた。パニックになったときには，声が大きくなっていることをことばで伝え，声を荒げて言わなくても，指導者に十分に伝わることをくり返し言語化した。計算は指を使うため，数が大きくなりうまく指を使って計算ができないと継続は困難になった。指導の場では，方法を学ぶために時間をかけることは有効であり，答えの正誤もその場で確認することができた。しかし，宿題は次回まで答えの確認ができないことから，家庭での学習には電卓を使

用して，答えの確認を行なうようすすめた。

　宿題の採点では，あやまりにチェックをせず，再度計算しなおすことをすすめる方法を継続していた。あやまりを理解すると，抵抗していた感情はスイッチが切りかわったように即座に笑顔に転じたが，まちがえた事実がどの程度たしかにDのなかに残ったかは定かではなかったので，同じような課題を次回の宿題として用意した。また，あやまりを修正する際に，消しゴムで十分に消すことができないために，あやまった答えの上から新しい答えを記入するような課題もあった。Dが消した部分を確認すると，前の文字は読めない状態になっていたが，文字が消しゴムで伸ばされ解答欄は黒くなっていた。そこで，Dには「よく消して，きちんと消して」という言い方ではなく，「前に書いた文字が消えて，黒い部分がなくなるまで消してね」と具体的に指示した。指導者が曖昧な表現を用いず，具体的に内容を伝えることで，Dが何を求められているのかを明らかにさせた。

④第4期　小学校6年生　1学期
＜短期的目標：予定を事前に伝えることによって，気持ちの切りかえをスムーズに行なう＞
　Dは，ひとつの漢字に関して，どの漢字とどの漢字が組み合わさってできているのかを指導者に話し，パズルのパーツを組み合わせて文字遊びをしているような印象であった。「こんな漢字があったらおもしろい。こんな漢字はあるのかな？」などと，Dなりの漢字をつくったりしていた。国語辞書で漢字を調べる時には，周辺のことばと意味が気になり，指導者がDの宿題の採点をしている時におもしろかったことばがあったことを教えてくれた。ことばの最後の一文字がちがっても，意味が大きく異なることに興味をもっていた。「〇〇祭りって知っている？」と指導者に尋ねることもあった。Dにとって，辞書はまるで読み物のようであった。感情的な記述がないため，小説などよりも読みやすかったのかもしれない。
　学習の態勢はできてきたものの，気持ちの切りかえがたさは続いており，来室前に家で本を読んでいて，家を出る時間になったことを知らされた後に来室したような時は，入室時にパニックになることがあった。来室の際は，前日と当日の早い時間，あるいはDが何かに夢中になっているときに，前もってDに来室の予告をしてもらうよう保護者に依頼した。
　母親からは，学校での一斉指示で，「あれ」「それ」などの指示語が多く，Dにはそのことばが何を示しているのかを，理解できていない可能性があることが述べられた。そこで，保護者をとおして，具体的に指示を出してもらうよう学校へ依頼した。

⑤第5期　小学校6年生　2学期
＜短期的目標：望ましい行動を，指導者が紙に書いて示し，正しくできたかどうかを指導終了後に話し合うことで内省を促す＞
　いつも使用している部屋とちがう部屋を使用した時には，落ち着かないようすで，椅子をガタガタ動かしていた。椅子が動きすぎ，Dが床に転がり落ちてしまうこともあった。学習の態勢はできているものの，通常と異なることがある時に前もって予告をしないと，使用する部屋のみの要因であったが，Dにとっては不安を誘発する要因としては十分なものであった。
　中学進学に際し，個別級を見学することになったが，高校進学も考えて，保護者の希望は普通級に席を置き，個別級への通級という方向であった。Dの現段階での知的な状態を把握するために，あらためて知能検査を行なった。検査中は前回同様，わからない課題が続くと，パニックになり，机の下にもぐるようすが見られたが，結果として知的な遅れは認められなかった。しかし，小学校での学習を通じ，漢字の習得，算数の学習上での遅れは明確で，今後も学習困難が予想されたことから，なんらかの形で個別級の利用が求められた。検査の結果については，書面で学校側に報告を行なったところ，学校側からも今後の対応を考えたいと，前向きな回答があった。保護者と教育機関との話し合いの結果，二次的な障害の防止も考慮し，個

別級に在籍し，普通級への通級という形をとることになり，国語，数学のみを個別級で学習し，他の教科は普通級での学習を行なうことになった。個別級への在籍の決定においては，D自身が困った場面で適切に他者に助けを求められないということであった。小学校で係活動をしている時に，Dはさぼることなく真面目にこなしたが，動物の飼育小屋の掃除をしていた時に，最後に小屋の鍵がかけられず，なかに動物がいるためにその場を離れて助けを呼びにいくこともできないまま立ちつくし，帰宅時間をすぎたころにようやく見つけられたということがあった。学校という，Dには十分に慣れている場所であったが，このことは予想外で，これまでとは勝手のちがうできごとであったことが予想される。臨機応変に対応することはむずかしく，まかされたことは真面目に行なうがゆえに，"この程度でいいか"というような，いわゆるいい塩梅で納得することができなかった。周囲に助けを求める時にも，どのような状態であれば助けを呼び，どのような状態であれば呼んではいけないのか，を判断することは容易なことではなかった。マニュアル化され，困った度合いがレベル分けされていれば迷うことは少ないが，Dにとって「困ったら声をかけてね」という指示は助けにならないことが多かったのではないだろうか。具体的な指示を与えてもらうためにも，Dには個別級の利用が必要であった。

⑥ WISC-Ⅲの実施　CA　12歳2か月

小学校4年生の3学期に実施した際の結果と比較すると，VIQが84から90になり，言語性の伸びが認められたが，PIQは79から73と，その変化は個人差の範囲内での変化であったために，結果的にVIQとPIQ間の差が大きくなり，両IQ間に5％水準で有意差を認めた（図4-10）。

群指数では，言語理解の伸びが大きく，検査中も求められていることが理解できると，例題から得られたパターンを利用して，同じような要領で解答するようすが見られた。一方，処理速度は前回よりも低値を示しており，正確さへのこだわりから，慎重に処理することを優先し，結果的に時間内に遂行できる数が減ったため，評価は下がることになった。

下位検査は，言語性，動作性ともにアンバランスが認められ，Dの平均値と比較して，言語性課題では「算数」課題，「理解」課題が有意に低く，「類似」課題が有意に高い結果であった。動作性課題では「符号」課題と「記号」課題が有意に低く，「絵画配列」課題と「迷路」課題が有意に高い結果であった。

年齢が上がるとともに，PDDの特徴である，パターンでの理解と行動が良い形で表出しているものの，数的な処理に関する能力や，ことばでの説明などの能力は，経過した日数分の伸びは見られたが，年齢平均との比較からは遅れを認める結果であった。また，記述をともなう課題ではこだわりが，正答への固執につながり，時間を意識して，早くしかも多くをこなすことを優先させることはできなかった。今後の学習では，書くことで手が覚えるような学習方法は，Dにとっては不向きと考えられた，求められていることをいかにパターン化し，処理することができるかが重要と思われた。認知面でのアンバランスについても，バランスを良くすることではなく，アンバランスなまま引き上げることで，困ることを少しでも減らすことを目標とすることにした。また，検査時は言語性の課題で，検査者が「もっと詳しく」とさらなる説明を求めると，パニックになり，床に座り込む姿が見られるなど，ソーシャル・スキル上の問題は依然として認められた。

⑦ 第6期　小学校6年生　3学期
＜短期的目標：自分の感情への気づきと言語化＞

ソーシャル・スキルについては知能検査のときのようすから，依然として，わからないことを答えるようにもとめられる場面でパニックになるなどの問題が認められた。そこで，中学進学を前に，人の感情について，どの程度理解できているのかを確認するため，"感情を表すことば"を課題として取り上げた。"うれしい"を例にあげ，感情，

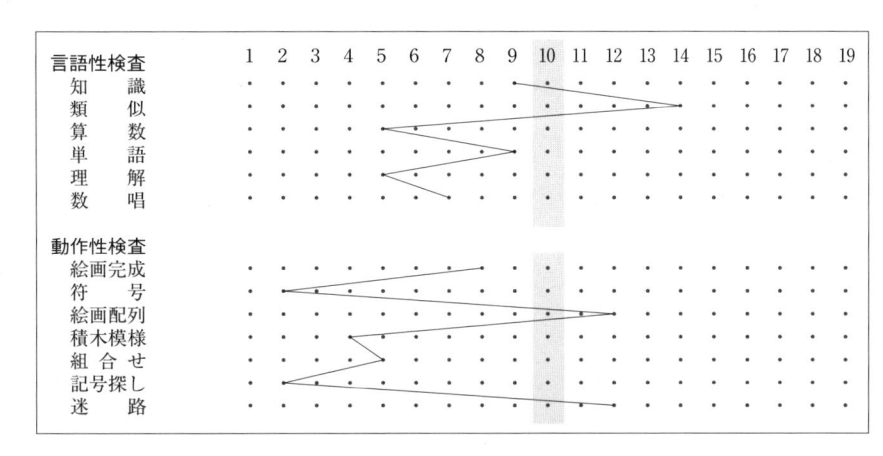

■図4-10　事例DのWISC-Ⅲ　知能検査（CA=12；2）

VIQ=90　言語理解 95
PIQ=73　知覚統合 82
FIQ=80　注意記憶 76
　　　　処理速度 55

気持ちを表すことばをあげるように求めると，「わからない」とまったく答えることができなかった。"うれしい"のほかに，"腹が立つ""楽しい""悲しい""さみしい"を例として示した。さらにどんな場面で使うのかを尋ねると，言われている意味がわかっていないようすであった（表4-2）。

感情については，具体的な質問であれば，どのような時に生じる感情であるのかを答えることはできたが，日常生活のなかで感情的なことばを伝えることは少なかった。しかし，パターン学習のひとつとして理解することで，対人場面でコミュニケーションがスムーズに進むこともあるため，今後も学習の場面で，上記のような会話をくり返し取り入れることにし，あわせて指導者がそのときにどう感じているのかを言語化することにした。

学習終了時は，学校で行なっていることの模倣なのか，Dが「ぴっとして，れい，おわります」とあいさつをして終えるようになった。また，日常のできごととして，クラスメートと放課後に約束をして，子どものみで電車に乗り遊びに行くことになり，その内容を聞いた時は保護者も驚いたようだった。約束の日には，Dが何も持たずに外出しようとしたため，電車に乗るときにはお金がいることを教え，家を送りだしたとのことだった。

■表4-2　事例Dの感情表現

指導者		D
「Dはどんな時に楽しいの？」	→	「本を読む時楽しい」 「算数のテストの点が上がった（時）」
「どんな時に悲しい？」	→	「怒られて悲しい」 「本のページが破けていた。悲しい」
「どんな時に腹が立つ？」	→	「意地悪されて腹が立った」
「どんな時に寂しい？」	→	「夕方ひとりで家にいるとさみしい」
「どんな時にうれしい？」	→	「何かを手伝ってもらってうれしい」
「本のページが破けていて悲しかった時，Dはどうするの？」	→	「探してみる。車のなかに落ちているかもしれない」 「それでもなかったら困る。本屋に怒っていく。このページ破れているけど困ります」

⑧第7期　中学校1年生　1学期
＜短期的目標：不愉快な場面への対応＞
　中学に進学したことで，現段階での学力を把握するため，小学校4年生レベルの学力テストを行ない，以下の特徴が見られた。
・質問の内容が理解できない課題がめだった
・文字での説明が減り，視覚的に示されるものが多くなることで，一般的には理解しやすいように作成されている課題が，Dにとってはことばの情報が減ることで，どこを見て，何をすることを求められているのかが理解できなかった

　中学入学当時は，英語・家庭科の授業のみ個別級を利用し，数学は普通級での学習であった。最低1日1時間は個別級で授業を受けることができた。また，学習以外では，学校で体操着に着替えをする際に，時間がかかり，クラスメートの女子が手伝ってくれることもあった。しかし，Dは自分でできることに対して，周囲から手を出されることを嫌がった。周囲は好意からの行動であったため，母親はクラスメートの父兄への説明も含め，どうすれば良いかと，対応に困惑するようすが見られた。Dの発達上の特徴について，クラスメートの父兄がどの程度理解が可能であるか定かではなかった。そのため，クラスメートには，Dへのかかわり方へのアドバイスとして，周囲が急に手を出し手伝うことは，Dにとってその行動が予期できないことであり，拒否する可能性があることを伝えてもらった。
　SSTの場面では，隣の部屋から他児の声が聞こえてくることがあったが，Dの学習への集中にとくに影響は見られなかった。聴覚的な刺激への注意の転導は，Dにはほとんど見られなかった。また，中学進学という環境の変化が大きい時期であったが，とくにパニックがふえることもなく，Dなりに学校への適応が認められた。学習場面では，課題のあやまりを指摘しても，パニックになることは少なかった。

⑨第8期　中学校1年生　2学期
＜短期的目標：自己紹介の練習＞
　Dが12歳9か月のときにリーディングスパンテストと，ウィスコンシンカード分類検査を行なった。リーディングスパンテストでは，2文条件をクリアし年齢平均の結果で，ワーキングメモリ容量に問題は見られなかった。また，また，ウィスコンシンカード分類検査でも，達成カテゴリー数（CA：4），保持性誤反応数（PEN：2），メンタルセットの維持困難数（DMS：2）ともに年齢平均に等しい結果を示し，遂行機能においてもとくに問題は認められなかった。検査時は，学習指導のときと異なり，余裕をもって臨んでいるようすであった。ウィスコンシンカード分類検査では，検査者の求めているカテゴリーと異なるカテゴリーを解答し，検査者がDの示したカテゴリーがちがうことを口頭で伝えてもパニックになることはなく，楽しみながら応じている印象であった。
　指導者との英語での会話のなかで，あいさつのシーンであったが，指導者かDへの「Good afternoon Mr.D」に対して，Dが「Good afternoon，Ms.うーん　名前なんて言うの？」と指導者の名前を尋ねたことがあった。Dとの月1回のペースでの個別指導は3年目に入っていたが，この段階でDが指導者の名前を覚えていないことがわかった。"この場所でいっしょに学習をする人"という意味での理解はできていたが，この人物がだれであるのかという情報は，Dにとっては優先される処理ではないように思われた。そこで，あらためて指導者自身が自己紹介を行ない，人はいろいろな属性をもっていることをDに示し，Dにも自己紹介の練習を行なった。

⑩第9期　中学校1年生　3学期
＜短期的目標：わからないことをことばで伝える試み＞
　読み方が理解できないとイライラしたようすが見られたが，パニックにはいたらなかった。読み方がわからないことが原因で，落ち着かないこと

をことばで伝えた。読み方のルールを理解することで，読めるようになることをくり返し伝えた。また，「わからない」ことをことばで伝えることのたいせつさを説明した。また，カードづくりでは，指導者からDへの「新しい単語はカードにしてきてね」の指示では従えず，具体的に「○○ページから○○ページまでで，新しい単語をカードにしてきてね」と伝えなければならず，さらにDからは「何枚カードが必要？」と聞かれることから，その都度，いっしょに新出単語を数え，新出単語の数に合わせた枚数のカードを用意した。指導者の対応を変えることで，Dも求められている内容の理解が容易になり，パニックもしだいに減っていった。

⑪**第10期　中学校2年生　1学期**
＜短期的目標：Dがもつ障害の特徴への理解・二次的障害の予防＞

このころから，Dは自分が学習した内容を忘れることに対して，「自分は覚えても忘れてしまう」「忘れるのはアホだから」など訴えることがあった。「忘れることはだれでもあり，しかたのないことだが，Dにとってはたしかに他の人よりも忘れてしまうことが多く，大きな問題であることは理解できる」と，Dに口頭で伝えた。そして，忘れてしまった時に，忘れてしまった内容を確認できるものを用意することに提案した。Dは，周囲と自分とのちがいを感じはじめているようであった。Dのもつ特徴について，正しくDに説明することを考えなければならない段階にきていることを母親に伝えた。家庭ではできないことへのパニックが減り，ことばでの説明を聞くことができる場面がふえてきていた。

⑫**第11期　中学校2年生　2学期**
＜短期的目標：障害の告知への準備＞

期末テストでは5教科で半分程度の得点がとれていることから，普通高校の受験をめざすこととなった。母親からは，1年後の受験を控え，精神的に落ち着いている今の段階にDへの告知をし たいとの希望が聞かれた。まずは学習上の得手不得手を中心に説明することをすすめ，告知は母親から行なうこととなり，指導者はその後のフォローを約束した。

⑬**第12期　中学校2年生　3学期**
＜短期的目標：障害の告知＞

母親よりDの障害についての話がされ，"脳の機能に問題がある"ことを説明した。その後，とくに情緒的に不安定になることはなかったが，話の内容への反応は少なかったようであった。Dには母親から聞いた話の内容を確認し，理解できなかったことがあった時には，指導者に質問することができることを伝えた。また，Dには人とはちがうこともあるが，周囲の人よりも細かい部分に注意が向き，興味をもつことができるなど，秀でた面もあることを説明した。

⑭**第13期　中学校3年生　1学期～3学期**
＜短期的目標：受験に向けての気持ちの準備＞

学校では2年生までの内容を重視した学習が行なわれることになり，個別指導でも同じ方針を立てていたが，そのことをDに伝えると，昨年の入試問題を見た時にまったく知らない単語があり，理解できなかったことから，「3年生の学習がしたい」との希望が聞かれた。Dからの積極的なはたらきかけであったことから，Dの希望を優先し，できる範囲内で3年生の学習を行なうことにした。中学入学後からの英語学習では，書字の障害からアルファベットを書くことに困難を示し，学習への苦手意識をもっていた。しかし，Dにとって学習しやすい方法で英単語を習得し，テストでも6割程度の正答率を得ることができた。周囲との学習のスピードを比較すると，明らかに学習した範囲は少なかったが，中学校3年生になった段階では，Dは個人間での比較から，個人内への比較へと，評価の対象を切りかえている印象であった。受験に向けて，2年生までの学習内容で臨むという指導者の提案に，Dは3年生の学習内容にトライしたい意向を示した。そのことは，

PDDが有するこだわりの一種であるとの見方もできる一方で，D自身が学習することで獲得できる可能性を感じたことも事実であると思われた。

受験を前に，指導者が体験した高校入試について，①高校の見学，②願書の提出，③受験，④合否の発表，⑤受験に失敗した時のその後の対応，など今後予想される事項について，具体的に説明した。受験前日にも来所したため，テストでの具体的な注意点を紙に書いてDに渡した。学校では他校の生徒といっしょになった際の注意点が話されたようだった。

受験の結果，Dは希望校に合格した。受験後の来所の際に，結果を尋ねたところ，「あー合格した」と何気ないようすで語っていた。Dは合格後行なわれる，クラス編成のテストを気にしており，進学クラスに入りたいため，クラスが決定し，現在使用している問題集が終わるまで来所したい，とのことであった。Dにとってのひとつの目標をクリアしたが，受験後に保護者から聞いた話では，直前の受験校変更は，Dが大学受験を希望したからであることがわかった。高校入学後のDとの面接では，英語の教科書を見て，「中学校3年生の勉強は残っているものもあるけれど，これなら読めると思った」との話も聞かれた。

4）考察

DはPDDをベースの障害として，学習において算数障害と書字障害の状態を呈していた。PDDの本来の特徴として，社会性の問題をもち，思い通りの結果が得られないとパニックになり，人前であっても椅子から転げ落ち，床に寝転がるなどの行動が見られていた。また，感情をうまくことばにすることができず，困惑する場面でも自分の気持ちをことばにすることができなかった。そこで，DとのSSTでは，Dが苦手する学習指導を媒介として，対人場面でのソーシャル・スキルを獲得し，さらに思春期以降の二次的な障害の予防を目的として個別式のSSTを行なった。個別指導ではDが学習において困難を示した，国語・算数・英語の指導を行ない，Dなりの学習方法の獲得をめざした。通常行なわれる指導方法とは異なり，国語・英語では辞書の早期の利用，算数では定規など道具の選択のくふう，また学習内容としては，新しい課題への挑戦よりも復習に重点を置いた。学習中，当初は解答のまちがいを指摘するとパニックになり，声を荒げることが多かった。しかし，指導者のそのときの感情を言語化し，パニックにならなくても十分にDが困っていることや，不愉快になっていることが理解できることを伝え，さらに，指導者が抽象的な表現を減らし，具体的な指示をすることで，Dの理解も上昇し，あわせてパニックも減少した。双方がコミュニケーションの方法を変えることで，パニックの頻度が減少したことが考えられた。また，年齢とともに，Dは周囲とのちがいを感じ，自分自身の苦手さへの疑問と不満をことばで伝えることもあり，障害の告知への準備を行なった。高校受験を前に，母親よりDに障害についての説明が行なわれたが，その後Dは情緒的に不安定になることはなかった。

対人場面でのソーシャル・スキルの変化としては，発達とともに，Dは他者との適当な距離をとることができるようになってきた。Dは幼児期からひとり遊びが多く，他者への興味は低かった。就学後，来所した当時（4年生）は，低学年からのからかいも見られた。しかし，Dも高学年になると，周囲もDの特徴を理解し，いっしょに行動する場面も見られたが，継続的なものではなかった。Dは集団への拒否をしたことはなかったが，必要以上に参加を希望することもなかった。高校進学でも，同じ中学からどの程度の生徒が同じ高校へ進学するかは知っていたが，Dにとって大きな意味合いではなかったようである。クラスに所属すること，また学校に所属することへの理解は十分にでき，係の仕事などもこなすことはできるはずである。ソーシャル・スキルの目的としては，いかに他者とうまくかかわっていくことができるのかということが掲げられるが，Dにとっては，集団に属するために，自分にとってどの距離が適

当であるのか見分けることが，もっとも重要なことであると思われた。

Dへの個別指導においては，家庭・教育・療育（医療）との連携も重要な要素であった。限られた回数のなかでソーシャル・スキルを習得し，現実場面に応用するためには，個別指導に参加している以外の時間をどのように過ごすのか，その過ごし方によるところが大きい。個別指導での内容を家庭に伝え，家庭から学校へ伝え，それぞれの場でできることを行なうことで，対象児（者）への学習の機会に差が生じることになる。本事例Dでは，状況を説明するために，教育機関に数回の所見を提出したが，直接学校との打ち合わせをもつ機会はなかった。しかし，家庭がその役割を担ってくれたことで，三者の方向性を定めることができた。対象の状態像にもよるが，事例Dでは，個別指導の場において学習の方法論を提示することで，Dなりの方略を導き出すことができたように思われる。わからない漢字には辞書を用いる，計算が困難であれば電卓を使用する，単語を覚える際には単語カードをつくる，英和・和英の辞書の用意をうながすことで，みずから辞書を読み，単語を覚えることができた。学校の算数の授業では電卓は積極的に用いないかもしれない。しかし，学習での負荷をひとつ減らすことで，学習の段階をひとつ先に進むこともできる。単語カード使用時にはエピソードがあり，ゲームのキャラクターを覚えるために，Dが単語カードを応用し，キャラクターカードをつくっているとの話が，母親より聞かれたことがある。学習する力はあっても方法論がわからないことでのつまづきは大きい。ある種のこだわりもプラスに転じることができるよう，その子その子に合った方法を家庭・教育・療育（医療）の場で話し合っていくことこそ，重要なのではないだろうか。

そして，本事例Dの障害ベースの特徴も，軽減するものもあるが，発達とともにゼロになるものではなく，なんらかの形で将来にわたって影響するものである。すでにDは母親から，自分の障害についての説明を受けているが，今後の発達段階にあわせて，発達課題を達成していく際に，新たな問題が生じる可能性も否定できない。そのとき，継続的に支援してくれる機関が必要となろう。発達がひとつの方向に向かって，生まれてから老いていくまで続いていくものだとすれば，長期的な形での支援態勢の充実が望まれる。

5章 【事例E】学習の困難をともなったアスペルガー障害

1. 事例Eの特徴と目標

1）障害ベースの特徴

事例E（以下Eと略）は，妊娠中および出産時の異常はなく，両親と兄ひとりと姉ひとりの5人家族の次女として誕生した。

3か月：首がすわる。
8か月：ハイハイをする。
1歳0か月：有意味語を話す（マンマ，パパ）。
1歳1か月：ひとり歩きができる。乳児期に喘息のため入院したことがあるが，そのほか特筆すべき既往歴はない。
幼稚園年少：おとなしく静かであまりめだたない存在である。動作や話し方が遅く，常に先生のそばについている。母が幼稚園へ行くとそばから離れられなくなる。
幼稚園年中：友だちと遊べるようになるが，相変わらず静かで動作が遅く，人前では母のうしろに隠れてしまう。友だちが弾くピアノを見て，家で真似をして弾くようになる。
幼稚園年長：話し方や動作は相変わらずゆっくりだが，友だちと遊ぶようになる。
小学校1年生：授業中に教科書をひらいていないなどの理由で，しばしば担任から注意を受ける。帰宅をすると「教科書って何？」「ページって？」と，その日に学校でわからなかったことを母に聞く。
小学校2年生：クラスの男児に両目に指を入れられる。その後，視覚異常と立って歩けない状態を呈し，救急車にて搬送され入院する。精密検査の結果は異常なしで，転換性障害といわれる。退院後は赤ちゃん返りや，夜眠れず怖がる，こだわり強くなるなどが見られる。
小学校3年生：「言っている意味がわからない。先生，中国人じゃないかと思う」と母に言い，担任の指示がわからないことを訴える。また担任が言ったことが冗談であっても，それを理解することができず「先生，うそつく。先生，だます」と，母にくり返し言い，母が冗談であることを説明をしても納得をしない。寝つきが悪い。水遊びや石鹸での手洗いが長く，洗面所や風呂場の石鹸がすぐなくなる。いろいろなことをこわがる。動作が遅く，出かける準備などの仕度も遅い。右利きだが，疲れると左手を使用することもあり，左右の区別が曖昧である。

以上のことから，Eは対人関係の形成や状況の理解が困難で，こだわりも見られることなどからアスペルガー障害が疑われた。適応していない学校生活のみでEの成長をうながすことは困難と考えられ，SSTの適用対象であると考えられた。実際にSST指導を開始するのは，Eが小学校3年生のときであるが，このころは学校生活でのいじめもなく少しずつ落ち着いていた。しかし，入学当初からかかえていた学習面の問題は依然として続いていた。国語の読みはできるが，書くことが苦手で，とくに漢字は書くのに時間がかかり，一文字ずつ手本を見ながらしか書けないため，ノートに書き写す前に黒板を消されてしまっていた。

漢字は覚えることにも時間がかかり，やっと覚えてもすぐに忘れてしまったり，書きまちがえることもしばしばであった。そのため，作文を書くことは可能であったが，非常に時間がかかった。算数では，計算が遅く桁がわからなくなり，文章題では「これって何？」と文章題の内容を聞くことがあった。体育では，走り方がぎこちなく，体育の授業で行なわれるゲームでは，ルールの理解に時間がかかり，すぐには参加できず時間を要した。また「漢字ドリル」を「漢ドリ」と黒板に書かれると，何のことかわからなくなることもあった。これらの問題から，学校を休むと勉強がわからなくなるため，なるべく休まないようにしていた。自宅では，宿題に時間がかかり，母が手伝っても全部終わらないこともあった。夜眠くならず，「眠れない」と訴えるため，母が付き添い，ラジオと電気をつけて寝ていた。秋ごろより，リタリンの服用を開始した。学校生活では，対人面での大きな問題はなかったが，友だちとうまく話せずつきあいが下手であることに変わりはなく，E自身も少しずつそのような自分を意識するようになっていた。またこのころ，受診した病院でSSTの本を見つけると，みずから母にその本を買ってほしいと頼み，自分に必要な本，自分がわからないことが書いてある本，だと言っていた。

2）心理テスト・心理面接結果の特徴

SST開始以前に実施した検査は図5-1のとおりである。

言語性IQ（以下VIQ）と動作性IQ（以下PIQ）が5％水準で有意差があった。言語性下位検査はバランスがよく，なかでも「知識」と「理解」の評価点は高かった。一方，動作性検査は課題によってアンバランスが認められた。「符号」の評価点は非常に低く，処理速度が遅かった。また「絵画配列」の評価点も低かったが，この課題は，動作性検査に含まれているが，言語性の能力も求められる課題であり状況理解とも関連しているため，言語性の課題も優れているとはいいがたかった。検査場面では，課題をかえたり，同じ課題でもややむずかしくなると，理解と適応に時間がかかる印象があった。以上のことから，Eの能力は非常にアンバランスで，語彙が豊富で知識としての理解力は高いが，一方で状況理解や柔軟性には問題があると考えられた。通常Eの年齢ではあまり使わないむずかしい単語を用いて会話をするため，Eのこのアンバランスな面は，周囲からは理解されず，また関心があるにもかかわらず学校では友だちと接する機会も少ないため，状況理解や対人関係の経験を積むこともあまり期待できなかった。したがって，実際にこれらのことを指導するには，小集団による場面を設定していく必要性があると思われた。

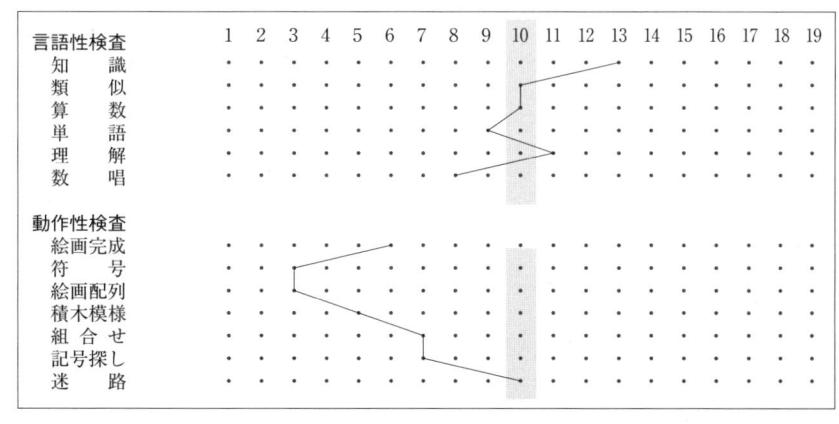

VIQ=104　言語理解 105
PIQ=64　知覚統合 69
FIQ=83　注意記憶 94
　　　　処理速度 72

■図5-1　事例EのWISC-Ⅲ　知能検査（CA=8；4）

2. 事例Eに適用されるSSTの方法とその意義

SSTの定義や方法に関してはこれまで多くの研究が行なわれてきたが，本章ではソーシャル・スキルをコームズとスレイビー（Combs & Slaby, 1978）の「自己および他者に有益な方法で他者に相互作用する能力」と考え，本SSTには，このスキルを獲得する手段として，グレイ（Gray, 1994; 2000）のSocial StoryとComic Strip Coversationsを取り入れた。

Social Story（以下ソーシャル・ストーリー）は1991年にグレイがはじめて定義し，自閉症スペクトラム児・者を対象に発展させていった（Gray, 2000）。ソーシャル・ストーリーは，自閉症スペクトラム児・者の視点から，彼らがしばしば困難と感じる特定の場面に関して記述しているもので，ある状況で何が起こっているのか，それはなぜなのかなどの事実関係を述べ，そこで期待される言動が書かれている。文章には，事実文，心理文，監督文，自覚文の4種類の文があり，0〜1個の監督文や自覚文に対して，2〜5個の事実文や心理文を置くことをすすめるなど，書き方には一定のガイドラインがある（Gray, 1998）。ソーシャル・ストーリーは，これまでに広汎性発達障害児（Ivey et. al., 2004），アスペルガー障害児（Adams et. al., 2004），重度の自閉症児（Barry & Burlew, 2004）などを対象として，同輩とのかかわりや不適切な行動の改善のためや，また健常児の睡眠の改善（Burke et. al. 2004）のためにも用いられるなど，幅広く適用され，効果があったという報告もされている。

Comic Strip Coversations（以下CSC）は，グレイが1994年に発表したもので，会話中に生じるコミュニケーションのさまざまな段階を簡単な絵で表現したものである。線画で人の姿を表し，発言と考えていることを「吹き出し」に書き，さらに色を用いることで，自閉症スペクトラム児がこれまで気づかなかった状況を理解させることを狙いとしたものである。ソーシャル・ストーリーとCSCはわが国ではそれぞれ，「社会生活ストーリー」「コミック会話」と訳されることもある（Attwood, 1997）。

Eは，不器用で，情緒的にも不安定な一面があったが，その一方で，みずからSSTに関する本を読みたがるほど周囲と自分との間に違和感を覚えはじめていた。その違和感がいったいどのようなものなのか，なぜ生じるのかは理解できなかったが，自分がおかれている状況をEなりに理解し，自分の思いを信頼している母や主治医には話せるなど，しっかりした意思をもっていた。アトウッド（1997）が「徐々にアスペルガー症候群の子どもたちは社会的ふるまいの規則を学んでいくが，それは自然な直感による以上に知的な分析や知識の習得にもとづいている」と述べているように，Eは周囲とのちがいを自分の力で気づくことは困難であるため，すぐに役立つような実生活に即したテーマを取り上げ，対人関係における適した言動を知識として身につけていくことが効果的と考えられた。したがって，Eには，単に対人関係の促進を目的とするだけでなく，ソーシャル・ストーリーを取り入れて，そこに登場する人物の感情や行動を，小集団のなかで話し合うことをとおして，自己および他者の感情への気づきをうながし，実生活への般化をめざすSSTを実施した。

3. 事例EにおけるSSTの実施経過と効果判定

1）対象

対象は，同じ障害をもつ小学校中学年から中学生の6名である。互いの関係を築くためにも，原則として構成メンバーは変更しないこととしたが，学校の都合等で途中でSSTを終了した児がいたため，それにともないSST開始から数か月を経て途中から参加した児もいた。EはSST開始時から参加をしており，指導開始時のIQは，言語性IQ104，動作性IQ64，全検査IQ83であった。

SST開始時期：8歳7か月
SST終了時期：10歳0か月

2）方法
①期間
　Eが小学校3年生の10月から月2回，1回1時間行ない，現在も続いているが，本章では小学校4年生3月までの1年半の経過を報告する。

②指導者
　指導者は，SST開始から半年間はリーダー1名，サブリーダー2名の計3名とし，半年経過以降はリーダー1名，サブリーダー1名の計2名とする。Eに適用したSSTは話し合いが中心となるため，リーダーの役割はSSTプログラムとそのプログラムのなかで行なわれる話し合いの進行である。サブリーダーは，指導開始から半年間は，参加児がSSTのプログラムの内容が理解できていないため2名とし，プログラムの流れが理解できるよう個別に対応することとしたが，SST指導開始から半年経過時点でプログラムの流れは参加児全員が理解できていたため，以降は1名とした。参加児の特徴として，立ち歩くことや教室を飛び出すこと，パニックになることがなかった点に加えて，不注意の問題で指導者からの指示を聞いていないことはあるが，基本的に一斉指示にある程度は従うことが可能であった。またSST場面でもっとも多い一斉指示は，話し合いの場面であり，具体的にはあるテーマについて考える，あるいは記述をするよう指示をした。したがって，指導者が行動面を注意することは少なく，指示の内容の理解がむずかしいときに，いっしょに考える，あるいはヒントを出すことがサブリーダーの役割の中心となる。

　さらにリーダー，サブリーダーのほかに記録とビデオ撮影の役割を担うスタッフも導入し，毎回SST終了後，SSTにかかわったスタッフは全員でミーティングを行ない，その日の指導内容について話し合った。参加児が6名であり，各児が同時に発言することもあるため，ミーティングで指導者，記録担当者，ビデオ担当者などが全員で話し合うことでグループ全体を把握し，スタッフ間の連携を図ることを努めた。このことから，指導者はSSTグループの参加児だけでなく，SSTにかかわるスタッフをまとめる役割も果たしていたといえる。

③ビデオによる記録
　ビデオを導入した理由は主に以下の二点である。
・参加児一人ひとりの言動を細かく把握するため
・指導者が自分の指導法を省みるため
　参加児一人ひとりの言動を細かく把握することは，SSTを行なう際にどの指導者も念頭に置かなければならないことだが，このグループはとくに話し合いに焦点を当てたため，発言に関してより細かい検討が必要と考えられる。たとえば，SST指導中はある参加児の発言がまったく状況に合っていないと思われても，ビデオを見ると，数分前のその児自身の発言の続きであったり，数分前の指導者の質問に対する答えであったりすることがある。このような児は，SSTのプログラムのなかで活動をしている際は，独語に思われることがあるが，ビデオを詳しく見ることでその児なりに筋が通っている発言であることがわかる。その児は会話のレベルとしては高いとは言えないが，ある程度の理解力を有していることが確認できる。すなわちビデオを取り入れることで，SST指導中には気づかなかった参加児の言動やささいな変化をとらえることが可能となり，こうすることで参加児それぞれのソーシャル・スキルのレベルを把握し，そのレベルにあった対応がよりいっそう可能になるといえる。

　またビデオで記録を残すことは，参加児の発達を把握するためだけでなくSSTにかかわるスタッフにとっても非常に大きな役割を果たす。それは，指導者自身の指導法を省みることも可能となるからである。指導者の参加児への指導法はすべて後述するスーパーヴァイザーの指導のもとで行なっているが，指導者自身も客観的に自身の指導場面を観察し検討することがたいせつであるため，ビデオを見ることで，スーパーヴァイザーか

ら指導を受けた内容を具体的に検討することも可能となる。

④指導法

以下の点に留意して指導を行なった。
・話し合いと関連のある発言を積極的に取り上げる
・話し合いと関連のない発言は，臨機応変に対応する
・個人目標を決めて，参加児の課題を絞る
・参加児どうしの発言の橋渡しをする

「話し合いと関連のある発言を積極的に取り上げる」に関しては，参加児はみな，指導者が問いかけると返答はするが，その返答は指導者との1対1のやりとりになりがちであり，他の参加児が加わっての複数名による会話へと広がることはなかった。また発言をした際も，とくにだれかの返事を期待するようすはなく，まるで独り言のように異なる方向を見て発言をすることがあった。そのため，指導者が意図的に会話に発展させる必要性があり，参加児が発言した際はグループ全体に対して再度発言することをうながし，また話をする際の視線の向きなども指摘した。同時に，発言をしていない参加児には，発言者を見て，その話の内容を聞くことをうながした。ここで，「相手を見て発言をする」「発言者を見る」ことに関してひとつつけ加えておきたい。Eには，発言をする時は話す相手を，そして発言を聞く時はその発言者に注目するよう指導をしていたが，参加児のなかには，どこかに注目しながら話をしたり話を聞いたりすることが非常に困難な児がいた。これは視覚的な刺激が聴覚的な記憶の妨げとなり，誰かに注目をすることで話を聞くことや話をすることに集中できなくなるため，このような参加児にはあえて視線の注意はせず，発言をすることや他者の発言を聞くことのみに集中をさせた。

「話し合いと関連のない発言は，臨機応変に対応する」ことは，指導者にとって非常にむずかしいことである。Eも含めてこの障害に特有なものとして，限られたものへの興味があげられるが，

参加児のなかには個人的に言いたいことがあり，話しはじめると止まらない児が何名かいた。このような児は，いったん自分の関心事を話しはじめると，SSTプログラムでの話し合いに加わることや，テーマを考えることができなくなってしまうため，指導者は個別に対応し，ある程度気持ちを聞いた後に，その児の話を区切り，課題に向かわせるようにした。ただ例外として，参加児どうしの雑談は，テーマとの関連がなくてもしばらくはようすを見ることとした。雑談は，学校の授業では注意をされることだが，指導者がテーマを設定しなくてもかかわるという絶好の機会であるため，すぐには中断しないこととした。つまり「雑談」とは，日常生活で自然に行なっていると思われているが，本SSTの参加児にとっては非常に稀であったといえる。

「個人目標を決めて，参加児の課題を絞る」であるが，これはSST指導場面でのチェックリストを作成し，そのなかで今後の課題と思われる項目を個人目標とした。チェックリストの詳細に関しては後述したい。個人目標は，スタッフ間で参加児に対する認識を共有し，対応を統一するためであり，SST指導において，指導者は常に念頭においておかなければならない。本SSTの個人目標は，指導者らが作成したチェックリストの評価結果から決定しているため評価指標とも関連するが，これにより参加児全員を一定の基準のもとで判断することや，参加児それぞれの成長，参加児間の比較の検討も可能となる。

「参加児どうしの発言の橋渡しをする」というのは，単に参加児の間に指導者が入り，伝言のように伝えるということではない。Eを含めて参加児は，同じことに興味をもち，同じ主旨の発言をしていてもそこからの会話がまったく発展しないことがあった。また指導者には同じ意見に思えても，表現のしかたが異なることで共通性を見いだすことが困難な場合もあった。したがって指導者は参加児が発言をした際は，細かくその発言の意味をつけ加えて，参加児全員の理解をうながせるように伝える必要がある。

これらのほかに，室内にあるホワイトボードを利用し，SSTプログラムや係の名前など活動の流れに関することは可能な限り記載した。また話し合いの時間に，記述をすることも多かったが，指導者が書くように指示をする際は，口頭で記述させず，ホワイトボードに見本を書き，それを参加児が書き写すようにした。記述は，学校生活でEが苦手としていたことであり，また参加児のなかには，みなの前では声に出して言うことに抵抗があっても，記述であればその抵抗が弱まる児もいたため取り入れた。

⑤SSTプログラム

SSTプログラムは，「はじまりのあいさつ」「出席」「今日の説明」「ソーシャル・ストーリー（話し合い）」「次回の説明」「おしまいのあいさつ」という流れとし，この全体的な枠組みは変更せずに，「ソーシャル・ストーリー」の内容のみ，適宜変更していった。Eに適用したSSTでは，話し合いに焦点を当てたため，その他の要因は可能な限り排除し，プログラムの全体的な枠組みを一定にした。すなわちEの障害の特徴として，見通しの立たないことを苦手とする面があるが，プログラムの変更はまさにこれにあてはまる。日常でプログラムの変更に準じたことは多々あると思われるため，決して悪いことではないが，1時間のSSTのなかで話し合いを活動の中心にするためには，話し合い以外のプログラムを一定にすることが妥当と思われた。

以下にそれぞれのプログラムの内容を説明したい。

・はじまりのあいさつ，出席，おしまいのあいさつ

毎回1名が係となり，SSTの開始時と終了時に号令をかけること，さらに参加児一人ひとりの名前を呼び，出席をとることを役割とした。各児が担当する係は数か月に一度であるが，本SSTは指導者が主導権を握ることが非常に多く，参加児からグループに対する主体的なかかわりはほとんど見られないため，指導者がかかわらない場面を意図的に導入した。

・今日の説明，次回の説明

指導者が，その日に話し合うソーシャル・ストーリーの内容と次回のテーマを説明する。ここでは，指導者の話を聞くことと，ソーシャル・ストーリーの内容を理解することを狙いとした。また次回の説明のときは，次回の係も決めた。こうすることで，参加児全員が，次回のプログラムに対してある程度の見通しを立てることができると考えた。

・ソーシャル・ストーリー

参加児が日常生活で直面している困難なことがらをテーマとし，そのテーマをもとに話し合いを行なった。詳細は次に述べたい。

⑥ソーシャル・ストーリー

ソーシャル・ストーリーは，Eに適用したSSTのまさに中心であるが，本SSTにおけるソーシャル・ストーリーがこれまでに発表されたソーシャル・ストーリーと異なる点として，以下の2点があげられる。

・SSTグループ全体に対してひとつのソーシャル・ストーリーであること

・参加児全員でソーシャル・ストーリーの内容を考えること

これまでのソーシャル・ストーリーは，個人に対して指導者や保護者が作成したストーリーを読む形式が主であったが，本SSTでは指導者がテーマを設定し，そのテーマをもとに参加児は数回にわたり話し合う。そしてその話し合いの内容から，指導者が最終的な文章を作成する。したがって文章の内容は参加児の発言や話し合いをもとにつくられているため，参加児もソーシャル・ストーリーの作成者の一員といえる。

またこのソーシャル・ストーリーにさらに，グレイ（1994）のCSCにおける色の用い方を取り入れた。CSCでは，考えや発言の奥にある感情を理解するために色を用いている（Gray, 1994）。参加児の特徴として，自分の気持ちをことばで言うことや，相手の気持ちを察することなどを苦手

とし，視覚的な情報をとらえることを得意としていた。そのため，ある状況下における感情に関してことばで説明するよりも，「赤だった」などと感情を色と結びつけて言うことのほうがはるかに彼らにとって容易であるため，この方法を取り入れた。ただここで気をつけなければならないことは，使用する色はあくまで感情を表わすためのシンボルであり，その色は日常生活では同じ意味をもたないことを，あらかじめ伝えることである（Gray, 1998）。たとえば，「赤＝怒り」と決めた時に，赤信号や赤い洋服を着ている人は「怒り」とは関係がなく，色はSSTで感情に関してのみ用いることを教えなければならない。

本SST開始から半年間を準備期間とし，感情と色の関係について話し合い，その後は各学期ごとにテーマを決めて話し合った。テーマは，保護者への聞き取り，準備期間中の参加児の行動観察および，彼らの障害特性を考慮して決定した。

⑦スーパーヴァイズ

毎回SST終了後に，指導者はその日のSSTのようすやスタッフミーティングの内容をスーパーヴァイザーに報告し，その指導をもとに次回のSSTプログラムを決定した。また定期的に，スーパーヴァイザーはSSTおよびスタッフミーティングへの参加もした。本SSTは，スタッフの人数が多く，参加児が思春期を迎えていたことに加えて，SSTプログラムも話し合いが中心の高度な内容となっていたため，参加児と指導者の双方に対して一定の距離を保ちながら，指導をする存在が不可欠であった。指導者は，スーパーヴァイザーから参加児の発達の把握や参加児への対応のしかたのみならず，スタッフ間の連携の方法に関しても指導を受けることが可能となった。また後述するが，スーパーヴァイザーは保護者への面接にも対応し，保護者のSST参加に対する動機づけを高め，参加児の家庭での対応の指導も行なった。

⑧保護者との連携

本SSTは保護者が実際の指導場面を見ることはないため，ノート交換と親面接を実施し，SST参加に対する理解を深めることを心がけた。ノート交換は，保護者からは学校生活のようすや心配な点，SSTに関する質問，SSTの話し合いで取り上げてほしいことなどが書かれ，指導者からはそれに対する返答やSSTでのようす，気になる点などを記述した。ノートの交換は，指導者が参加児の日常生活を把握し，そこから今後のSST指導での課題を見つけ出すことが可能となるため，大きな役割を果たしていた。面接は，定期的にSST指導時間中にスーパーヴァイザーが希望する保護者を対象に実施した。SST指導中に併行して行なわれる面接は，同じSSTに参加している保護者を対象としたグループ面接であり，個別の面接は，希望に応じて別の日に実施した。参加児は小学校高学年から中学生であり，この年齢は学校生活だけでなく，思春期の問題，進路の問題もかかわるため保護者への丁寧な対応は必須となってくる。またグループで面接をすることで，保護者どうしが互いに情報を交換し，悩みを共有し，子育てにおける保護者の精神的な孤立を防ぐ役割も果たしていた。

⑨指導効果の評価方法

指導プログラムの効果判定の指標として，S-M社会生活能力検査，ソーシャル・ストーリー・チェックリスト，ビデオ分析を取り入れた。

・S-M社会生活能力検査

S-M社会生活能力検査はEが小学校3年生の10月より，年2回，半年ごとに，保護者に記入してもらった。この検査は，「身辺自立」「移動」「作業」「意思交換」「集団参加」「自己統制」の6領域からなる日常生活場面に焦点を当てた検査であり，話し合いを中心としている本SSTとはあまり関連はないように思われるかもしれない。しかし，Eは日常生活場面で対人関係に困難をかかえており，SST場面以外のEを評価する指標は必要であった。またS-M社会生活能力検査は本

SSTの評価方法としては唯一標準化された市販の検査である。SSTのために参加児に合わせて作成する指標もたいせつだが，標準化をしていない検査はどこかで評価に偏りが出てしまう可能性がある。その偏りを防ぐためにも，標準化されたS-M社会生活能力検査を取り入れることで，Eを含めた参加児の発達をより客観的にみることを心がけた。

・ソーシャル・ストーリー・チェックリスト

ソーシャル・ストーリー・チェックリストは，本SSTのソーシャル・ストーリーに関する話し合いの場面に焦点を当てて指導者らが作成したもので，合計で17項目からなる（表5-1）。これをさらに意図するスキルの内容により，テーマと関連のない発言（6項目），テーマと関連のある発言（6項目），行動面（5項目）の3領域に大別した。評価は，「5点；常に見られる」「4点；しばしば見られる」「3点；時どき見られる」「2点；ごくまれに見られる」「1点；ほとんど見られない」の5段階評価で，本SST開始から半年後と約1年後，すなわちS-M社会生活能力検査の第2回および第3回と同時期に実施した。ソーシャル・ストーリー・チェックリストは，本SSTの話し合いの場面を評価するのにふさわしい検査法やチェックリストがなかったことから，ソーシャル・ストーリー場面でのEの変化を詳しくとらえるために作成した。先ほど述べたS-M社会生活能力検査の必要性と矛盾してしまうように見えるが，実際はそうではなく，標準化された検査と特定の児のために作成した検査の両方を用いることで，参加児の一般的な発達と特定の場面における発達の双方を見ることが可能になるのではないだろうか。いいかえれば，標準化された指標といっしょに用いることで，指導者らが作成したこの評価法もよりいっそう有効になるといえる。

・ビデオ分析

Eを含めて小学校高学年ごろになると，障害特性を考慮しても，かなりの語彙力とある分野にお

■表5-1　事例Eのソーシャル・ストーリー・チェックリスト

I	テーマとの関連なし	独語	
		Tのうながしで，発言をする	
		自発的にTに発言をする	
		自発的に他児に発言をする	
		他児の発言に応じて発言する	
		他児に問いかける（質問など）	
		平均評価点	
II	テーマとの関連あり	Tのうながしで，発言をする	
		自発的にTに発言をする	
		自発的に他児に発言をする	
		他児の発言に応じて発言する	
		他児に問いかける（質問など）	
		自分とは異なる他児の意見を受け入れる	
		平均評価点	
III	行動面	Tの個別の指示に従う	
		Tの一斉指示に従う	
		発言しているTを見る	
		他児の発言を聞く	
		発言している他児を見る	
		平均評価点	

ける知識を習得しているため，流暢で多弁な児がいる。そのような児は，一見すると状況理解をしており，まるで協調性があるようにも見えてしまうが，発言内容を詳しく見ると，一方的であったり，指導者への個人的な話しかけであったり，まったく状況にふさわしくないことがある。ビデオや記録から参加児の発言を分析する必要があるのもこのためである。Eに適用したSSTでは，発言の量だけではなく，発言の方向性や内容などの質も分析することをめざした。つまり，ただ発言の量のみに注目すると，独語が多い児は発言回数が多いことになり，他の参加児よりも社会性があるという判断につながってしまう。したがって本SSTでは，「だれか」に話をすることに焦点を当て，さらに「だれか」が指導者だけではなく他の参加児やグループ全体となることをめざした。発言の分類の方法としては，まず発言を「受信」と「発信」の2つに大別し，さらにこの受信を「返答」と「誤った返答」に，そして発信を「話しかけ」と「独語」のそれぞれ2つのパターンに分け，計4パターンとし，以下のように定義した。

　返答：他者からの話しかけに対し，その話しかけられた相手に対して返答をすること
　誤った返答：他者からの話しかけに対し，まったく異なる主旨の返答をすること
　話しかけ：自発的にある特定の他者に対して，話しかけること
　独語：自発的な発言ではあるが，だれかに対して話しているのではなく，その発言が発言者個人で完結していること

　会話のことをしばしば「キャッチボール」にたとえるが，実際にこの4パターンをキャッチボールで表現をすると以下のようになる。

　返答：相手からボールを受け取り，そのボールを投げてくれた相手へ投げ返すこと
　誤った返答：相手からボールを受け取り，そのボールをまったく異なる方向へ投げること
　話しかけ：自分から相手にボールを投げること
　独語：ひとりでボールで遊んでいること

　こうしてみると，会話としてキャッチボールが成立しているのは，「返答」のみであり，また「話しかけ」もキャッチボールの最初の段階といえる。つまり「誤った返答」と「独語」は，キャッチボールにはなっていないため，本SSTでは「返答」と「話しかけ」の増加をめざしたといえる。

3）経過および結果
①第1期　「準備期」（小学校3年生10月～3月）
　S-M社会生活能力検査は，身辺自立，移動，作業，意思交換，集団参加，自己統制の6つの領域から構成されているが，これをSST開始時に実施し，各領域別年齢を求めて，変化の指標とした（表5-2）。

　この当時のEの生活年齢は8歳7か月であったが，Eの年齢を上回る領域と年齢に満たない領域があり，知的面だけでなく，生活面においても発達の不均衡が認められた。

　ビデオ分析は，第1回S-M社会生活能力検査と同じ時期に，SSTプログラム中のソーシャル・ストーリーの時間内の発言を検討した。まず，Eの発言の方向性と発言の内容から，Eの発言を「返答」「誤った返答」「話しかけ」「独語」の4つのパターンに分類し，この4パターンがEの全発言数と比較してどのくらいの割合を占めているかを検討し，変化の指標とした（表5-3）。

　表5-3から，Eの発言数は合計2回であり，1回は指導者がグループ全体に意見を募った際に返事をし，もう1回は「推薦」ということばの意味がわからず質問をしたものであった。これらはいずれも指導者に対しての発言であり，グループの他の参加児に対するものではなかった。

　第1期の半年間は準備期であり，参加児どうしが，互いに同じグループの仲間としての意識をもてるよう心がけ，ソーシャル・ストーリーの時間には，以下のことを順に行なった。

・感情にはどのような種類があるか，知っていることばを言う
・その感情を似ているグループに分類する
・感情に対応する色を決める

■表5-2　事例Eの第1回S-M社会生活能力検査

	身辺自立	移動	作業	意思交換	集団参加	自己統制
第1回	7歳0か月	7歳5か月	8歳0か月	9歳0か月	6歳0か月	9歳2か月

■表5-3　事例Eの第1回ビデオ分析

	返答	誤った返答	話しかけ	独語	合計
第1回	0 (0)	0 (0)	2 (100)	0 (0)	2 (100)

数値：発言の数
（　）内：全発言数に対する割合（％）

・ある状況に関する例題を出し，その状況ではどの感情になるかを各自が考えて，結果を話し合う

「どのような感情があるが，感情に関して知っていることばを言う」「その感情を似ているグループに分類する」ことは，すべて参加児が提案し，そのことばどおりに採用した。また「感情に対応する色を決める」に関してもそれぞれが案を出し合い，決まらないときは実際に候補にあがった色を色鉛筆を用いて混ぜて，でき上がった色を決定とした。Eを含めてほとんどの参加児は提案に積極的であったが，同時にそれは他児の提案した色は受け入れられないことにもつながっていた。ただ，色を混ぜる案は参加児から出た意見であり，みな固さのなかにも妥協点を見つけることはできていた。

こうしてでき上がった感情の種類とグループ分け，およびその感情にあてはまる色は以下のとおりである（表5-4）。

SST参加当初のEは，声が非常に小さく，指導者が耳をEの口元に近づけなければ声を聞き取ることがむずかしいほどであった。また動作も話すスピードも非常にゆっくりしていたが，しだいに声が大きくなるにつれて指導者との会話は少しずつ増していった。ある時，指導者が次回のSSTの集合場所の説明をしていると，「集合場所はわかるけど，教室までは行かれない」と指導者が一斉指示をしている最中に唐突に言ったことがあった。指導者が「集合場所に迎えに行くから，教室まではいっしょに行くよ」と話すと，安心したようすであった。これはひとつのエピソードであるが，Eは疑問点があるとその場ですぐに指導者に質問をする傾向があった。このことから，Eは指導者がみなに対して話をしているからもう少し後で聞こうといった状況理解や融通性はなく，ひとつでも気になったことがあるとそれが解決するまでは先に進めないのではないかと考えられた。またSST参加2回目が終了した時に，「こういうの好き」と指導者に語り，本SSTがEの期待にこたえていることが示唆された。

「ある状況に関する例題を出し，その状況ではどの感情になるかを各自が考えて，結果を話し合う」では，ハウリンら（1999）の感情理解に関する例題を教材とし，ある特定の状況下でどのよう

■表5-4　感情とそれに対応する色

色	感情
オレンジ	いいきもち，うれしい，すっきり，さわやか，喜ぶ
赤	怒っている，むかつく，かっとなる
青	悲しい，嫌な気持ち，残念な気持ち，失望，寂しい，つらい
黒	ビックリ，怖い，恐ろしい，ゾッとする，慌てて逃げる気持ち，ガーン，びびる
赤紫	気持ちによって変わる

な気持ちになるか，またそのときは何と言うかを話し合った。これはまず参加児がそれぞれ配られた用紙に記入をした後に，話し合う形式をとった。このころになると，Eは自発的に発言をしたり，係に立候補をするようになっていた。課題に対しても常に意欲的で，ほぼ毎回発言をし，そのようすからは徐々に緊張せずに自分を出せるようになってきている印象があった。また提示した教材からは，他の参加児が「悲しみ」ととらえる場面で「怒り」ととらえることが多く，また記述内容も「○○じゃねーよ」などといったEの外見やふだんのゆったりとした印象とは対照的な反応を示した。記述式にすることで，Eの書き取りが苦手なことに対する練習にもなると思われたが，記述した内容からはEの内に秘めた激しい一面を垣間見ることもできた。

また指導者は，参加児の特徴や対人面での課題を把握し，保護者とのノート交換により，保護者が考える各参加児の問題点や保護者の本SSTに対する希望を聞き取り，これらすべてを第2期からはじまるソーシャル・ストーリーの内容を検討するための参考とした。

②第2期「テーマ：親切な友だち，親切ではない友だち」（小学校4年生4月〜9月）

SST指導開始から半年が経ち，参加児は全員SSTプログラムの流れを理解していたため，サブリーダーを2名から1名に減じた。またテーマは「親切な友だち，親切ではない友だち」としたが，これは保護者とのノート交換から，学校で嫌なことがあった際に，なぜそういうことをされたのかを納得できずにいつまでも怒っている児や，嫌なことをされてもだれにも言わずに表情にも出さないため，周囲が気づくまで嫌がらせをされている児がいたため，これをテーマとした。

S-M社会生活能力検査は，第2回を実施した（表5-5）。表中の矢印は，第1回との比較で「↑」は上昇を，「→」は変化がないことを示している。

この結果，「身辺自立」と「意思交換」において発達傾向が認められた。SST場面での指導内容と関連すると思われる項目は「必要に応じて要件や要点をメモできる（意思交換）」があった。

ソーシャル・ストーリー・チェックリストは，第2回S-M社会生活能力検査とほぼ同時期に指導者が採点した（表5-6）。これは合計で17項目からなるが，意図するスキルの内容により，テーマと関連のない発言（6項目），テーマと関連のある発言（6項目），行動面（5項目）の3領域に大別した。さらに各スキルの合計得点をそのスキルに含まれる項目数で割り平均点を算出し，変化の指標とした。たとえば，行動面では，この領域に含まれる5つの項目の合計得点を5で割った数値を行動面の得点とした。このようにして全領域の得点を算出した結果，Eのソーシャル・ストーリーの話し合いの際の発言は，テーマと関連のあるものが中心で，またその発言は指導者に対するものがほとんどであったといえる。このことから第2期のEの個人目標は「自発的に他児に発言をする」とした。

ビデオ分析は，第1期と同様の手続きで，SSTプログラム中のソーシャル・ストーリーの時間内のEの発言の方向性と発言の内容から，Eの発言を「返答」「誤った返答」「話しかけ」「独語」の4つのパターンに分類し，この4パターンがEの全発言数と比較してどのくらいの割合を占めているかを調べ，変化の指標とした（表5-7）。

この結果，第1回に比べて全発言数が増加し，

■表5-5 事例EのS-M社会生活能力検査

	身辺自立	移動	作業	意思交換	集団参加	自己統制
第1回	7歳0か月	7歳5か月	8歳0か月	9歳0か月	6歳0か月	9歳2か月
第2回	7歳8か月↑ ↑	7歳5か月→ →	8歳0か月→ →	9歳10か月↑ ↑	6歳0か月→ →	9歳2か月→ →

■表5-6　事例Eの第1回ソーシャル・ストーリー・チェックリスト

			第1回
Ⅰ	テーマとの関連なし	独語	1
		指導者のうながしで，発言をする	1
		自発的に指導者に発言をする	2
		自発的に他児に発言をする	1
		他児の発言に応じて発言する	2
		他児に問いかける（質問など）	1
		平均評価点	1.33
Ⅱ	テーマとの関連あり	指導者のうながしで，発言をする	4
		自発的に指導者に発言をする	4
		自発的に他児に発言をする	2
		他児の発言に応じて発言する	3
		他児に問いかける（質問など）	2
		自分とは異なる他児の意見を受け入れる	1
		平均評価点	2.67
Ⅲ	行動面	指導者の個別の指示に従う	5
		指導者の一斉指示に従う	5
		発言している指導者を見る	5
		他児の発言を聞く	4
		発言している他児を見る	4
		平均評価点	4.6

■表5-7　事例Eの第1回および第2回ビデオ分析

	返答	誤った返答	話しかけ	独語	合計
第1回	0（0）	0（0）	2（100）	0（0）	2（100）
第2回	40（75）	2（4）	11（21）	0（0）	53（100）

数値：発言の数
（　）内：全発言数に対する割合（％）

発言の質も「返答」が75％ともっとも多く，次いで「話しかけ」が21％であった。「誤った返答」が2回あったが，1回は指導者の質問の意図を理解せず，まったく異なる反応をし，もう1度は，指導者の質問を聞いてはいたが，答えることなく自分の話をした。ここで注目すべきことは，「返答」と「話しかけ」でそれぞれ1回ずつ指導者ではなく，他の参加児との関連で生じた発言が見られたことである。

第2期のソーシャル・ストーリーは，「親切な友だち，親切ではない友だち」というテーマで，本格的なソーシャル・ストーリーを開始した。具体的には，親切な友だちに関しては，「親切な友だちはどのような人のことか」「親切にされたらどのような気持ちになるか」「親切にしてくれた相手にはなんと言うか」という課題を提示し，また親切でない友だちに関しても「親切ではない友だちはどのような人のことか」「そのような人に会うと，どのような気持ちになるか」「イジワルをされた時に言いたいこと」「嫌な気持ちになった時の解消法は何か」という課題を，グループの進行に合わせて数回にわたり，順に話し合った。

Eは，指導者からの課題は指示の内容を完璧に理解するまで取り組むことができず，また記述に関しても発言に関しても書きたいことや言いたいことがたくさんあったため，課題に取り組みはじめることも課題が終わることも常にグループ内で一番最後であった。他の参加児がEを待っていても，焦るようすや気まずそうなようすはなかった。発言の際は指導者を見つめ，周囲にいる他の参加児を意識することは非常に少なく，話し出すと止まらないこともあり，その姿はまるで教室には指導者とEの二人しかいないかのように思えることがあった。また他の参加児が話をしていても，その発言を聞き，そこから自分が言いたいことを思いつくとすぐに他の参加児の話をさえぎって指導者に話しはじめることがあった。Eには，他の参加児に対する悪意はまったくなく，その参加児の存在をあまり意識せず，ただ言いたいから指導者に話す，という気持ちであったと思われる。

Eはこの時期に，左右の区別がようやくはっきりしたが，「しんせつ」を「しんせん」と書きまちがえそうになったり，「ギャグって何？」「たとえ話って何？」とわからないことばを質問することもあり，勉強面の問題は依然続いていることが予測された。

実際に学校では，時間割や宿題の写し忘れ，時間割どおりそろえたつもりになったり，そろえること自体を忘れることなどがあるため教科書や体操服をしばしば忘れていた。学習面では，ローマ字がはじまり，新しい漢字もさらにふえていたため，なかなか覚えられず，また書けなかった。算数では，2桁の掛け算があり，繰り上がりを足すことがむずかしく，また繰り上がりを足すこと自体を忘れることもあった。このように授業内容が高度になるため，理解できずわからないことが蓄積されていく状況になっていた。それでもEは，一生懸命に取り組もうと努力をするため，ストレスが増していた。またある時校外授業があったが，その前日にクラス担任がクラスの生徒をいくつかの班に分け，校外授業の説明を行なった。Eは帰宅をすると母に，校外授業の内容が理解できないと不安を訴えた。担任の説明を聞いてはいたが，説明の内容が長く，また口頭での説明が中心であり，Eにとっては話すスピードも早かったため，全体の流れがつかめなくなったと考えられる。また班行動と自由行動の時間があったが，Eにとって自由時間は，何の枠組みも見通しもない時間となってしまうため，かえってどうすれば良いのかがわからず不安は募った。結局，大事にはいたらなかったが，学年があがるにつれて指示内容もむずかしくなり，求められるレベルも高くなっていくため，Eにとっては勉強面だけでなく，学校生活全体が辛いものとなりつつあった。

以上のような過程を経て第2期の最後にはひとつめのソーシャル・ストーリーが完成した（表5-8）。

■表5-8　ソーシャル・ストーリー
「親切な友だち，親切ではない友だち」

学校にはたくさんの友だちがいます。
親切な友だちもいます。
親切な友だちとは，たとえば，やさしい人のことです。
いじめをしない人のことです。
忘れ物をした時に貸してくれる人のことです。
横にいっしょに歩いてくれる人のことなどです。
親切なことを友だちがしてくれたら，オレンジ色の気持ちになります。
そして，「ありがとう」と言ったりします。
でも時には，いじわるな友だちもいるかもしれません。
いじわるな友だちとは，たとえば，大事な話を聞いてくれない人のことです。
イヤなことを言ってくる人のことです。
しつこい人のことです。
すぐに怒る人のことなどです。
イジワルをされると，青色の気持ちになります。
そんな時，私たちはむしゃくしゃしますが，暴力的なことはしないで，①，②，③のことをします。
①「やめて」と言う。
②無視をする
③先生やお母さんなど，大人に言う。
私たちがこのようにすると先生やお母さんはとても喜んでくれます。

嫌な気持ちになった時に，気持ちがスッキリするためにすること
・「1，2，3……」と順番に数を数え，そのことに集中し，時間を経たせて忘れる。
・爆発など，相手が困る場面を想像する（気持ちがスッキリする人だけ）。
・自分の好きなことをする（本を読む，好きなテレビを見る，寝る，パソコンをする）。

③第3期「テーマ：怒りの対処法」(小学校4年生10月～12月)

テーマは「怒りの対処法」としたが，これは保護者の話から，参加児のなかには，めったに怒らないがいったん怒ると怒りがおさまらない児や保護者が心配になるほど攻撃的な発言をする児がいると聞き，テーマとした。穏やかな時と怒っている時の差が激しく，また両者の中間の感情があまりなく極端であることは参加児の障害特性といえるかもしれない。

S-M社会生活能力検査は，第3回を実施した(表5-9)。表中の矢印は，第1回と第2回，第2回と第3回をそれぞれの前の回と比較をしたもので，「↑」は上昇を，「→」は変化がないことを示している。

この結果，「作業」と「集団参加」において発達傾向が認められた。SST場面での指導内容と関連すると

思われる項目は，「学校や地域のクラブ活動などにメンバ―として参加できる（集団参加）」があった。

ソーシャル・ストーリー・チェックリストは，第3回S-M社会生活能力検査とほぼ同時期に指導者が採点し，前回と同様の手続きで，テーマと関連のない発言（6項目），テーマと関連のある発言（6項目），行動面（5項目）の3領域に大別した（表5-10）。さらに各スキルの合計得点をそのスキルに含まれる項目数で割り平均点を算出し，変化の指標とした。

結果，テーマとの関連性の有無にかかわらず，発言の機会が増し，すべての領域において平均評価点が上昇した。テーマと関連のある領域では，「指導者のうながしで発言をする」「自発的に指導者に発言をする」の項目が最高得点である5点を獲得し，「自発的に他児に発言をする」「他児の発言に応じて発言する」「他児に問いかける（質問など)」の項目の得点も上昇したが，「自分とは異なる他児の意見を受け入れる」ことは困難で，依然として1点であった。また行動面の領域では5項目すべてが最高得点となり，話し合う姿勢は育ってきていたが，他の参加児との会話は頻繁ではなかったため，これ以降の時期も個人目標は「自発的に他児に発言をする」とした。

ビデオ分析は，これまでと同様の手続きで，SSTプログラム中のソーシャル・ストーリーの時間内のEの発言の方向性と発言の内容から，Eの発言を「返答」「誤った返答」「話しかけ」「独語」の4つのパターンに分類し，この4パターンがEの全発言数と比較してどのくらいの割合を占めているかを調べ，変化の指標とした(表5-11)。

結果，第1回および第2回に比べて全発言数が増加したが，これはソーシャル・ストーリーに割いた時間が常に一定ではないのでこれのみではEの変化を実証することはできない。しかし発言の質をみると，「返答」が57％，「話しかけ」が40％であり，第2回とは質的な変化を示した。さらに他の参加児とのかかわりに関しては「返答」が9回，「話しかけ」が5回見られ，他の参加児とのやりとりは全発言数の21％を占めていた。このかかわりのなかには何度か雑談が含まれており，Eのかかわりが指導者のみからグループ内の他の参加児へと広がっていると考えられ，これは先述したソーシャル・ストーリー・チェックリストで，他の参加児とのかかわりが増していたことを裏づける結果となった。また「独語」が2回あったが，これは周囲の発言に対してだれにともなくつぶやいたもので，常に指導者に聞いてほしがっていたEには，めずらしいことであった。

第3期のソーシャル・ストーリーは，「怒りの対処法」というテーマで「言われて怒りを感じることば」「怒りをその程度によって3つの段階に分け，それぞれを定義をする」「怒りを感じることばやできごとを3つの段階に分けていく」ことを順に進めた。参加児には配布した用紙にそれぞれ意見や考えを記述してもらい，指導者はその用紙を集めて全員の答えを無記名でホワイトボードに書いた。そして書き出された答えは，だれのものであるかを参加児が当てるクイズ形式とした。参加児のなかには，他者への関心が薄く，自分からは話さない児がいたため，クイズ形式にするこ

■表5-9　事例EのS-M社会生活能力検査

	身辺自立	移動	作業	意思交換	集団参加	自己統制
第1回	7歳0か月	7歳5か月	8歳0か月	9歳0か月	6歳0か月	9歳2か月
第2回	7歳8か月 ↑↑	7歳5か月 →→	8歳0か月 →→	9歳10か月 ↑	6歳0か月 →→	9歳2か月 →→
第3回	7歳8か月 →→	7歳5か月 →→	9歳6か月 ↑↑	9歳10か月 →→	6歳8か月 ↑↑	9歳2か月 →→

■表5-10　事例Eの第1回および第2回ソーシャル・ストーリー・チェックリスト

			第1回	第2回
I	テーマとの関連なし	独語	1	1
		指導者のうながしで，発言をする	1	2
		自発的に指導者に発言をする	2	2
		自発的に他児に発言をする	1	1
		他児の発言に応じて発言する	2	2
		他児に問いかける（質問など）	1	1
		平均評価点	1.33	1.5
II	テーマとの関連あり	指導者のうながしで，発言をする	4	5
		自発的に指導者に発言をする	4	5
		自発的に他児に発言をする	2	3
		他児の発言に応じて発言する	3	4
		他児に問いかける（質問など）	2	3
		自分とは異なる他児の意見を受け入れる	1	1
		平均評価点	2.67	3.5
III	行動面	指導者の個別の指示に従う	5	5
		指導者の一斉指示に従う	5	5
		発言している指導者を見る	5	5
		他児の発言を聞く	4	5
		発言している他児を見る	4	5
		平均評価点	4.6	5

■表5-11　第1回から第3回のビデオ分析

	返答	誤った返答	話しかけ	独語	合計
第1回	0（0）	0（0）	2（100）	0（0）	2（100）
第2回	40（75）	2（4）	11（21）	0（0）	53（100）
第3回	38（57）	0（0）	27（40）	2（3）	67（100）

数値：発言の数
（　）内：全発言数に対する割合（％）

とで他児から問いかけられた時に答えるという機会を設けた。また参加児らはクイズを好み，「正解」「ちがっています」などと互いに言い合うことが楽しいようすであった。Eもそのひとりで，積極的に答えを当てようとしていた。第3回ビデオ分析の「話しかけ」の割合と，他の参加児とのかかわりが増したのも，このためと考えられる。第3期のソーシャル・ストーリーでは「怒り」をテーマにしていたが，Eは他の参加児に比べて怒りを感じることばや場面が多く，またその怒りの度合いも非常に大きいものであったが，これらの多くはE自身が実際に経験をしていることであった。他の参加児たちが「あまり怒りは感じない」と何度言っても「いや，怒る」の一点張りでグループの意見をひとつにまとめることが困難であった。このことはEの障害特性とも関連しているが，過去にあったできごとを忘れられずそれを引きずっていることと，他児の意見を受け入れられないことが浮き彫りになったできごとであった。ソーシャル・ストーリー・チェックリストの「他児の意見を受け入れる」の得点が1点であることもこのできごとと一致している（表5-10）。

また「ホラー映画って何？」「グロテスクって？」とわからないことばが多く，ある時指導者が，ホワイトボードに「割り」と書くと，「割」という漢字の扁とつくりを別々のものと認識して，「"り"が二つある」と指導者に指摘した。また別のときには，指導者が帰りの仕度を指示すると，Eは他の参加児といっしょにカバンをとりに席を立ったが，何をするのかを忘れたようで，ただ教室のすみに立ちつくしていたため，指導者が再度，個別に指示をしたことがあった。これらのことから学校では対人関係以外の問題も大きいことが予想された。

グループ内の参加児とのかかわりは，「どこの学校に行ってるの？」と自分から話しかけるなど，会話の機会も増してきていたが，発言が増すと同時に，相手がどう思うかを考えずに発言をするというEの障害特性が現れてきた。たとえば，ある児が自分の家族のことを「タバコをたくさんすっているけど，肺がんにはなっていない」と言うと，Eはすぐに「いずれなるよ」と言ったり，あるスタッフが「ゲームが大好き」と言うと，「まだ卒業してないんだ。大人なのに……私は小3でやめた」と言ったことがあった。考え方としてはまちがってはいないが，それを相手に直接言っても良いとは限らない。発言の機会が増すことではじめて明らかになったEの今後の課題と思われた。

第3期のソーシャル・ストーリーは以下のようなものである（表5-12）。

■表5-12 ソーシャル・ストーリー「怒りの対処法」

僕（私）は，時どき，怒りを感じることがあります。
どんな人でも怒ることはあります。
人が，何に怒るかは，人によってちがいます。
それは，友だちに嫌な気持ちになることを言われたり，お母さんに叱られた時かもしれません。
それはたとえば，自分の性格や体型や服装をからかわれた時かもしれません。
知らない人に転ばされたり，「バカ」と言われた時かもしれません。
怒ると赤の気持ちになります。
そんな時は，お母さんや先生など僕（私）が好きな人に自分の気持ちを話します。

人はだれでも怒ります。
怒ると赤の気持ちになります。
僕（私）が怒る原因と友だちが怒る原因はちがうかもしれません。
怒りは3つのレベルに分けることもできます。
僕（私）が何かに怒った時は，その怒りを3つのレベルのどこかに分けます。
だれかが怒っている時も，その怒りが3つのレベルどこに入るか考えてみます。

レベル1　すぐに忘れられる怒り
レベル2　1日くらいで忘れられる怒り
レベル3　涙がでるほどくやしい，忘れられない怒り

---

④第4期「テーマ：人に言って良いこと，言わない方が良いこと」（小学校4年生1月～3月）

このテーマは第3期でEが他の参加児やスタッフに言ったいくつかの発言をきっかけにテーマとした。またこれまでに他の参加児も学校で「太っている」とクラスメートに言ったところ，「死ね」と言い返されて深く傷ついたというできごとがあった。「太っている」も「死ね」も人に対して言ってはいけないことであり，言い返されて傷つく

ことはおかしいと思われるかもしれない。しかし，児にとっては「太っている」ということばは事実で，「死ね」ということばとは次元が異なるため，前者は言っても良いが，後者は言ってはいけないと考えていたのではないだろうか。もしそうだとすると，参加児らは失礼なのではなく，彼らにとっての言って良いことと悪いことの区別が，一般的な判断基準とは異なる可能性がある。こういったことも，第4期のテーマを決定した理由であった。

ソーシャル・ストーリーでは，指導者が「お腹の大きい女性に，妊娠しているのかをたずねる」などさまざまな例題を提示し，これらの例を「言っても良いこと」「言わない方が良いこと」「言い方によること」の3つに分けていき，これら3つの種類の特徴に関して話し合った。例題を先述した3つの種類に分類する際は，多数決としたが，Eはひとりだけ他の参加児と評価が異なることがあったが，多数決で自分とは異なる意見が採用されると，渋々ながらも納得するようになった。これは第3期までにはなかったことで，Eの変化と考えられた。また他の参加児とは，テーマに関してもテーマと関連のないことも話す機会が増し，またその話は二言三言のことばを交わすだけでなく，会話のように続くこともあった。

第4期のソーシャル・ストーリーは以下のようなものである（表5-13）。

SST開始から1年半後に，知能検査を実施した（図5-2）。

VIQとPIQの間に，5％水準で有意差があったが，前回の検査（図5-1）に比べてその差は小さいものとなっていた。動作性下位検査にアンバランスが認められる点と，処理速度が遅い点は前回と同様であったが，動作性IQが大きく伸びたことは評価できる。「組合せ」や「積木模様」では，部分のみを見ており，全体を見ることがあまり得意ではなく，ここからも漢字などの形をとらえることが苦手であることが推察された。検査態度は非常に良好で，ひとつひとつを非常に丁寧に答えており，そのため検査時間は2時間に及んだ。こ

■表5-13　ソーシャル・ストーリー「人に言って良いこと，言わない方が良いこと」

「○人に言っても良いこと」
人に言っても良いことがあります。
人に言っても良いこととは，「相手に言って失礼にならないこと」です。
そして，「相手が快感になること」です。
それは，知り合いの人に「今日はいい天気だね」と言うことなどです。
友だちに「やさしいね」と言うことなどです。
こういうことを言うと，言った人も言われた人もオレンジ色の気持ちになります。
お母さんや先生も，僕（私）がこういうことを言うと喜びます。

「×人に言ってはいけないこと」
人に言ってはいけないことがあります。
人に言ってはいけないこととは，「相手が言われて嫌な気持ちなること」です。
そして，「相手が傷つく」ことです。
それは，友だちに「太っているよ」と言うことなどです。
車椅子に乗っている人に「何で車椅子なの？」と聞くことなどです。
言われた人は，赤や青などオレンジ色とはちがう気持ちになるでしょう。
もし言ってしまったら，お母さんや先生に相談したり，「ごめんね」とあやまって，わざと言ったのではないことを伝えましょう。

「△言い方によること」
同じことばでも言い方によって，ちがうことがあります。
言い方によってちがうこととは，「時と場合によること」です。
そして，「言い方によって相手の気持ちが変わる」ことです。
それは，友だちに「君は背が高いね」と言うことなどです。
友だちに何度も「がんばってね」と言うことなどです。
僕（私）はオレンジ色の気持ちで言ったかもしれません。
言われた人は，オレンジ色の気持ちのときもあれば，赤や青や紫などいろいろな気持ちになる時もあるでしょう。

れは集中力があり熱心と考えられるが，その一方で気持ちの切りかえが苦手であり，宿題に時間がかかる一因と考えられた。学校生活では勉強面の問題や対人面でのかかわりのむずかしさがあるため，引き続きSSTへ参加をし，場合によっては個別指導も取り入れることが望ましいと思われた。

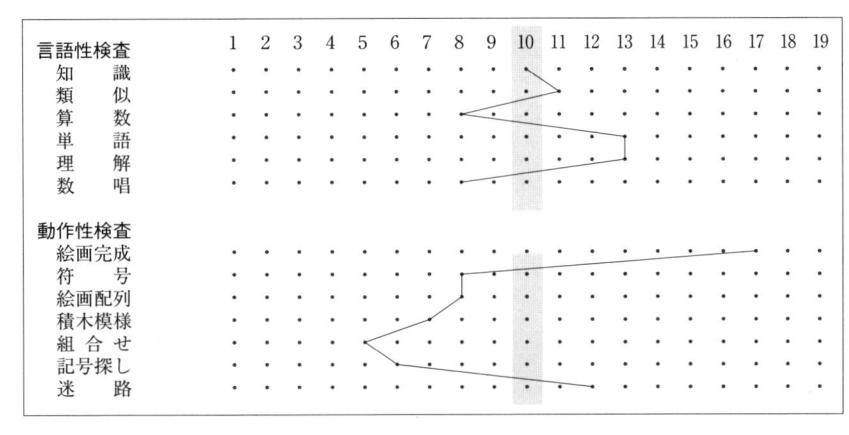

```
言語性検査      1  2  3  4  5  6  7  8  9  10 11 12 13 14 15 16 17 18 19
  知    識     .  .  .  .  .  .  .  .  .  .  .  .  .  .  .  .  .  .  .
  類    似     .  .  .  .  .  .  .  .  .  .  .  .  .  .  .  .  .  .  .
  算    数     .  .  .  .  .  .  .  .  .  .  .  .  .  .  .  .  .  .  .
  単    語     .  .  .  .  .  .  .  .  .  .  .  .  .  .  .  .  .  .  .
  理    解     .  .  .  .  .  .  .  .  .  .  .  .  .  .  .  .  .  .  .
  数    唱     .  .  .  .  .  .  .  .  .  .  .  .  .  .  .  .  .  .  .

動作性検査
  絵画完成     .  .  .  .  .  .  .  .  .  .  .  .  .  .  .  .  .  .  .
  符    号     .  .  .  .  .  .  .  .  .  .  .  .  .  .  .  .  .  .  .
  絵画配列     .  .  .  .  .  .  .  .  .  .  .  .  .  .  .  .  .  .  .
  積木模様     .  .  .  .  .  .  .  .  .  .  .  .  .  .  .  .  .  .  .
  組 合 せ     .  .  .  .  .  .  .  .  .  .  .  .  .  .  .  .  .  .  .
  記号探し     .  .  .  .  .  .  .  .  .  .  .  .  .  .  .  .  .  .  .
  迷    路     .  .  .  .  .  .  .  .  .  .  .  .  .  .  .  .  .  .  .
```

VIQ=106　言語理解 111
PIQ=93 　知覚統合 95
FIQ=100　注意記憶 88
　　　　 処理速度 83

■図 5-2　事例 E の WISC-Ⅲ　知能検査（CA=10；0）

4）考察

以上のように E の 1 年半について述べたが，ビデオ分析から，E の発言は「返答」と「話しかけ」が増し，またその方向も指導者から他の参加児へと広がっていった。このことから本 SST の目的は達成できたといえる。また S-M 社会生活能力検査に関しては，指導開始から全 3 回にわたり実施した結果をまとめた（表 5-14）。

ここで全検査社会生活年齢と社会生活指数に関して若干の説明をしたい。

・全検査社会生活年齢とは，社会生活能力の全体的な発達水準を見るための指標であり，知能検査の精神年齢などと同様の尺度である。
・社会生活指数とは，社会生活能力の生活年齢に対する発達の割合を示す値であり，全検査社会生活年齢を生活年齢で割り，100 を掛けて算出する。

（以上，「新版 S-M 社会生活能力検査手引き」より抜粋し，筆者が一部修正した。）

全検査社会生活年齢と社会生活指数が以上のように位置づけられていることから，E は同年齢の健常児の 9 割弱の割合で一定のペースで成長をしている。この検査で現在 E が獲得していない項目は，本 SST が焦点を当てているスキルとはあまり関連のない項目が多く，この結果のみで E が SST で得たスキルが般化していないとは断定できない。また，周囲から求められるソーシャル・スキルのレベルが年齢とともに上がっているなかで，SST 開始前のような対人面における問題が生じていないのは，本 SST がなんらかの形で E の役に立っていると考えることもできる。

また指導者にとって非常にうれしいことは，E が本 SST を毎回楽しみにしており，E の希望で本章で述べた 1 年半の SST 指導後も継続している点である。E が楽しみにしている背景には，E の日常生活における疑問点に対して，本 SST がこたえているためと思われる。E の今後の課題と

■表 5-14　事例 E の S-M 社会生活能力検査

	生活年齢	全検査社会生活年齢	社会生活指数
第 1 回	8 歳 7 か月	7 歳 6 か月	87
第 2 回	9 歳 2 か月	7 歳 10 か月	85
第 3 回	9 歳 7 か月	8 歳 3 か月	86

しては，ソーシャル・スキル・チェックリストでも評価点が1点であった「自分とは異なる他児の意見を受け入れる」である。第4期には少し改善されたが，それでもまだむずかしい点は多い。指導方法としては，共感をうながすのではなく，「あるできごとで自分が感じたことや考えたことは，必ずしもみんながそうだとは限らない」ことや「どちらの意見が正しいかではなく，異なる意見の人もいる」ということを知識として伝えていきたい。いいかえれば，感情に訴えるのではなく，頭での理解をうながしていきたい。

　現在の学校生活では学習の困難は認められるが，Eの知的レベルが高いことと，学校側と保護者がEに対して理解があることで，SST開始以降，対人面で大きな問題はない。しかしこれから先，勉強がさらにむずかしくなり，それと同時にEは思春期を迎え対人関係がより複雑になっていく。さらにEは自分と周囲の違和感を認識しているため，学校生活のストレスは増すことが予想される。したがって，SSTは単にEの日常生活の疑問を解決し，ソーシャル・スキルを身につける場というだけでなく，学校とは異なる世界で，嫌なできごとや嫌な友だちのことを話す息抜きの場としての役割も果たしていくことがたいせつとなってくるのではないだろうか。

　また今後は対人面における支援はSSTで継続できるが，そのほかに勉強面や情緒面での個別の支援も視野に入れて対応していく必要性を感じる。EにとってSSTの役割は重要だが，SSTは万能ではないため，Eにはどのようなアプローチが適しているかを常に考慮しながら接することを忘れてはならない。思春期は学校生活が中心になり，もう療育には時間が割けないという保護者がいるが，実はこれからの時期こそ進学，就職などの進路が個々人でわかれていくため，支援がより必要になってくる。しかし現実には，幼児を対象とした公立の相談機関は多いにもかかわらず，小学校高学年，あるいは中学生，高校生というたいせつな時期になると通える機関が少なくなってしまう。今後は幅広い年齢層に対応できる受け皿ができることを期待したい。

　最後に本SSTをとおして，筆者が学んだことをひとつ話したい。Eは家庭での保護者の理解が大きく，とくに母はEの興味や趣味を共有し，Eのゆったりとしたペースにあわせて寄り添うこともできていた。Eが「先生，中国人じゃないかと思う」など学校生活の不満を述べると，その表現の内容を理解し，常にEの気持ちを受け止めていた。現在EはSSTを非常に楽しんでいるが，本来は勉強面で忙しく，SSTに参加する時間も惜しいと考えてもおかしくない状況である。にもかかわらず，母はEの気持ちをまず第一に聞いてくれたため，今後の継続も可能となった。このような母の姿勢からは学ぶ点が非常に多かった。療育に携わる者は，特定の診断名に関する知識やアプローチのしかたは身につけてはいるが，実際にひとりの子どもにかかわった際に，やはり同じ診断名でもそれぞれの子どもによって千差万別であり，対応は異なってくる。そのときに非常に大きな役割を果たしてくれるのが保護者の存在である。保護者は，専門的な知識は有していないかもしれないが，自分の子どもに関する知識や対応法はよく知っていることがあり，専門家と異なる点は専門用語では語られないだけのことである。いわば保護者は自分の子どもの専門家であるため，われわれが子どもに携わる際は，その保護者を療育のパートナーとして連携をし，互いに助け合っていくことがたいせつなのではないだろうか。

6章 【事例F】幼児期に友だちとのかかわりを求めはじめた高機能自閉性障害

1. 事例Fの特徴と目標

1）障害ベースの特徴

事例F（以下Fと略）は両親と妹の4人家族の長女として誕生した。はじめて医療機関を訪れたのは，Fが3歳6か月のときであった。Fは，乳児期の身体面の遅れはとくになく，その後の発達は以下のとおりである。

人見知り：なし
1歳0か月：有意味語を話す（ワンワン）。
1歳3か月：ひとり歩きができる。歩きはじめると同時に多動がめだち，所かまわず走り回ることが多く，しばしば迷子になる。
1歳6か月：検診で「ことばの遅れ」を指摘される。
2歳9か月：少しずつ単語がふえ，「○○もってきて」などの指示理解が可能になる。
3歳0か月：2語文を話す。多動性が少しずつめだたなくなり，落ち着いてくる。
3歳5か月：幼稚園に入園する。
3歳6か月：名前を呼ぶと振り向く。医療機関を訪れる。
3歳8か月：指差しをする。

来所したころのFは，視線があまり合わず，2語文が出ていたが，会話は成立してはいなかった。「お父さん」と「お母さん」ということばを言いまちがえることがあり，話す単語の意味がまだしっかりとは理解できてはいないと思われた。日常生活では，食べ物の好ききらいが多く，ピストル音やバイク音など特定の音や，和式トイレを怖がるなど，こだわりと考えられる行動が見られた。幼稚園でも日常生活と同様に，自分のほしいものが手に入らない時や，思い通りにならない時に泣き叫ぶことが多く，通常と順序が異なる，あるいは予測に反したできごとが生じるとパニックを起こすこともしばしばであった。

これらの特徴から，自閉傾向が疑われ，SSTの適用対象であると考えられた。両親への面接を実施し日常生活での対応法やFの特徴に関して話し合うと同時に，Fの知的な理解力がどの程度かを把握し，発達の経過を追うことも重要であると考え，定期的に知能検査も実施することとした。

2）心理テスト・心理面接結果の特徴

SST開始前に以下の2種類の知能検査を実施した（表6-1，図6-1）。

Fは語彙が豊富で，時折簡単なやりとりが可能な場面もあったが，発言は意味をともなっていないものが多く，実際の会話のレベルは獲得している語彙のレベルに比べて低い印象があった。また，WPPSIでは「類似」「理解」「絵画完成」で課題の粗点が0点となったため，結果は参考値となっ

■表6-1 第1回知能検査

実施検査名	田中ビネー式知能検査
生活年齢	3歳8か月
精神年齢	3歳0か月
IQ	82

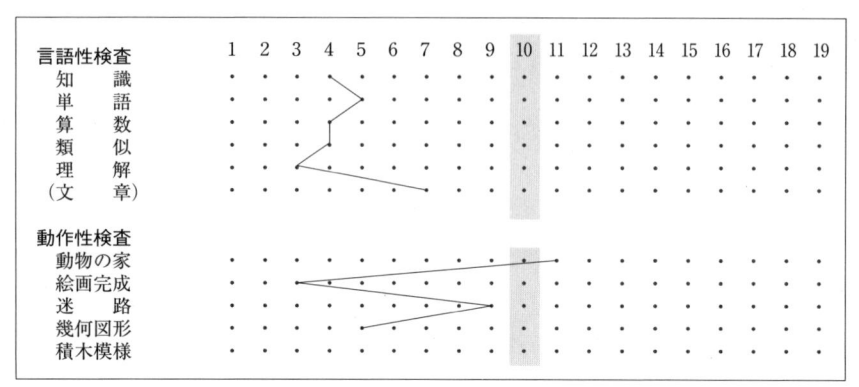

■図6-1　事例FのWPPSI知能検査（CA=4；2）

たが，言語性IQ（以下VIQ）と動作性IQ（以下PIQ）の間に5％水準で有意差があった。表6-1のIQが82であったことを考慮すると，Fにとって言語性の課題がいかに苦手であるかがわかる。また多動と注意の問題があり，検査中は着席することができず，聴覚的な刺激に敏感に反応し，注意の持続が困難であった。単語とその意味が結びつくようにひとつずつ丁寧に指導をしていくなど，個別に対応する必要性があると考えられた。また幼稚園で集団生活を経験してはいるが，状況の理解は困難であり，他児とかかわる経験も非常に少ないことが予想されたため，少人数の環境で他児とかかわる機会を経験することもたいせつと思われた。

2. 事例Fに適用されるSSTの方法とその意義

ソーシャル・スキルの定義に関してはこれまでさまざまな研究が行なわれてきたが，佐藤（1998）も指摘しているように，現在までに統一された見解はない。ソーシャル・スキルの獲得方法については，これまでにいくつもの海外のSSTがわが国にも紹介されてきている。知的障害児，視覚障害児等の障害児を対象にしたものや（Matson & Thomas, 1988），健常児に焦点をあてたものなど，そのプログラムの内容は多様である（King & Kirschenbaum, 1992）。わが国においても，攻撃的な幼児や引っ込み思案な幼児（佐藤他，1992a; 1992b），あるいは知的障害児（塚越，1996; 1997）とSSTの対象児は幅広く，庄司・小林・鈴木（1990）をはじめ，プログラム内容や尺度に関する研究も多数行なわれている。以上のように，SSTは異なる問題をかかえる児に多岐にわたり適用されてきているため，対象となる児に応じて，おのずとSSTの目的やプログラムの内容は異なるものとなる。Fには自閉的傾向があり，日常生活において対人関係を築くことに困難があった。したがって，本章では，ソーシャル・スキルをコームズとスレイビー（Combs & Slaby, 1978）の「自己および他者に有益な方法で他者に相互作用する能力」と考え，社会的相互作用の発達段階において不可欠な機能であり，訓練によって獲得可能なスキルとして位置づけ，Fには上記のソーシャル・スキルを促進することを目的とした，小集団におけるSSTを実施した。

3. 事例FにおけるSSTの実施経過と効果判定

1）対象
対象は，SST参加時点では高機能自閉性障害

(HFA), 広汎性発達障害（PDDNOS），注意欠陥／多動性障害（AD/HD）と診断された幼児および小学生4名で，男女各2名である（表6-2）。

参加児は，年齢，IQ，行動特徴を考慮したうえで構成し，指導者2名で担当した。SST参加児間でかかわりをもてるような小集団を形成し，参加児どうしの関係性も重要であるため，構成メンバーは原則として途中で変更せずに継続するものとした。Fの指導開始時のIQは82であった。

SST開始時期：5歳5か月
SST終了時期：7歳10か月

2）方法

①期間
指導はFが幼稚園年中の9月から開始し，本章ではFが小学校1年生の3月までの2年半の経過を報告する。

②指導者
指導者は2名で，リーダーとサブリーダーに役割を分担する。リーダーとは常にグループ全体を意識し，進行していく役割であり，説明の時間などはリーダーが一斉指示を出す。一方，サブリーダーはSSTの参加児一人ひとりを意識し，リーダーの指示が理解できない，あるいは聞いていない際は，個別に指示を出す。参加児のみならずリーダーにも注意を払い，リーダーが何をしようとしているか確認し，SSTがスムーズに進行するよう補佐をする。もちろんこれは原則としての役割分担であるため，パニックを起こした児にリーダーが対応した際は，サブリーダーがその間SSTプログラムを進行することもあり，またサブリーダーが対応した際は，リーダーは個別指示を出すこともある。指導者の人数は，記録係，ビデオ係など担当する役割の追加や，参加児の人数の増減によって変動するが，本SSTでは，4名の参加児への個別の対応も可能とするためには，最低でも指導者2名が必要と判断した。

③指導法
以下の4点に留意して指導を行なった。
・望ましい言動を評価することで適切な行動の強化をはかる
・自己統制や協調性の面から，個人の課題の達成よりもグループの秩序を優先させる
・個人目標を設定し，参加児の課題を絞る
・発表や係など，個人が注目される場面をつくることで，毎回のSSTに挑戦の場を設ける（後述の，指導プログラムの項目を参照されたい）

まずはじめの「望ましい行動を評価することで適切な行動の強化をはかる」であるが，目的をもって参加児を指導する際に，指導者はしばしば参加児の不適切な言動にばかり目がいき，注意してしまう傾向にある。反対に適切な言動はあたりまえとみなして，そのまま何の対応もなくやり過ごしてしまいがちである。SSTでは，参加児が状況にふさわしい言動をした際には，その点を直接伝えて評価して強化をはかり，ふさわしくない言動の際は，なぜふさわしくないかという理由を伝え，ふさわしい言動を教えるようにした。

次の「自己統制や協調性の面から，個人の課題の達成よりもグループの秩序を優先させる」であるが，これはたとえば，SSTのなかで個別に制作に取り組み，制作の終了時に，参加児4名中3名が完成し1名が未完成で「まだつくりたい」と

■表6-2　グループのメンバー構成

参加児	指導開始時年齢	IQ	診断名
事例F	5歳5か月	IQ：82	HFA
男児	6歳10か月	VIQ：74　PIQ：95	PDDNOS
女児	7歳2か月	VIQ：67　PIQ：95	AD/HD
男児	9歳1か月	VIQ：72　PIQ：67	ADD＋MR

言った際，その未完成の児は制作を終え次のプログラムへ移らなければならないことなどを指している。ただひとり完成しなかった児は，怒ったりパニックを起こしたりするかもしれないが，このような場面こそがSSTではたいせつなのである。自分の制作が途中で打ち切られたことで不適切な言動を示す児は，日常生活で似たような場面に遭遇した際も，不適切な言動をする可能性がある。SSTでは，ふさわしくない言動をさせないようにするのではなく，ふさわしくない言動をしてしまう自分とうまくつきあい，自分をコントロールしていく方法を身につけさせていくことをめざす。ただし，このような制作の場面では，制作をはじめる前にあらかじめ制作の終了時間を告げておくことがたいせつである。

「個人目標を設定し，参加児の課題を絞る」であるが，個人目標とは参加児ががんばることではなく，指導者が児と接するうえで，目標が達成されるよう留意しておくことである。個人目標を設定することで，指導者間の児に対するかかわり方，考え方を統一することができる。参加児にはそれぞれ多くの課題があるが，そのすべてを毎回注意するとなると，児は1時間のSSTの間ずっと叱られていることになる。さらに2名の指導者がいろいろなことを注意し，またその内容がちがっていては，児が混乱してしまう。目標を具体的に絞り，その目標を達成した段階で次の目標へ行くことで，参加児の行動や社会性の改善をめざした。

SSTを実施するうえで忘れてはならないことは，SSTとはただ楽しい場ではなく，参加児一人ひとりのソーシャル・スキルの向上を図る場であるということである。設定した目標が児の現在のスキルに比べて何十歩も先にあっては，その目標まで到達するために指導者は多くのことを注意しなければならず，児にとっては見通しが立たずやる気をなくしてしまう。反対に今現在のスキルで可能なことであれば，児のソーシャル・スキルの向上は図れない。したがって，各児が楽しく参加することは非常にたいせつなことであるが，同時に常に児のソーシャル・スキルのレベルを把握し，そのレベルよりも一歩先を挑戦させるようわれわれは意識しなければならないのである。

④ SSTプログラム

SSTプログラムの全体的な枠組みは原則として変更せず，そのなかで，「説明を聞く場面」「個人が注目される場面」「競争する場面」「協力する場面」を意識的に設定した。内容は，グループの進度によって適宜変更した。

・説明を聞く場面

毎回，指導者がその日のSSTプログラムの内容を説明する時間と，次回のSSTプログラムの内容を説明する時間を設けた。この時間は着席をし，話し手である指導者に注目し，話を聞くことを狙いとした。

・個人が注目される場面

プログラムのなかに，「係」と「発表」を取り入れた。係は，SST開始時は「あいさつ係」「出席係」「制作係」「発表」の4つで，毎回ひとりがひとつの係を担当した。「あいさつ係」はSSTのはじまりと終わりの号令をかける係であり，「出席係」は参加児全員の名札を集め，それを見ながら一人ひとりの名前を呼び出欠をとる係である。「制作係」は制作の終わりなどを指導者が告げるとそれを他児に伝え，かたづけをうながす係である。「発表」に関しては後述する。係を取り入れることで，参加児は毎回なんらかの役割を担うことになり，そのときはみなから注目され，SST参加に対する意識を高めることを狙いとした。係は前の回のSSTで話し合いにより決めることとしたため，注目されることを狙いとしたことにも，話し合う機会が含まれている。また定期的に参加児のなかから，必要な係，必要でない係などが提案され，「制作係」は「ゲーム係」や「かたづけ係」へと変更していった。

また発表は，SST開始から半年間は「僕の・私の好きな食べ物」とし，半年以降は「僕の・私の好きな物」と参加児全体の進度によりテーマを変更した。毎回1名が発表をするが，発表者は前の回のSSTで決めておき，発表するための原稿

は指導者から渡しておく。原稿には指導者からの質問が書いてあり，発表者は自宅で保護者と質問の答えを記入する。当日の発表では，指導者が質問をして発表者はそれに答えるが，この発表内容は，発表者の好きな食べ物や好きな物に関するヒントとなり，最終的な答えは他児が当てるというクイズ形式とした。クイズ形式とすることで，発表を聞かなければ答えを当てることができなくなり，自ずと発表者以外の児が発表を聞くようになることを狙った。また発表者が，臨機応変に対応することを狙いとするのであれば，その日に突然指名をして発表をさせる方法もあるが，本SSTでは，発表者は人前で話すことで，注目をされ拍手をされる経験を得ることを狙いとしたため，事前に発表内容もすべて準備することとした。この方法のもうひとつの利点は，発表者の保護者がSSTに多少なりとも参加できる点である。SSTでは保護者は別室にいるため，なかなかようすを見ることはできないが，自宅でいっしょに発表を考えることで，子どものSST場面での活動内容を知ることができる。

・競争する場面，協力する場面

ここでは「制作」や「ゲーム」を取り入れた。これらを取り入れた理由として，参加児が幼稚園や小学校などの日常生活ですでに経験していることがあげられる。これらが苦手であるか否かは個々人で異なるが，まったく知らない課題をSST当日に実施することに比べて，「つくる」「ゲームをする」ということばから，ある程度の予測がつくと考えられた。また，Fには他児とのかかわりを促進することを目的としていたが，Fを含めて参加児全員が他者とのかかわりを非常に苦手としていた。そのような児を対象に，話し合いのみを中心に据えたSSTは非常にストレスが大きいため，彼らが経験したことがあるゲームや制作をかかわりの媒介として取り入れた。制作やゲームからは，微細運動や粗大運動などの得手不得手を把握することも可能であるが，目的の幅を広げすぎることを避けるため，本SSTではあえてこれらには焦点を当てずに，他者とのかかわりのみを重視した。

さらに，プログラムの流れは常に一定とし，その枠組みのなかで，参加児全体の進行度によって制作やゲームの内容を変更していった。SSTの実施時間およびプログラム内容を一定にすることで，活動の流れを参加児により早く理解させ，SST全体に見通しをもたせることが可能となるからである。Fのような子どもにとって，日常生活は予測のつかない事態が多くあり，SSTでこのように枠組みを設定することは，彼らにとっての練習にならないという考え方もあるかもしれない。しかし見通しの立たない不安な環境のなかで，Fに他児とのかかわりをうながし，指導していくことは非常に困難と考えられた。今回Fに適用したSSTの目的はあくまでも対人関係の促進である。そのため，当初からのSSTの目的により焦点をあてた指導をしていくために，Fが苦手とする，環境の変化や予定の変更等のその他の要因は可能な限り排除した。

その他の見通しをもたせる方法として，二点あげられる。まず一点は，毎回のプログラムを，SSTを実施する部屋の黒板に記述した点である。楽しみにしているプログラムを早くしたくて，指導者に「いつするの？」と問う参加児がいるが，視覚的に情報が入りやすい彼らにとって，「ゲームはまだです」とことばで何度も伝えるよりも，プログラムを書き示す方がはるかに効果的と思われた。もう一点は，事前にプログラムを各家庭に郵送した点であるが，これについては後述したい。

⑤介入方法

メンバー間のかかわりをうながすために，スタッフの介入法として，「レベル1：個々の参加児へ具体的介入を行なう」「レベル2：ある程度のテーマを設定し，参加児間の相互性を援助する」「レベル3：テーマ・内容ともに参加児の主体性に任せる」という3つのレベルを設定した。SST開始から1年間はレベル1とし，参加児の成長・発達に応じて1年経過時にレベル2に進んだ。

・レベル1：個々の参加児へ具体的介入を行な

う

指導者2名に対し，参加児は4名のため，完全には1対1での対応はできないが，可能な限り子ども一人ひとりに対応するような介入方法のことである。この介入レベルで対応する児は，参加児どうしのかかわりというよりも，おのおのが指導者に対してかかわりあいを求めてくるレベルであるため，そのような児の橋渡しをすることで，少しでもかかわる機会を増やすことをめざすものである。

・レベル2：ある程度のテーマを設定し，参加児間の相互性を援助する

指導者は参加児どうしが話し合うよううながし，実際にそのような場面も設けるような介入方法のことである。たとえば，係に関しては指導者からうながすことを減らし，互いに今日はだれが何の係か，その係の役割は何か，を教えあうようにうながした。また制作では，個人制作から共同制作に進むこともこのレベル2にあたる。個人制作は指導者が決めたテーマのもとで，参加児は好きなものを好きなようにつくったり描いたりしていくが，共同制作は，この「つくる」「描く」という作業の前提に「話し合う」という作業が加わる。みなでひとつの絵を描く際には，指導者がテーマを決めるが，何を描くか，だれが描くか，何色で塗るかなどはなるべく参加児どうしで決めるようにうながす。実際には指導者の介入なしで話し合うことはむずかしいため，指導者も加わることになるが，レベル1の介入に比べて指導者から児への丁寧な対応は，はるかに減ってくる。こうすることで参加児の積極的な発言や他児へのかかわりが増すことをめざすものである。

・レベル3：テーマ・内容ともに参加児の主体性に任せる

レベル2をさらに発展させたものである。たとえば，買い物ゲームを半年間など一定の期間を決めて実施するが，指導者が指示を出すのは「買い物ゲームをする」ということのみである。お店はどうするか，必要なものは何か，どのような役割の人が必要かなどはすべて，SSTプログラムのなかで参加児に自主的に話し合わせる。したがって実際に買い物ゲームを行なうまでには，かなりの時間がかかり，それまでに多くの話し合いを経験することになる。ここでは，最終目的までの計画を立てる力，すなわち見通す力や，協力すること，妥協することなど多くの要素が含まれるレベルであり，非常に難度の高いレベルである。

レベルを設定することの利点は，指導者間でSST参加児に対する対応を一定にできる点と，同じレベルの介入方法を継続することで参加児の成長を把握することが可能となる点である。毎回異なった介入方法では，児の変化が成長なのか指導者の介入方法の変化によるものなのかについての判断ができない。介入方法は，数値化して変化をとらえることはできないが，後述する評価方法の一種であるともいえる。

⑥スーパーヴァイズ

毎回SST実施後には，スーパーヴァイザーを含めて指導者はカンファレンスを行ない，グループ全体の進度，参加児それぞれのSSTおよび家庭，幼稚園，学校等でのようす，親のかかえる不安を話し合い，それらをもとに今後のSSTの方向性やプログラムの内容を決定した。スーパーヴァイザーの存在は，SSTが指導者の主観に傾くことを防ぎ，かつ指導者のスキルの向上にもつながるため，不可欠である。

⑦保護者との連携

SSTに限らず，子どもを指導する際には指導者と保護者の間で，子どもに対する共通理解がたいせつである。Fに適用したSSTは月に1回という頻度であり，これのみでFならびに他の参加児のソーシャル・スキルの向上をうながすことは非常に困難であると思われた。SSTで実施したことや参加児のようすを保護者に伝え，家庭生活でもなんらかの形で取り入れてもらうことで，般化をめざすことができると考えた。しかし保護者は，SST指導中は別室にいて，実際のSSTを見ることはできないため，指導者側から積極的に

SST場面での参加児のようすを保護者に知らせることや，保護者のSSTに対する疑問に答えることが必要であった。こうすることではじめて，指導者と保護者の間にSSTや参加児に対しての共通理解が生じ，保護者もSSTで実施したことを家庭で実践しようという気持ちになることができるのである。

このような狙いから，保護者からの連絡・相談に対応するために，ノートの交換を取り入れた。これは，SST指導時間中に保護者に別室で個人ノートに記入してもらい，次回のSST時にそれに対する回答を指導者がスーパーヴァイザーと相談の上，記入して渡した。このノートにより，家庭や学校，幼稚園での参加児のようすや問題などを把握するように努めた。ノートは保護者の個人的な相談に対応できるだけでなく，われわれ指導者にとっても非常に重要なものであった。すなわち，SST場面でいつもより元気がない，落ち着きがないなどの行動は日常生活との関連が大きいため，日常生活のできごとを把握することが必須であり，保護者からのノートはその役割も担っていた。

さらにノートに加えて，毎月1回会報と次回のSSTのプログラムを自宅に郵送した。会報は，前回のSST場面の参加児一人ひとりのようすを簡単に記述し，制作やゲームのようすを写真にとり，1枚の用紙にまとめた。ノートが個別の対応をしているのに対して，会報は参加児全体に対応をしたものであり，会報により，保護者は他の参加児のようすを知ることもできた。したがって会報は，個人的な情報は掲載せず，また保護者や参加児の気持ちを傷つけない内容にすることが大前提であったため，指導的な意図はなく，親子あるいは指導者と保護者のコミュニケーションの媒介として位置づけた。またプログラムは，次回のSSTまでに必ず親子で読んできてもらうこととした。家庭でプログラムや会報について会話をすることをすすめ，こうすることでSSTは実際には月に1度であるが，各家庭でSSTが話題にのぼり，参加児がSSTを意識する機会は増した。

また実際に親子でプログラムを読むために，漢字には振り仮名を入れてほしいという要望が保護者からあり，SST開始から数回目にはプログラム中の漢字はすべて振り仮名を入れたが，このことからも，指導者のすすめを保護者が家庭において実践していることがうかがえた。

⑧指導効果の評価方法

指導プログラムの効果判定の指標として，S-M社会生活能力検査と行動観察チェックリストを，指導開始時より年2回の頻度で実施した。SSTは，検査とは異なり参加児の発達を数値化できず，変化を客観的に把握し，実証することがむずかしい。目標とした行動の変化がSSTによるものであるか，それとも参加児自身の成長によるものであるかについては，SST場面での行動観察のみでとらえることには限界がある。そのため，指導効果を客観的指標を使って評価することは非常に重要であった。

・S-M社会生活能力検査

S-M社会生活能力検査は，市販の標準化された記入式の検査である。この検査をFが幼稚園年中の11月より年2回，半年ごとに，指導時間中に保護者に別室で記入してもらった。S-M社会生活能力検査は，「身辺自立」「移動」「作業」「意思交換」「集団参加」「身辺自立」の6領域からなる日常生活に関する力を評価する検査である。この検査を取り入れた理由は，Fの変化がSST場面に限定されているのか，あるいは実生活にも及んでいるのかを判断するためである。また市販の標準化された検査というのは，その検査で得られた結果は妥当性があるため，指導者らが作成したもののみを指標としても用いるよりも，Fの変化をより客観的に実証することが可能となる。

・行動観察チェックリスト

行動観察チェックリストは，指導者らが指導プログラム上で意図しているスキルを対象児たちがどの程度獲得しているかを評価するために作成したもので，合計27項目からなる（表6-3）。さらにこの27項目を，意図するスキルの内容により，

■表6-3　行動観察チェックリスト

プログラム	スキル	
はじまりのあいさつ	着席をする	着席行動
	あいさつをする	コミュニケーション
出席	着席をする	着席行動
	名前を呼ばれたら返事をする	集団行動
今日の説明	着席をする	着席行動
	質問があれば手をあげる	コミュニケーション
	活動の流れを理解する	場面理解
制作	言われたものをつくる	集団行動
	物の貸し借りができる	コミュニケーション
	ほしいものがあってもがまんする	感情処理
	他児ともめた時は謝る	コミュニケーション
ゲーム	参加する	集団行動
	感情の表現をコントロールする	感情処理
	他児の感情を理解する	感情処理
	他児ともめた時は謝る	コミュニケーション
発表	着席する	着席行動
	参加する	集団行動
	関連のあることを言う	コミュニケーション
次回の説明	着席する	着席行動
	質問があれば手をあげる	コミュニケーション
	係決めで，積極的に立候補をする	集団行動
	係決めで，他児ともめた時，がまんする	感情処理
おしまいのあいさつ	着席をする	着席行動
係	自分の係を認識する	場面理解
	係の役割を果たす	集団行動
個人	指示を的確に行なう	場面理解
	場面にそった的確な表現と行動をする	場面理解

4：自主的　　3：1～2度の声かけで可能　　2：何度もの声かけで可能　　1：不可

着席行動（6項目），コミュニケーション（7項目），集団行動（6項目），場面理解（4項目），感情処理（4項目）の5つのスキルに大別した。評価は，「4点；自主的に行なう」「3点；1～2回の声かけで可能」「2点；何回もの声かけで可能」「1点；不可」の4段階評価で，S-M社会生活能力検査と同時期に指導者2名が別々に記入した。指導者間で得点の異なったスキルに関しては，話し合いのうえで最終的な得点を決定した。行動観察チェックリストは，指導者らが作成したものである

ため，S-M社会生活能力検査のようにすべての児へ用いることができる指標ではない。しかしだからこそ，Fに適用したSSTプログラムのなかでの変化をとらえる指標としては，的確と考える。すなわち，Fを含めた本SSTの参加児の発達をとらえるためにのみ，プログラムの内容に合わせて作成したものだからである。

3）経過および結果
①指導開始から1年間の経過および結果

先述したようにS-M社会生活能力検査は，身辺自立，移動，作業，意思交換，集団参加，自己統制の6つの領域から構成されている。1年目は，SST開始時（第1回）と約半年後（第2回）に実施し，各領域別年齢を求め，変化の指標とした。その結果，いずれの領域においてもほとんど大きな変化は見られなかった（図6-2）。発達傾向を示した項目を詳しく検討すると，身辺自立が2項目，集団参加が1項目であった。身辺自立の項目に関しては，SSTでの指導内容との関連はなく，F自身の発達と考えられた。一方，集団参加の項目は「おもちゃを友だちと順番に使ったり，貸し借りができる」であり，これはSSTの制作場面で求められているスキルでもあった。

行動観察チェックリストは，S-M社会生活能力検査とほぼ同時期に指導者が採点した。これは合計で27項目からなるが，意図するスキルの内容により，着席行動（6項目），コミュニケーション（7項目），集団行動（6項目），場面理解（4項目），感情処理（4項目）の5つのスキルに大別した。さらに各スキルの合計得点をそのスキルに含まれる項目数で割り平均点を算出し，変化の指標とした。たとえば，場面理解では，この領域に含まれる4つの項目「活動の流れを理解する」「自分の係を認識する」「指示を的確に行なう」「場面にそった的確な表現と行動をする」の合計得点を項目数の4で割った数値を，場面理解の得点とした。このようにして全領域の得点を算出した結果，Fはすべての領域において上昇した（図6-3）。場面理解と感情処理は第1回，第2回ともに同じ数値で上昇し，もっとも大きな変化を示した。さらに着席行動と集団行動は，SST開始から半年後にはどちらも最高得点である4点を獲得した。

次にSST場面と幼稚園での変化を3つの時期に分けて検討したい（表6-4）。表のSST場面の記述において，下線部分は，Fがもっとも変化した「集団行動」に関する項目である。

この表6-4からも集団行動に関する変化が大きいことがわかる。第1期当初から，本SSTに対する抵抗はなかったが，参加は積極的ではなく，ただSSTの場にいて指導者の個別指示に応じているという印象が強かった。あいさつや出席の際に名前を呼ばれたら返事をするなどの，一定のやりとりは可能で，これらは行なっていたが，他の参加児への関心はあまりなく，一斉指示を理解することも困難であった。また他の参加児の発言を聞くこともむずかしかった。これはまったく話を聞いていない場合と，他児の発言のなかの一部のことばにのみ反応をして，そのことばから連想する自分の関心事を指導者に話す場合とがあった。第1期から第2期にかけては，SST場面でも幼稚

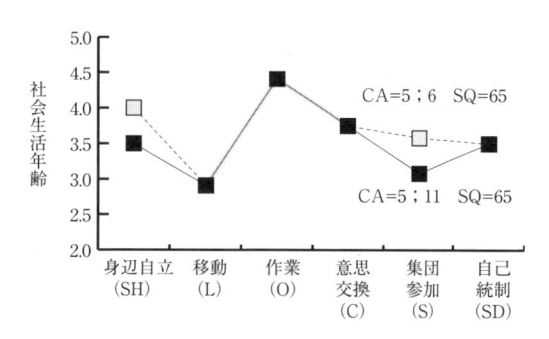

■図6-2　事例FのS-M社会生活能力検査

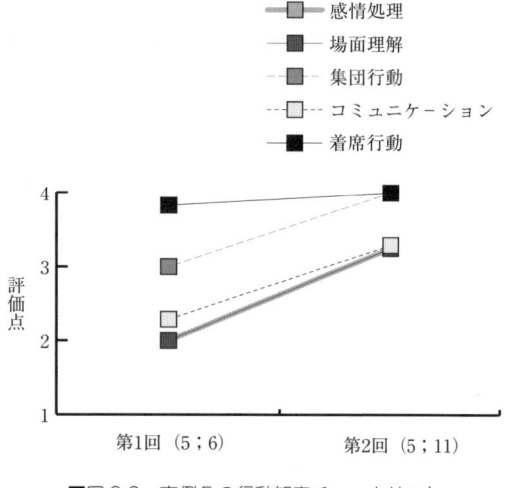

■図6-3　事例Fの行動観察チェックリスト

■表6-4 SST指導開始から1年間のようす

	SST	幼稚園
第1期 (幼稚園年中9月 ～12月)	・指導者との1対1の場面には応じるが，一斉指示の理解はむずかしく独り言が多い（9月）。 ・頼みたいことがある時は，指導者に話しかけることができるようになる（11月）。 ・ゲームで思い通りにならないと，すねる（11月）。 ・他児に話しかけられ，はじめて恥ずかしそうにする（12月）。	保育士の話が聞け，特定の友だちとであれば簡単なやりとりをしながらのごっこ遊びは可能である。しかし，順序がちがったり予測に反したできごとに対しては，依然としてパニックを起こす。
第2期 (幼稚園年中1月 ～年長4月)	・制作で，思い通りにならずパニックになりかかる（1月）。 ・独り言が減る（2月）。 ・係の役割を認識し，指導者の介助なしに役割を果たす（2月）。 ・絵を集中して描くようになり，自身でその絵に物語をつくり，物語を話しながら描く（3月）。 ・独り言がまったくなくなる（4月）。 ・他児に制作のつくり方を聞くなど，会話をする（4月）。 ・指導者に「やって」と助けを求めることが減り，「自分でやる」と言うようになる（4月）。	年中の終わりごろに，行事で大きなパニックを起こすが，学年が変わり年長になると，周囲が驚くほど落ち着く。
第3期 (幼稚園年長5月 ～8月)	・少しずつ感情のコントロールができるようになる（5月）。 ・係で指導者の介助がまったく必要なくなる（7月）。 ・制作場面で，他児の発言に応じて描き，会話が増す（7月）。 ・係の役割は認識しているが，注目されると恥ずかしがり，急に声が小さくなる（8月）。	パニックが減る。絵や制作が急激にじょうずになる。40分ほど着席して課題に取り組むことが可能になる。

園でもパニックを起こすことがあったが，この時期に注目すべき大きな変化は，第1期の終わりに「恥ずかしい」という他児を意識する気持ちが芽ばえたことであった。これは，幼稚園でも家庭でもそれまではまったくなかったことで，まさにSST場面ではじめて生じたことであった。

第2期になると，SSTプログラムの流れを理解することができるようになり，独り言が減り，F自身から指導者へ話しかける機会が増した。係の役割を理解した点などから，この時期にFは，SST場面の見通しが立つようになったことが示唆される。出席係の時にはFは，指導者の個別の指示なしに参加児全員の名札を集めるなどの役割も果たすことができていた。制作では，物をなくしたり思い通りの物がつくれないと，パニックになりかかることはあったが，指導者が個別に対応をすることで，自分の感情を抑えることができるようになってきた。このように怒ることもあったが，これは自分でつくりたいという意欲の芽ばえでもあったため，たんなるパニックのひとつではなく，Fの変化と考えられた。

第3期には，SST場面でも幼稚園でも少しずつ感情のコントロールが可能になり，SST場面では参加児間の会話がめだつようになった。ゲームでは他の参加児にリードをされながら作戦会議をする場面もあった。この発言の内容は互いに一方的で相手の話をあまり聞いてはいなかったが，Fの表情は楽しそうであり，他の参加児への関心が高まっていることがわかった。折り紙を取り入れた制作では，思い通りに折れないことがあったが，Fなりにくふうをして別の折り方をして制作を続けた。第1期，第2期であれば，そのまま制作を止めていたと思われる。また表6-4にあるように，第3期の終わりには他児の前に出ると恥ずかしがり，急に声が小さくなったが，Fの障害特性から考えると非常に大きな変化といえる。すなわち，自閉傾向が特徴とされるFにとって，本来は他者から見られた自分を意識することはほとんどないが，このSST場面からは，明らかに周囲の環境のなかに置かれた自分を意識しはじめていると考えられた。このようなひとつひとつの変化の結果が，行動観察チェックリストに現われたとみな

■表6-5 第3回知能検査

実施検査名	田中ビネー式知能検査
生活年齢	5歳11か月
精神年齢	4歳8か月
IQ	79

された。

さらに，1年目の第2期に知能検査を実施したが，結果は表6-5のとおりである。

SST開始前と比較するとIQに大きな変化はないが，視覚的な処理が求められる課題では集中して取り組むようすが見られた（表6-1，図6-1参照）。しかし，依然としてアイコンタクトは乏しく，関心のない課題には注意の転導もめだった。WPPSIの実施も試みたが，言語性課題になると落ち着かず継続不能であった。Fの特徴を考慮すると，一問一答式のパターン学習が有効と思われた。また，検査結果とは直接関連はないが，検査時に描画を実施したところ，対象をとらえる力が伸び，内容に変化が認められた。

②指導開始から2年目以降の経過および結果

SST指導開始から2年目を迎え，参加児どうしの会話も成立し，また参加児全員がプログラムの流れを理解していたため，指導者の介入方法を「レベル1：個々の参加児へ具体的介入を行なう」から「レベル2：ある程度のテーマを設定し，参加児間の相互性を援助する」に進めた。またこの時期に，知能検査を実施したが，結果は以下のとおりである（図6-4）。

VIQとPIQの間に，5％水準で有意差があり，Fにとってことばを用いて説明を要する課題が苦手であることがわかる。前回実施した検査と比較するとPIQの伸びがめだっている（図6-1参照）。全体的に，行動面が落ち着き，共同注視が可能になった点が，PIQの伸びにつながったと考えられた。言語面もFなりの伸びは認められるが，PIQの伸びが大きいため，結果としてVIQとPIQの差が大きくなった。この時期よりも約2年前にWPPSIを実施した際は，3つの課題において粗点が0点であったことをふまえると，Fの行動面が落ち着き，理解面も伸びたことがうかがえた。

S-M社会生活能力検査は，SST指導開始から約1年後（第3回），約1年半後（第4回），約2年後（第5回）に行ない，1年目と同様に各領域別年齢を求め変化の指標とした。その結果，第3回には「身辺自立」「作業」「集団参加」の領域において顕著に発達が認められた。第4回には残る3領域である「移動」「意思交換」「自己統制」における発達が顕著であり，さらに「身辺自立」「集団参加」においても発達傾向が認められた。

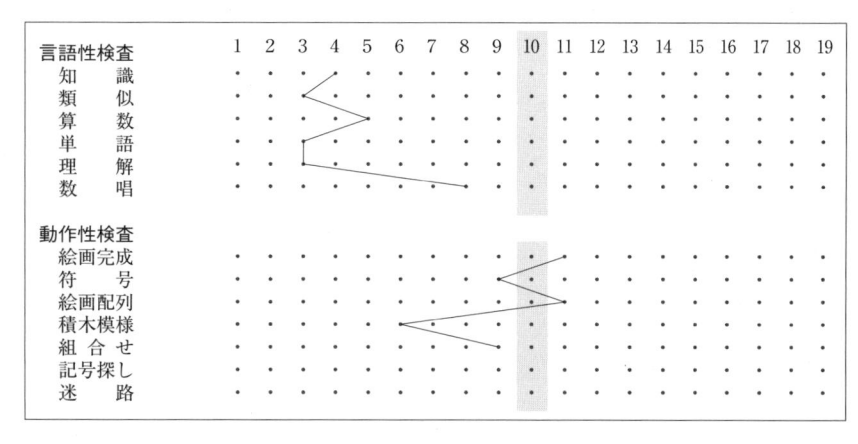

■図6-4 事例FのWPPSI知能検査（CA=6；5）

VIQ=54
PIQ=94
FIQ=68

第5回には「意思交換」において発達傾向が認められた（図6-5）。SST場面での指導内容と関連すると思われる項目は第3回では，「じゃんけんの勝負がわかる（集団参加）」「簡単な室内ゲームができる（集団参加）」「ドッジボール，陣取りなど簡単なルールの集団遊びに参加できる（集団参加）」などがあり，第4回では，「見たり聞いたりしたことを自分から話せる（意思交換）」「乗り物や大勢の人のなかでだだをこねたりしない（自己統制）」があった。また第5回では，検査結果には反映できなかったが，「学級会で自分の意見が述べられる（集団参加）」が可能となった。

行動観察チェックリストは，S-M社会生活能力検査とほぼ同時期に指導者が採点し，1年目と同様の手続きで着席行動（6項目），コミュニケーション（7項目），集団行動（6項目），場面理解（4項目），感情処理（4項目）の5つのスキルに大別した。さらに各スキルの平均点を算出し，変化の指標とした。その結果，第3回にはすべてのスキルが低下したが，第4回には全5領域中で着席行動，コミュニケーション，感情理解の3領域が上昇傾向を示し，第5回にはコミュニケーション，集団行動，場面理解，感情理解の4領域が上昇傾向を示した（図6-6）。

2年目以降のFのSST場面および，幼稚園，小学校での変化を検討する（表6-6）。SST場面の記述において下線部分は，Fが他の参加児と直接かかわったできごとである。

表6-6から，第4期と第5期にSST場面では，他の参加児とかかわりたい気持ちが増していたが，他の参加児や指導者に対してツバをふきかけたり，「バカ」と言ったり，時には手を出してたたくなどの攻撃的な言動がめだっていた。これらは，Fの思い通りにならない場面やうまく気持ちや考えをことばにすることができない場面でより多く生じており，F自身のなかでいらだちが募っていたと思われる。ただ他の参加児も，Fに「バカ」と言われると，「バカって言う人がバカなんだよ」と言ったり，たたかれそうになるとうまく体をかわして逃げ「へーだ。ざまあみろ」などと言っていたため，Fの怒りがおさまらなかったのも頷ける。こうした他の参加児の反応は，これまでの「Fは最年少だから」といった特別あつかいがなくなったことを意味しており，Fが他の参加児からも対等と見なされるほど成長をしたと考えられた。またこのころ，幼稚園では少し問題が生じていた。Fと同じ幼稚園に妹が途中入園し，妹はとくにFの存在を意識し頼ることなく園生活を送っていたが，Fは妹につきまとい妹の教室で2人で遊ぼうとするようになった。家庭ではケンカはあっても，いっしょに楽しく遊んで過ごすことはなかったため，保護者としても大きな驚きで

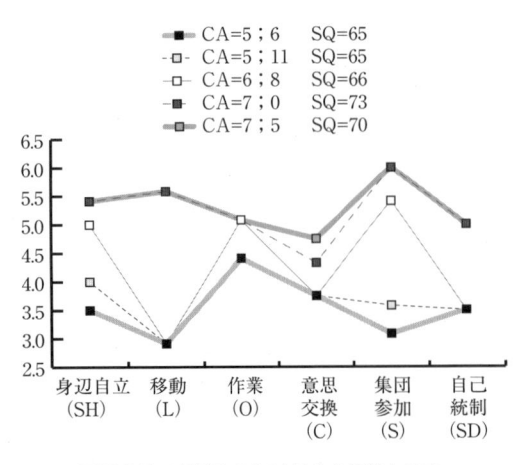

■図6-5　事例FのS-M社会生活能力検査

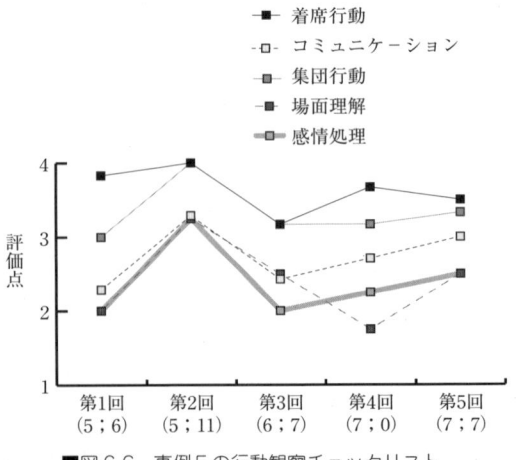

■図6-6　事例Fの行動観察チェックリスト

■表6-6 SST指導開始から2年目以降のようす

	SST	幼稚園，小学校
第3期 (幼稚園年長9月 〜12月)	・流れに関係のない発言が減る（10月）。 ・気に入らないことがあると，うまく言い返せず，指導者や他児の所まで近寄りツバをふきかける（12月）。	久々に運動会で大パニックを起こす。
第4期 (幼稚園年長1月 〜小学校1年生 4月)	・会話に参加しようとし，うまく思いが伝わらないと，他児をたたいたり，怒ったりする（2月）。 ・他児の絵を壁に貼ると「私も！」と同じようにしてもらいたがる（3月）。 ・制作に参加したがらなかったが，個人的に制作の主旨を説明すると納得し，取り組む（4月）。	他児と遊ぶことはきらいではないが，ひとつのことに夢中になったり真剣になったりすると，話しかけられてもまったく聞かず，返事をしない。
第5期 (小学校1年生5月 〜8月)	・他児へ話しかける機会が増し，わざわざ他児の席まで歩いて行き，話しかける（5月）。 ・他児と2人だけでの会話が成立する（8月）。 ・場面に適した発言がめだつ（8月）。	小学校に入学し，元気に通っている。他児に遊びに誘われてもそっけなく断るため，周囲から少し「変わっている」と思われはじめている。
第6期 (小学校1年生9月 〜12月)	・一斉指示のみで理解することがふえ，個別に指示をする機会が減る（9月）。 ・接続詞などの使い方は異なっており，独特の言い回しがあるが，会話の筋は理解している（10月）。 ・時折，グループ内で会話の中心になる（12月）。 ・急激に周囲への意識がもてるようになり，イライラすることも増す（12月）。	周囲の状況や他児への関心が高まる一方で，他児ほどスムーズにかかわることができず，自信をなくしつつある。 また乱暴なクラスメートが嫌で，登校を渋る。
第7期 (小学校1年生1月 〜3月)	・依然として，他児に話しかけるために移動する（1月）。 ・比較的落ち着き，グループに参加する（2月）。	席替えで担任の先生に配慮をしてもらい，穏やかな性格の子どもたちに囲まれると，元気を取り戻し，友だちや先生に対しても積極的に話しかけるようになる。

あった。これは，「妹の面倒はお母さんの代わりに見てあげよう」というＦの独特の思い込みと考えられ，このことからもＦのものごとのとらえ方が特異であることが示唆された。

第6期には，乱暴な言動はめだたなくなり，比較的スムーズに会話をするようになった。会話がふえるにつれて，話をしている相手の気持ちを考えずに，相手が傷つくことを悪気なく言ってしまう場面も増していった。指導者は，「そんなことを言ったら，悲しくなっちゃうよ」などと言って，なぜ言わない方が良いのか，どのように言えば良いのかをその場で教えていった。一方第5期の終わりに小学校に入学するが，他児への関心はSST場面に比べて薄いものであり，クラスの仲間からの親切な誘いに対しても，迷惑であるかのように一刀両断で断ってしまうことがあった。

第7期になると，SST場面での他の参加児との会話の機会は増し，話題の中心になることもあったが，再びいらだつ場面がめだちはじめた。これは学校でのストレスも大きく影響していたと考えられた。このころ学校では，二つの問題が生じていた。ひとつは，周囲の状況や友だちについての関心が高まり，保護者から見ても言語能力が急に上がったが，それでも他児ほどスムーズにかかわりをもつことができない自分自身に気づきはじめた点である。学校で集団で活動する際にも，他児ほど自然に参加できず，また日々の日直などの係の活動においても自分の言動に不安を覚え，結果として非常に自信をなくしてしまっていた。このことから，Ｆは自分との関係で周囲が見えるという新たな段階に入ったことが示唆される。これは発達上では大きな成長の一歩だが，Ｆにとっては

辛い時期のはじまりともいえる。なぜならば，自分との関係で周囲が見えるということは，同時に，周囲との関係のなかで自分が見えるということも意味しているからである。もうひとつは，乱暴なことを言うクラスメートの存在であった。そのクラスメートは，Fだけでなくだれに対しても「バカ」「早くしろ」などの発言をするのだが，Fはそのことばに非常に傷ついていた。家庭では毎朝，登校を渋り，腹痛を訴えることもあった。学校へは行くが担任が心配するほど暗いようすで，帰宅してからはその子どもについての文句を言っては泣くという日々が続いた。これは，集団生活においてどの子どもも少なからず経験することではあるが，Fの場合は，これに加えて一度気になってしまうとなかなかその気持ちを切りかえられないという，Fのかかえる障害特性のひとつが影響していると考えられた。その後，第8期になると，SST場面でも学校でも落ち着きを取り戻した。3学期になり，席替えに関して配慮をしてもらい，乱暴なことを言うクラスメートとの接点が最小限になったことが大きいと思われた。このことでFは，担任も驚くほど元気を取り戻し，自分から積極的に周囲とのかかわりをもつようになった。もちろん家庭でも学校に対する否定的な発言や登校渋り，身体症状がなくなった。こうしてFの小学校生活におけるはじめての壁は乗り越えられたといえる。

4) 考察

以上の結果から，S-M社会生活能力検査では，SST指導開始から1年間は大きな変化は見られなかったが，2年目以降に発達傾向が認められた。変化があった項目には，SSTプログラムのなかでの指導内容と関連している項目も含まれていたことから，SSTにおける指導が，保護者から見たFの日常生活において効果を及ぼしており，プログラム内容もまたFに適したものと考えられた。この2年目以降のS-M社会生活能力検査での変化を，F自身の成長とみなす考え方もあるかもしれない。そこで，指導開始から全5回にわたり実施したS-M社会生活能力検査の結果をまとめた（表6-7）。

ここで全検査社会生活年齢と社会生活指数に関して若干の説明をしたい。

・全検査社会生活年齢とは，社会生活能力の全体的な発達水準を見るための指標であり，知能検査の精神年齢などと同様の尺度である。
・社会生活指数とは，社会生活能力の生活年齢に対する発達の割合を示す値であり，全検査社会生活年齢を生活年齢で割り，100を掛けて算出する。

（以上，「新版S-M社会生活能力検査手引き」より抜粋し，筆者が一部修正した。）

全検査社会生活年齢と社会生活指数が以上のように位置づけられていることから，社会生活指数の伸びは，基本的には一定であり，大きく変動しないものと考えられる。Fは，1年目の第1回と第2回の社会生活指数はともに65であり，これは同年齢の児の約6割の社会生活能力を獲得していたことを意味している。2年目以降から上昇し，第4回には73つまり，同年齢の児の約7割の社会生活能力を獲得した。Fの自然な成長であれば，2年目以降も社会生活指数は60から70であると予測されるが，実際にはその数値を超えた。この

■表6-7　事例FのS-M社会生活能力検査における変化

	生活年齢	全検査社会生活年齢	社会生活指数
第1回	5歳6か月	3歳7か月	65
第2回	5歳11か月	3歳10か月	65
第3回	6歳8か月	4歳5か月	66
第4回	7歳0か月	5歳1か月	73
第5回	7歳5か月	5歳2か月	70

背景には，Fの成長を後押し加速させる力，すなわちSSTにおける指導の効果が示唆されるのではないであろうか。さらに，S-M社会生活能力検査では，SST指導開始から1年を経過した後に発達傾向を示したが，これより以前に，行動観察チェックリストが上昇傾向を示したことから，Fの獲得したスキルはSST指導場面から日常生活へと継時的に般化したと考えられた。

また，1年目のSST場面での変化は，プログラムの内容を理解する，係の役割を理解するなど，活動の流れに関する理解が中心であったが（表6-4参照），2年目以降のFの変化は，表6-6の下線部分からもわかるように，他児とのかかわりが主となっている。他児とのかかわりが増しているにもかかわらず，第3回においてすべてのスキルが低下した理由は，指導者の介入レベルをレベル1からレベル2へと進めたことが影響していると思われた。すなわち，介入レベルを進め，指導者が直接的な指示を減らしたことにより，Fは他児への主体的なかかわりが求められたが，すぐには介入レベルの変化に適応できずSST場面でのスキルはいったんは低下した。しかし，一定期間の後そのような場面にも対応できるスキルを獲得することで，再び上昇したと考えられた。ただし，着席行動スキルの低下はこれには含まれない。なぜなら，着席行動が低下を示した原因は，Fが他児と話したい，かかわりたいという気持ちが増したためと考えられるからである。表6-6の第4期と第6期にも記述したが，Fは指導者や他の参加児と話をするために，席を立ち上がり，相手のいる場所まで歩いて行く場面がめだっていたのである。数値の結果のみを考えると，着席行動スキルは低下したと判断できるが，周囲とかかわろうとして離席や移動をするようになったのであり，コミュニケーションはむしろ増加していた。したがって，この領域に関しては，数値の低下は事例Fの成長ともとらえることができるのではないだろうか。

また，第4回の行動観察チェックリストでは，他の4領域が上昇傾向を示したのに対し，場面理解のみが低下を示した。場面理解に含まれる4項目は，「活動の流れを理解する」「自分の係を認識する」「指示を的確に行なう」「場面にそった的確な表現と行動をする」であるが，「活動の流れを理解する」と「自分の係を認識する」はSST指導開始から1年間で獲得されたスキルである。他方で「指示を的確に行なう」と「場面にそった的確な表現と行動をする」は，まだ獲得していないスキルであり，指導者の介入レベルを進めたことで影響を受け，大きく低下したと考えられた。これら2つのスキルは，SSTプログラム全体をとおしての評価であり，行動観察チェックリストの全27項目のなかでもむずかしい項目である。さらにFの障害特徴から考えても，臨機応変さや柔軟性を求められるこれらのスキルを，指導者の個別の対応なしに短期間のうちに獲得することは困難であろう。介入レベルをレベル2へと進めてから約1年後の，第5回の行動観察チェックリストでは，この場面理解の領域が再び上昇傾向を示したことからも，このスキルの獲得にはそれだけの時間を要したことが示唆された。

第5回の結果は，場面理解に加えて，コミュニケーション，集団行動，感情理解の領域も上昇傾向を示したが，それでもいずれの領域においても，第2回の数値を上回ることはなかった。Fは，指導者が介入レベルを上げたことで，一時的に見かけ上のスキルの低下が認められたが，その介入レベルで指導を続けることで，また一定期間の後にスキルは再び上昇した。このことから社会的相互性に主たる問題があるFに対して，指導者の介入方法を進めていくことで，継時的に質的変化が得られることが示唆された。さらに，指導者の対応法，介入方法を変化させることで，同じ枠組みのSSTプログラムでも，常に参加児のソーシャル・スキルの向上をうながすことは可能であることも示唆された。

また，小学校入学後の第6期に，知能検査を実施した結果は以下のとおりである（図6-7）。

VIQとPIQ間に有意差はなく，また群指数，

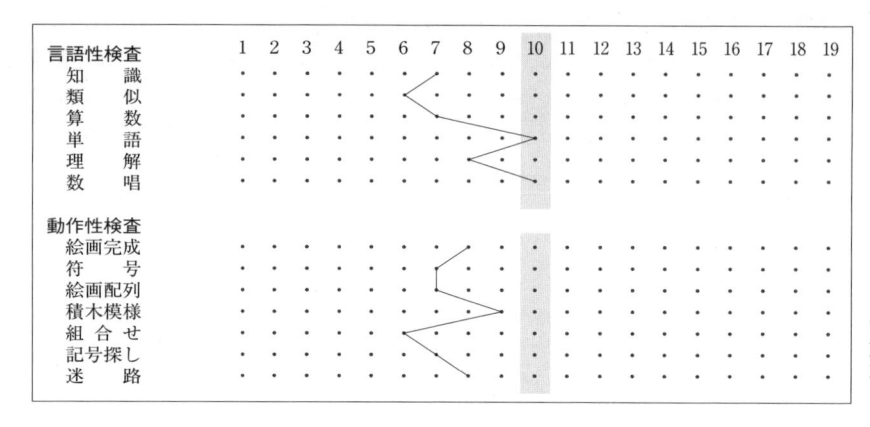

126 ● 6章　【事例F】幼児期に友だちとのかかわりを求めはじめた高機能自閉性障害

	1	2	3	4	5	6	7	8	9	10	11	12	13	14	15	16	17	18	19
言語性検査																			
知　　識										・									
類　　似										・									
算　　数										・									
単　　語										・									
理　　解										・									
数　　唱										・									
動作性検査																			
絵画完成										・									
符　　号										・									
絵画配列										・									
積木模様										・									
組合せ										・									
記号探し										・									
迷　　路										・									

VIQ=85　言語理解 86
PIQ=82　知覚統合 84
FIQ=82　注意記憶 91
　　　　処理速度 83

■図6-7　事例FのWISC-Ⅲ　知能検査（CA=7；2）

下位検査にも有意差はなかったことから，全体的なバランスも安定していることが示唆された。前回に実施したWPPSIと比較すると，VIQの著しい伸びが認められた（図6-4参照）。この要因として，統語の安定が考えられた。検査中は，Fの関心のある課題を続けたがるなどの主張は見られたが，検査者が継続をうながすと従うことも可能であり，自閉的な傾向は変わらないが，言語指示に応じることができ，社会性も伸びていると考えられた。

　Fは保護者の目から見ても，SST指導開始当初と比べて，周囲への関心やかかわる機会が増し，大きく変化をした。さらに，小学校生活にも適応していたためSSTへの参加は約2年半で終了となった。

　以上のことから，SST指導場面において，周囲とのかかわりを促進するという当初の目的はある程度達成され，FはSSTプログラムで意図したスキルを獲得したといえる。しかしこれはFがかかえる自己統制や対人関係の困難さが消失したことを意味するわけではない。今後成長するにつれて人間関係がよりいっそう複雑になり，さまざまな問題に直面することが予想される。実際に第7期に小学校で生じたようなできごとが今後のFの課題を示唆しているのではないだろうか。Fは保護者や学校側の理解もあり，着実に成長をしているが，年齢を経るにつれて社会的な環境のなかで周囲から求められるソーシャル・スキルのレベルは高くなる。またF自身の理解力も増すため，周囲と自分自身との関係で再び悩む日もくることも予想される。この先，思春期を迎えるFは，第7期よりもさらに困難な対人関係での課題をかかえることになるのではないだろうか。したがって，その発達段階に応じて子どもたちが必要とするスキルを指導するためにはSSTプログラムや指導者に柔軟な対応が求められる。また成長時期において課題は異なり，小人数におけるSSTによる指導がふさわしい場合もあるが，個別対応による心理療法的なアプローチなどSST以外のアプローチが適する場合もあるであろう。その都度，Fがかかえる問題に対して，もっとも効果的な方法を選択することが望ましい。同時に，今後は年齢で制限されることなく，より長期的にFのような子どもたちの成長を援助することができる療育の場が必要となってくると思われる。

7章 【事例G】パニックになることが多く，集団にいられない高機能自閉性障害

事例G（以下，Gと略）は，幼児期よりことばが遅く，集団行動をとることが苦手であり，高機能自閉性障害（以下HFA）と診断された小学校2年生の男児である。幼児期より集団への適応などに問題が認められてきたが，小学校ではパニックにより教室からの逸脱がめだつようになってきた。SSTでは，主にGのパニック時の感情のコントロールと集団内のルールをいかに守っていくかについて取り組んだ。

1. 事例Gの特徴と目標

1）障害ベースの特徴

胎生期，分娩時にはとくに異常は見られず，4042g，52cmで出生した。身体の発達にはめだった遅れなどの問題は認められなかったが，歩行の発達に関してはずりばいから直接つかまり立ちになるなど，ハイハイの時期が見られなかったとの報告があった。始語は3歳で，ことばは少し遅かった。喃語も同年代の子どもと比べ遅い印象を母親はもっていた。2～3語文は3歳ごろに言いはじめたが，最初のうちは単語を並べてもまわりは何を言っているかわかりづらかった。

1歳すぎたころに保育園に入園した。入園して2年目くらいから，保育士に「うしろから呼んでもふりむかない」ことを指摘されて，耳鼻科を受診し，中耳炎と診断され，治療のためしばらく通った。母親は，この耳の問題のためにことばが遅かったのかとこのときは理解し，また納得もしていたようである。同時に地域のことばの教室に通いはじめ，小学校入学まで通った。保育園では常にマイペースで，ひとりで取り組むことを好んでいた。自分が好きな遊びに集中しているときには周囲のはたらきかけに対して反応しなくなっており，そういったようすは園での生活ではよく見られた。また，入園してしばらくは他児が寄ってくることにも拒否感を示していた。年中クラスの後半ごろは自分の好きな園でのプログラムや遊びには参加はするが，そのほかのときにはひとりでいることが多かった。また，機械類が好きで，はじめてものでも使いこなしてしまうことが幼児期のころから見られた。

小学校では教室にいられず，教室を抜け出して放送室に入り込み放送をしてしまうこともたびたびあった。勉強に集中しないなどの学習上の問題は見られるものの，漢字や算数などは該当学年程度の学習は可能であった。しかし，教室からの逸脱が多く，教師が見ていない間に部屋に入り込み機材などを触ってしまうため，安全が保障できないと小学校側から教育相談をすすめられ，1年生のなかばから週に1回情緒障害学級へ通級することとなった。そこでは個別と小集団のセッションにおいて，学校での逸脱行動をひとつずつ修正する取り組みが行なわれた。

小学校1年生の3学期に都内某病院を受診し，HFAと診断される。

2）心理テスト・心理面接結果の特徴

図7-1のWISC-Ⅲは，Gの在籍する情緒障害学級で施行されたものである。言語性IQ，動作性IQともに正常域に位置し，両IQ間の差も見られ

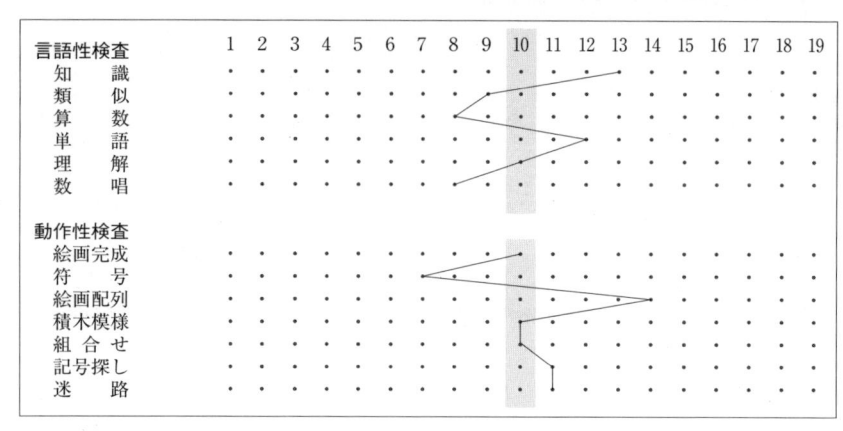

■図7-1　事例GのWISC-Ⅲ　知能検査（CA=7；4）

VIQ=104　言語理解 108
PIQ=101　知覚統合 107
FIQ=103　注意記憶 88
　　　　　処理速度 94

ず，知的水準には問題が見られない。しかし，群指数のひとつである「注意記憶」が正常域下位であり，聴覚刺激の記憶と注意の持続を必要とする「算数」課題と「数唱」課題に苦手さがあるようすであった。

S-M社会生活能力検査（表7-1）は，筆者らのSST開始時にすべての参加児童に施行したものである。この検査は，児童とともに生活している大人（本児の場合は母親）が記入し，施行するタイプの検査である。この検査結果では，発達のバランスの悪さがうかがえ，とくに「集団参加」のSQが顕著に低く，その次に「自己統制」「移動」の項目が劣った。以上のことは，主訴でもある「集団にいられない」というGの特徴を表す結果といえる。

知的な側面ではおおむね問題は認められないが，集団における実際の行動場面では著しく問題が生じている。注意の転導も激しいとの報告もあり，指示などに関しては理解ができるが遂行までにはいたらないようであった。

2. 事例Gに適用されるSSTの方法とその意義

筆者らは高機能自閉性障害およびアスペルガー障害の児童4～5人からなる小グループを構成し，このような子どもたちに特有な困難である自己統制や対人関係の発達をうながすことを目的として，月2回1時間のSSTを行なってきた。ここでは，発達臨床心理学を専門とする指導者によって計画・統制された制作・ゲーム・発表場面のなかで，仲間との関係性をたいせつにしながら子どもたちの社会的行動を指導・強化することに焦点があてられている。筆者らのSSTプログラムは，応用行動分析モデルのオペラント強化法や認知行動療法モデルなどを参考とし，独自に開発したものである。とくに目標行動を促進するために，強化プログラムとしての「シェーピング」という技法を参考にしている。

Gはパニックに陥ると指示が入りにくくなるものの，言語指示を理解するだけの知能を有していることが知能検査からも示唆された。また，こだ

■表7-1　事例GのS-M社会生活能力検査

社会生活年齢（SA）：4歳9か月
社会生活指数（SQ）：62

	社会生活年齢	SQ
身辺自立（SH）	5歳11か月	75
移動（L）	4歳8か月	59
作業（O）	5歳10か月	74
意思交換（C）	5歳3か月	66
集団参加（S）	2歳7か月	33
自己統制（SD）	4歳3か月	54

わりが強く，独語やパニックなどの行動のコントロールのむずかしさにおける問題が顕著であったが，プログラムへの見通しが立つことで落ち着いて参加できるようになり，他児へのかかわりもふえてきていた。

以上のことから，似通った社会性の問題をもつ子どもたちとのかかわりをとおして社会的な対人的スキルを学んでいく筆者らの集団プログラムが適用可能なケースであることが十分考えられ，同じ障害をもつ少人数のグループによる SST と，母親面接および本人の個別面接を臨床心理士により継続して行なうことを計画した。

3. 事例 G における SST の実施経過と効果判定

1）対象

社会性に困難さを有した，学齢期の児童を対象として少人数のグループを形成し，SST を行なった。対象となった児童はいずれもアスペルガー障害，HFA，特定不能の広汎性発達障害と診断されており，知能は正常域に位置していることを条件として募集した。

G が属したグループは小学校1〜6年生までの男女6名から構成された（表7-2）。しかし，女児2名は時期をずらしての参加のため，常にグループには5名が在籍している状態であった。いずれも G と同様に集団への不適応や友だちとのトラブルなど，社会性の問題を主訴に都内の某病院に来院していた。

SST 開始時期：7歳4か月
SST 終了時期：8歳3か月

2）方法

SST および面接は4月〜9月を某病院内で，10月〜翌年3月までを某大学の付属施設において，月2回行なった。トレーニング時間は60分となっている。以下に筆者らが G に実際に行なった SST プログラムについて紹介する。

①グループおよびスタッフの概要
＜グループの概要＞

SST への参加児童は指導開始時には総勢10名であったため，年齢，知的発達，行動特徴をもとにグループ分けを行なった（表7-3）。グループ分けは初回の合同セッションの後のスタッフミーティングのなかで検討された。初回のセッションでは，通常のプログラムではなく，ある程度の自由な枠組みでのプログラムを設定し，子どもたちの行動特徴や子どもたち相互のやりとり，プログラムへの参加度など，さまざまな側面からの行動観察が行なわれた。この2グループのグループ分けは 1. 年齢は縦割りとする 2. 行動特徴が似通っている子どもはできるだけ分離し，グループ内にさまざまな特徴をもつ児が混在している状態をつくる，という2点に留意して検討された。筆者らは，子どもたちが実際に同年代で同じ立場の子どもたちとかかわるなかでの経験が，ソーシャル・スキルの獲得のためのひとつの重要な形成要因と考えている。したがって参加児童たちが相互に影響しあえる場面設定にとくに留意してプログラムを設定した。また，さまざまな特徴をもつ人々で構成される実際社会にできるだけ近い環境をつくるという意味でも，「社会性における困難さ」という特徴は同じではあるものの，その困難

■表7-2　グループのメンバー構成

		診断名	WISC-Ⅲ結果	備考
1	事例 G 小2	HFA	VIQ104 PIQ101 FIQ103	
2	SB 小2	ASD	VIQ111 PIQ117 FIQ115	
3	SC 小4	PDD	VIQ90 PIQ76 FIQ83	
4	SD 小6	ASD	VIQ101 PIQ90 FIQ 96	
5	SE 小2	ASD	VIQ94 PIQ86 FIQ89	転居のため，前半の6か月間の参加
6	SF 小1	ASD	VIQ92 PIQ89 FIQ90	後半からの参加

■表7-3　子どもたちがとくに問題とした社会性の問題

		診断名	主訴
1	事例G 小2	HFA	
2	SB 小2	ASD	多動。対人関係やその場での言語使用に問題が見られた。母親への暴言や乱暴も見られ，関係に問題も見られていた。妹への暴力も見られた。
3	SC 小4	PDD	5歳時にAD/HDかHFAであるとの診断をされる。教室では課題に集中できず，ひとりでずっとしゃべっている。音声チック（＋）学習は好きなもののみ取り組む。
4	SD 小6	ASD	友だちとのトラブルがよくあり，毎日の生活が耐えられない。学習にもいらいらして集中できない。自分がきらいで，母親に毎日あたる。
5	SE 小2	ASD	ことばの遅れ，コミュニケーションの問題を主訴に相談所に通う。やりとりのちぐはぐさ（＋）まちがえると前に進めなくなる。
6	SF 小1	ASD	記憶力，理解力はいいのだが，人のことばのささないなところにもこだわってしまう。芝居がかったしゃべりかた。目を見られるとそらす。

さがグループ内で多様であるように調整した。以上の調整の結果，10人は2グループに分けられた。

原則として，グループの構成メンバーは途中で変更せず1年間継続するものとした。

＜スタッフの概要＞

筆者らの行なったSSTスタッフはリーダー，サブリーダー各1名（以下指導者），記録1名，VTR操作1名の，通常4名で構成された。スタッフが4名以上になる場合にはサブリーダーを複数おくこととした。以下にそれぞれの役割を記す。

リーダーはグループ全体の進行に責任をもち，それぞれの子どもの状態に目を配りながらも全体を運営するということに留意した。サブリーダーはリーダーのグループ進行の補佐をする役割で，リーダーが1対全体で接しているのに対して，1対1の個別にフォローをした。また，リーダーの指示に従っていない子どもに声かけをする，教室から出た子どもの付き添いをするなど，臨機応変に対応することも求められた。記録は，プログラムごとの子どもたちそれぞれのようすや発言の記録をとった。その記録はなるべく逐語でとることが望ましいとされた。通常は記録が主たる役割だが，サブリーダーが子どもとともに教室を出た際は，かわりにサブ・リーダーの役割を果たすことも求められた。VTR操作は子どもたちの入室から退室までを撮影した。

スタッフ間の役割を明確にすることで，スムーズに運営することができた。しかし，実際は，プログラムのなかでさまざまなハプニングが起きることが多く，臨機応変な対応が求められ，役割に固執しない柔軟な姿勢が必要となっていた。

②セッションの概要

＜プログラムの概要と構成上の留意点＞

各回のプログラムは8つのプロセス（はじめのあいさつ→出席確認→課題説明→制作→ゲーム→発表→次回説明→終わりのあいさつ）によって構成された（表7-4）。

プログラムを作成するにあたって，個人が注目される場，競争する場面，協力する場面，説明を聞く場面などを意識的に盛り込んだ。プログラム4，5の内容は，グループの学年構成やメンバー間の関係性，グループ構成メンバーのソーシャル・スキルの獲得度によって適宜変更していった。つまり，4の制作プログラムを例にとると，個々人で取り組み，道具の貸し借りなどに注目して取り組む段階，ひとつの大きな紙を共有して絵を描く段階，また完成予想をみなで相談しながら役割を割りふり作品に取り組む段階など，いくつかの段階が考えられる。このように制作のプログラムひとつを取り上げても，その段階における獲得目標によってさまざまな取り組み方・課題などが考えられる。

■表7-4　ある日のプログラム

1	はじめのあいさつ	はじまりのあいさつ　係：A 着席し，一斉にあいさつする	2分
2	出席確認	出席　係：B 係の人は全員の名前を読み上げ，みなはそれにこたえる	3分
3	課題説明	今日の説明 話を聞き，理解する	5分
4	制作	制作〈あじさい・かたつむりづくり〉 個人で見本を見て解読し，折り紙を折る	20分
5	ゲーム	ゲーム〈ジェスチャーゲーム〉　係：C チーム内で相談しながら，ゲームを楽しむ	10分
6	発表	発表〈僕の好きな本〉　担当：D 自分の考えを発表する。他の人はしっかり聞く	10分
7	次回説明	次回の説明・シール貼り 話を聞き，理解する	7分
8	終わりのあいさつ	終わりのあいさつ　係：A 着席し，一斉にあいさつする	3分

　5のゲームのプログラムなども同様の考え方で課題が検討された。Gが所属したグループでは，はじめ「なんでもバスケット」などの個人での参加が求められるものに取り組み，次に伝言ゲームといったことばのやりとりが必要不可欠となるゲームへと段階を進めていった。

〈セッション実施上の留意点〉

　毎回実施前後に，スーパーヴァイザーを含めてカンファレンスを行ない，SSTの進度や個人ごとの問題を話し合った。以下の3点がセッションを行なううえでの留意点として，スタッフ間で確認した事項である。①具体的な行動や行動の結果をほめることで，社会的に望ましい行動の強化をはかる。②発表や係など，個人が注目される場面をつくることで，毎回のセッションに挑戦の場や主役になれる場を設定する。③自己統制や協調性の面からも，個人の課題の達成よりもグループの秩序を優先させる。たとえば，制作に時間がかかり時間内に終わらないことがあっても，みながかたづけているので持ち帰ってやろう，と指導した。

　このほかにも，グループの特徴により指導上の留意点を追加した。グループの特徴をスタッフミーティングのなかでとらえていき，適宜対応していくことが成長期の子どもたちに対応するうえでたいせつであると筆者らは考えている。

■表7-5　係の役割

係名	内容
あいさつ	みなの前に立ち，号令をかける。グループ全員を注目させ，姿勢をただすようにうながすなど，必要に応じて指示を出していく。
出席	係カードを利用し，ひとりひとりの名前を読み上げ，カードを返していく。大きな声で返事をするよう，うながすことも。
ゲーム	ゲームプログラム時にTの補佐として，ゲームの進行を手伝う。おもに，みなを呼び寄せ，用具の用意をすることをする。
制作	用具の用意，管理などをする。かたづけは率先してやり，みなに指示をする役割を担う。
発表	フォーマットをもとに自分のことに関する発表をクイズ形式で行ない，みずからの意見を述べるとともにクイズの進行などの役割を担った。

<係について>

係は人数と同様の数である5つの係を設定した。それぞれの係とその遂行内容は表7-5のとおりである。

枠組みがはっきりとしているため，周囲から期待されている行動が係という活動の中では認識しやすい。文脈をおしはかってみずからの行動を選択し遂行していくことが苦手であるこういった子どもたちにとって，比較的取り組みやすいプログラムのひとつであることがいえるであろう。枠がしっかりと決められていることで，指導者からなされた評価を子どもたち側が納得して受け取りやすい様子も見られた。また，SSTに参加する子どもたちは，比較的学級などで主役になる場面や肯定的に評価される場面の経験が乏しい子どもが少なくない。そういった子どもたちにとって，主役になり，ほめられるといった経験が自尊心の向上にもつながると考えている。

③プログラム以外で行なった事項

スタッフと保護者とがセッション前後で個人的に対話する時間はほとんどないので，連絡のための個人ノートを用意した。スタッフが毎月の総評を個人ノートに書き込むことで，SSTでの子どものようすを保護者にフィードバックした。保護者からも家庭・学校での日々のようすや質問，現在の問題点などを書き込んでもらい，このノートにより，家庭や学校，幼稚園での子どものようすや問題などを把握するように努めた。また，4か月ごとにスーパーヴァイザーが個別に親面接を行なった。

3）経過および結果

①事例Gへの対応方針の模索期

第1回の合同セッションでは，パニック状態に陥ることは見られなかったが，なかなか入室しない，課題をするように指示したスタッフをスケッチブックでたたく，カルタに中途から参加したにもかかわらずGは読み手をやりたがり読み札を取り上げてしまうなど，指示に従わないようすが随所に見られた。

そういったGの行動理由としては以下のことが考えられた。母親から事前にプログラムについてGには話してあったが，プログラムの開始当初，Gは不安な表情をしていた。つまり，Gにとってこれまでに経験していない新たな場面であったため，こういった入室への拒否や課題の拒否が見られることが予想された。また，SSTは某病院内の院内学級を借りて行なわれたが，さまざまな室内の飾りや教材が随所に置かれてあり，SSTに使用する以外の他の刺激物が多すぎたことも，Gにとっては影響が大きかったと思われた。実際に本児は到着直後，学級内の図書コーナーにはりつき，動かないといった行動をとっていた。

この日の事後ミーティングでは，本児に対応したスタッフからの詳細な報告がなされた。その結果，突発的な行動が多いGに対しては担当をひとり決め，1対1で対応することが決定された。

第2回は5名のメンバーとなってはじめてのセッションであったが，Gがプログラムの進行を止める場面がたびたび見られた。表7-6に詳細を記したが，プログラムに対する拒否はなかったものの，自分が予想している応答が相手から得られないと，パニック状態になっていた。また，一連の逸脱行動が「悪いこと」であるという認識をGはもっており，プログラム終了後はみずからの行動をふりかえり，泣いてしまう場面も見られた。

第2回の結果を受けてのスタッフミーティングでは，グループからの逸脱が非常にめだつGへの具体的対応策について話し合われた。対応策としては，（1）ルールを2つ設定して，みなが見えるところに貼っておき，Gに対してはルール以上の要求をしない，（2）SST実施期間をとおして，Gの担当者を1名決定する，の2点があげられ，実行することになった。（2）を設定した理由は，ひとりの固定した担当者がつくことでGのその時どきの行動理由を各セッションの流れのなかから継次的に理解することができ，統一された対応ができるからである。

（1）のルールは，〈①部屋のものにさわらない〉

■表7-6 第2回セッションでのGの行動

	プログラム内容	直前のできごと	パニック時の言動・行動	スタッフの対応
第2回	自己紹介	好きなものをそれぞれ発表し，子どもたちはみなゲームが好きであると発言。スタッフもそれぞれ自己紹介するが，好きなものではゲームが好きと発言したものはいなかった。	奇声をあげる。「なんでゲームが好きじゃないんだよ」といいながら走り回る。	体を抑え，座らせる。今は話を聞く時間であることを伝える。
〃	チーム名決め	多数決により，Gの希望していた名前にならなかった。多数決をする前には，多数決のやり方を話したうえで，自分の思い通りにならない場合もあることを伝えたが，子どもたちはみな了承していた。	多数決で決まった名前が気に入らず，部屋を飛び出してしまう。飾ってある作品を壊す，ホワイトボードを倒すなど激しく暴れる。他児が「3か月交代にしよう」と提案するが，聞き入れない。時間がたつと自分からスタッフに自分の悪い点を2点泣きながら話す。	スタッフがひとりつき，対応した。また，児の話を傾聴する。
〃	プログラム終了後		最後にスタッフのところに来て，泣き出す。「ゲームができなくなる」との訴え。母との約束で今日ちゃんとできなければゲームはなしと約束してきたとのこと。	パニックになったもののGがちゃんと帰ってこれたこと，自分の悪いところを把握できていることをほめ，母にスタッフから伝えるというと落ち着く。

〈②黙って部屋から出ない〉であった。ルールを書いた紙は，教室の見やすいところにセッション実施中常に貼っておいた。スタッフはこのルールをやぶった子どもへの声かけは「ルール①は？」と聞くことにとどめ，必要があればルールを書いてある紙を指で示すといった対応をすることに統一した。また，パニック状態になってしまったときには「○○する時間だよね」などと思考への助けになるような簡単な声かけをすることにとどめ，声かけを何回かした後はある程度放置しておくという対応が採用された。

②ルール決定後のGの変化

ルール決定直後の第3回目はルール①，②からの逸脱は見られたが，短く明確な指示であると理解しやすいのか，比較的スムーズに席や課題にもどることができた。Gの所属しているグループは，それぞれの子どもがマイペースにSSTに参加している印象が強いものの，お互いのことはよく観察していた。とくに年長の子どもたちはGに対して助け舟を時どき出すようすが見られていた。

3回目のセッションでは「えっと，えっと」をくり返しなかなか本題に入れず，発音が不明瞭でもあるGのことばをまわりの子どもたちは最後まで聞き，Gのことばを補足しながら回答するなどの配慮が見られた。

4，5回目は，ルールからの逸脱はあいかわらず認められるものの，スタッフが「ルールは？」と言い出すと，質問にかぶせるようにして「さわらない」と発言していた。「ルール」の内容はすっかり暗記できており，自分が現在行動していることの意味なども把握はできているようだったが，「行動したい」対象を見つけた際にいかに自身の気持ちをコントロールするか，といったことについてはむずかしいようすであった。

このころになると，他児との会話も成立しはじめた。Gはマイペースなため，このころ取り組んでいた「なんでもバスケット」（「フルーツバスケット」をアレンジしたゲーム。フルーツのかわりにオニが言ったことに該当する人が立ち，椅子をとりあう）のようなゲームではそういった自分のこだわりに執着してしまい，まわりが見えない状

態になっていた。スムーズにいくようにスタッフから助け舟を出しても，それでも自分のこだわりに執着していたが，そういった状態のGに対し，まわりの子どもたちは待つということで協力しているようであった。しかし，制作場面となるとGは持ち前の想像力を駆使して独創的な作品をつくることが多かった。そうしたGに注目している子どもも少なくなく，Gの作品を介して話が広がっていく場面が時どき見られるようになっていた。Gから他児へ話しかけることはほとんどないが，「『こんなのができたよ』って見せてあげるといいよ」と具体的に会話の種類を提示するとたどたどしいながらも話しかける場面が見られた。

③合同セッションでのパニック

SST開始から6か月が経過したころ，スタッフの人数の都合から2グループ合同でのセッションの開催を余儀なくされた。筆者らはこの機会を活かそうと，通常のプログラムから大きく離れることになるが，自分が属するグループのいいところやそれぞれの構成メンバーを紹介する「発表」と，グループ対抗で伝言ゲームをする「ゲーム」の2本立てのプログラムを計画した。前項で述べたように，そのころGは，いくつかの逸脱は見られるものの，パニック状態に陥ることもなく，おおむね落ち着いて参加できるような状態であった。

当日，Gは入室をスムーズに行ない，発表の時間までは落ち着いて座っていた。しかし，発表の紙がないことに気づくとパニック状態に陥り，教室を飛び出した。スタッフの援助もあり，発表では自分の番には席にもどったが，興奮状態が続いていたため介助なしでの発表はむずかしかった。そのため，スタッフが横につき，Gのかわりに読み上げると，Gも言えるところは少し発言することで発表を終了した。

ゲームでははじめ落ち着いて参加できたが，伝言内容がうまく伝わらないとのけぞって泣くため継続が不可能となってしまった。パニックの状態がグループ第1回目と似ており，環境の変化への適応が困難である本来の特徴からの影響が予想さ

れた。また，Gは前回のセッションを休んでいたため，合同セッションの変更点についての予告が不十分だったことも考えられた。

合同セッション時のGのパニック状態はとくに激しく，何も耳に入らない状態であった。そのパニックに理解を示したのが同じグループの男児SCで，「ほっといてやれ」「うそなきだ」と発言した。このような突き放した発言をしていたSCであるが，伝言ゲームのときは「速くて聞こえない」というGにやさしく問いかけ，さらに「勝負じゃないんだから」「ゆっくり言ってやるよ」と気遣いの感じられる発言が聞かれた。

④SST会場の変更と新規場面への適応

某病院でのSSTは半年で終了となり，某大学の発達臨床センターに場所を移して引き続きセッションを行なうこととなった。スタッフやプログラム形態などは前期とほぼ変わらない内容を引き継いだ。距離や時間の都合などから継続を希望しなかったケースは2例で，その他の3例は継続してSSTに参加することになった（表7-7，表7-8）。Gも継続を希望し，新たに参加する2名を加えて，計5名での新しいグループメンバーでSSTが開始された。

新メンバーでの開始に先立ち，現在の状況を把握するために，S-M社会生活能力検査をそれぞれ

■表7-7　グループのメンバー構成（追加）

		診断名	WISC-Ⅲ結果
1	SH 小2	ASD	VIQ75 PIQ110 FIQ90
2	SI 小2	PDD	VIQ94 PIQ100 FIQ96

■表7-8　子どもたちがとくに問題とした社会性の問題（追加）

		診断名	主訴
1	SH 小2	ASD	集団への適応がむずかしい。ことばの遅れもみられた。
2	SI 小5	PDD	自閉症との診断。友だちとうまくしゃべれず，黙りこむことが多い。

■表7-9 事例GのS-M社会生活能力検査結果(CA=8；5)

社会生活年齢（SA）：5歳3か月
社会生活指数（SQ）：62

	社会生活年齢	SQ
身辺自立（SH）	7歳0か月	83
移動（L）	5歳7か月	66
作業（O）	6歳7か月	78
意思交換（C）	5歳8か月	67
集団参加（S）	3歳1か月	37
自己統制（SD）	4歳3か月	50

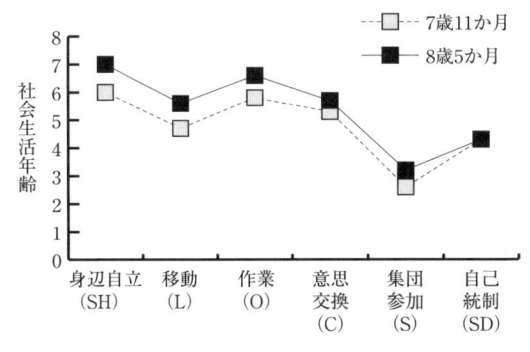

■図7-2 事例GのS-M社会生活能力検査

の母親に記入してもらった。Gの結果は表7-9のとおりであった。前回と同様，発達のバランスの悪さがうかがえる結果であった。図7-2のグラフは前回と今回の各領域の社会生活年齢を折れ線グラフにしたものである。このグラフを見ると，全体的なプロフィールは変わっていないようすがわかる。いずれの項目も上昇傾向を示したが，「自己統制」項目のみが前回と同様の社会生活年齢である4歳3か月と変化が見られなかった。

某病院での初回セッションと合同セッション時のパニックのようすから，場所が変わり，2名の新しい子どもたちが入っての第10回のセッションもパニック状態になることが十分に予想された。事前ミーティングでもGのことが話題にのぼり，適宜対応することや声かけなどは通常と変わらずに行なうことを確認した。

入室時，「おもちゃがあるのはどっち？」としゃべりながら，部屋のなかをウロウロしていた。スタッフが「座ってください」とうながすと，「インプット，インプット」と言いながら指示に従うようすはなかった。しかし，スタッフが「ルール①は何だっけ？」と聞くと，ホワイトボードに貼ってあるルールを記載してある紙を見に行き，着席した。

この回は係を設定していなかったため，あいさつ係をしてくれる人を募ると，Gがすぐに反応した。しかし自分が手を上げるのではなく，SCの手をもち上げていた。照れくさそうなようすで「こんにつはー」（Gの発言のママ）と言うが，正しく言い直すように指示されると素直に従った。

その後，伝言ゲームをするが，ルールを知らない参加者がいたため，また説明をしてくれる人を募ると，Gが「はーい」と言いスタッフの耳元で言おうとした。「みなに聞こえるように説明して」と言うと，G「えっと，字の書いた紙を見せる。たとえば，これにポケモンと書いてあったとします。そしたら小さい声で言う。どんどん変になっていき，最後にハテナになっちゃう」とたどたどしいながら，説明した。

新しい2名の参加者がいたため，グループ名を再度決めることになったが，自分の主張にこだわることなく譲ることができた。新規場面であったが，パニックになることもなくおおむねスムーズにプログラムに参加していた。いずれのプログラムにも積極的に参加できており，訂正にも素直に従っていた。また，以前できなかった「譲る」という行為をする場面が2回も見られたのは特筆に価すると思われた。時折，離席はあるものの指導者のうながしで席に座ることができていた。

表7-10は新規場面の苦手さがパニックと関連しているという仮定のもとに，直前のセッションとの「変更点」のあり／なしについてまとめたものである。直前のセッションと比較し，変更点のあった外的条件をクロス表でまとめた。比較対象としてあげたのは，セッション中に大きなパニックが見られた初回と合同セッションと，パニックが予想された第10回のセッションの計3回である。

主に合同セッションと第10回セッションを比

■表7-10 パニック時の外的条件

	パニック	直前の回との外的条件の変化		備考
		変更点ありの項目	変更点なしの項目	
初回	あり	場所 プログラム メンバー	初回のためなし	
合同セッション	あり	プログラム メンバーの増加	場所 一部スタッフとメンバー	直前のセッションを休んだため、インフォメーションが不十分であった。
第10回目	なし	場所 メンバー2名の増加	プログラム スタッフ メンバー3名	

較するとわかりやすいが、Gのパニックが生じる大きな要因としてプログラムの変更やインフォメーションの有無があげられる。場所はGにとってはあまり重要な要因ではないようで、むしろ自分が求められていることやこれから起こることがわからずにパニック状態になってしまうことが予想された。あわせて、声かけなども具体的かつ決まった形式の声かけであったことも有効であったと思われる。また、場所も刺激の多い場所から刺激の少ない閉鎖された場所への変更であったため、スムーズに移行できたのではないだろうか。

⑤やりとりの増加と参加度の向上

4月から開始したSSTも8か月をすぎ、1月を迎えた。Gの個人目標は2回目から引き続き「ルール①と②を守る」であったが、おおむね守られているため、1月からGの個人目標は「他児にゆずり、自分の主張ばかりを通さない」と設定し、スタッフ側もこの目標にそって指導することを確認した。

この3か月間のGのプログラムへの参加姿勢は、部屋の備品などで遊んだり、部屋を出て行こうとする場面も見られたが、指摘されるとすぐに活動にもどるといった状態で、言語指示は必要であるものの、活動にもどることはスムーズに行なえていた。

この3か月間は活動への参加度が上がった分、他児とのやりとりが増加していた。ある時は、なかなか係をしようとしない他児の腕をGがSCとともに持って立たせようとしたが、なかなか立たなかった。Gは、声をかけてもなかなか立たない他児の背中を、こぶしでたたいてしまった。スタッフに注意され、「たたいてごめんなさい」と素直に謝った。なんとかプログラムを進めよう、他児を助けようという気持ちをもっていたのだが、最終的にはたらきかけが適切でないものに変わってしまったため、結果的にトラブルを招いてしまった。一連のできごとが収束した後は、個別にGと話し、助けてあげようという気持ちはとてもよかったことを話し、ことばでゆっくり言うとよかったという点を伝えた。Gはその話を黙って聞くことができた。

そのほか、自分のこだわりからパニックになることもあるが、すぐに気持ちを切りかえて、もどることができるようになってきた。切りかえ時間はとても短くなり、切りかえ時にスタッフがそばにピッタリついていないといけないといったこともなくなってきた。

3月後半に遂行機能検査とワーキングメモリー検査を施行したが、ウィスコンシンカード分類検査では「ちがってます」とのスタッフのことばに反応して、パニックを起こし、検査拒否につながってしまった。検査に対する独特のこだわりや自分なりの論理があり、そこに合致しないと拒否することがテスト場面ではしばしば見られた。リーディングスパンテストは年齢相応の結果であったが、メモリースパンテストは年齢に比較して低い結果であった。注意の転導が多く見られ、注視の持続が全体的にむずかしいようであった。個別に話をするが気持ちはもどらず、時機を見て再施行

することにし，今回はがんばったことを伝えて，終了とした。

気持ちの切りかえがスムーズに行くようになり，パニック状態になることが減ってきていたため，こういった激しい拒否はスタッフの想定外でもあった。とくに，自己抑制と柔軟な切りかえが要求されるような検査であったため，Gにとっては辛い場面であったと考えられた。

4）考察

集団への適応がむずかしかったGにとって，場のルールを守ること，気持ちの切りかえをスムーズにすることを中心に取り組んだ1年間であった。あわせて，他児への興味の増加ややりとりの増加もあったが，Gの場合は副産物といった位置づけとなるであろう。

① パニックの軽減

前項の経過および結果の項でも述べたが，Gのパニックの軽減について述べたいと思う。やはりパニックが生じる大きな要因としてプログラムの変更やインフォメーションの有無などの予期不安があげられる。物理的な条件である場所などはGにとって重要な誘因とはならないようであり，ソフト面の整備が必要であることがうかがえる。パニック時の外的条件の変化の表でも述べたとおり，プログラムやある程度の見知った顔ぶれの存在などでGのパニックは軽減されていた。自閉症療育プログラムとして一般に流布されているTEECHプログラムにおける物理的構造化はGの場合，それほど重要な意味をもたなかったようである。ある程度の知的水準をもっているGの場合，場所による場面の意味を見失うことはなく，スケジュールや自分に期待されていることが明確であれば，落ち着いて活動に参加できることが示唆された。

また，Gのパニックの軽減の助けになったものとして，声かけの内容にもあるように思われる。声かけが具体的でかつ毎回決まった形式で行なわれることにより，しだいにGは何を言われるかといった不安はなくなっていくようで，落ち着いたようすで指示を聞いているようであった。

② 仲間の存在

また，Gのことを待っていてくれた他児の存在も見逃せないであろう。直接の声かけは少ないものであったが，本児の状態を理解しようとし，かつ見守ってくれていた存在があったからこそ，後半のセッションでは他児のトラブルを本児も待つことができたのだと推測している。本児の場合，他児は模範的な行動のモデルにも，気持ちを理解してくれるどうしにもなったのではないか。また，本児の独創的なアイデアやいろいろなことに果敢に挑戦していく姿勢をみて，他児もなんらかの刺激を受けていることが想像される。

今回，Gの個人目標としては「ルールを守る」があげられ，集団へのスムーズな参加に焦点を絞り，指導を行なってきた。プログラムへの参加度にも改善が見られたことから，その目標も「他児にゆずり，自分の主張ばかりを通さない」といった対人面に関するものに移行した。パニックへの対応と平行し，他の子どもたちとのかかわりのなかでのむずかしさに挑戦していくことが本児には今後求められると思われる。

③ 社会能力の発達

2回のS-M社会生活能力検査の結果により，発達のバランスの悪さについては変化が見られないという結果となっている。とくに，筆者らがSSTプログラムのなかでターゲットとしている「自己統制」の領域が変化なしという結果であった。また，Gの傾向として，「意思交換」「集団参加」「自己統制」が低い結果となっており，集団適応の悪さを表す結果となっていることがいえる。しかし，実際のSST場面ではプログラム参加度もあがり，パニックの軽減など自己統制がある程度きくようになってきたというスタッフ間の一致した評価でもあった。

S-M社会生活能力検査は，母親が子どもの日常でのようすを評価するものであることから，SST

でのターゲット行動が般化されているかどうかの指標となるであろう。今回，GについてはSSTでの改善は見られたものの，S-M社会生活能力検査ではとくに「自己統制」については変化が見られなかった。引き続き経過を見ていき，日常場面への般化というこれらの問題についても今後の課題として取り組んでいく予定である。

8章 【事例H】対人関係に困難を有するアスペルガー障害

　事例H（以下H）は，幼稚園に入園した3歳時より落ち着きがなく，なかなか集団に入ることができないといった社会性に関する困難が認められていた小学校5年生の男児である。都内某病院でアスペルガー障害と診断されている。小学校に入学してからも友だちとのかかわりはうまくできず，教師からもクラスメートと協力して行なう行動は思うようにできないという点が指摘されてきた。本児もまわりの子どもたちと遊びたいという欲求は有しており，関心があるもののうまくいかずにトラブルを引き起こしがちであった。ソーシャル・スキルの獲得は，本児自身も希望しており，トラブルが生じた時の対処法やまわりとかかわりたい時の声かけの方法についてとくに指導した事例である。

1. 事例Hの特徴と目標

1) 障害ベースの特徴

　胎生期，分娩時にはとくに異常は見られず，3200g，49.5cmで出生した。身体の発達にはめだった遅れなどの問題は認められず，定頸は2か月，ハイハイは5～6か月ごろ，独歩が15か月とおおむね標準的発達であった。始語は1歳前後と標準ではあったが，その後の発達が遅く，2～3語文は3歳前後で言えるようになった。

　当時はひとりっ子ということもあり，幼児教室に1歳6か月前後で参加をさせた。教室では，教室内を走り回るだけで指導にのることができなかった。集団への適応はむずかしかったものの，当時はまわりの子どもと1対1で遊ぶことは可能であった。

　3歳で幼稚園に入園をした。とくに行動面の落ち着きのなさが気になったため，きびしい幼稚園を選んで入園させた。その幼稚園は英才教育に力を入れている幼稚園であり，文字・算数・絵日記などの指導があった。Hは幼稚園のプログラムがいやになると教室から脱走し，また，床に寝転がってやろうとしないという拒否的態度が顕著に見られた。年中時には幼稚園の先生からLDの可能性を指摘され，専門機関を受診した。はじめはAD/HDを指摘されたが，その後LDと診断された。

　小学校3年生で転居をしたが，環境の変化に適応できずに神経質になっていたため教育相談所へ行き，プレイセラピーを開始することになった。このプレイセラピーは本児が行かなくなり中断した。また，担任からはソーシャル・スキルの獲得のためにと情緒障害学級への通級をすすめられ，4年生次から週1回通いはじめた。

　そのほか，学習面では漢字が苦手であり，また，手先の不器用な側面もあり，本人が苦手だと感じているものは取り組もうとはせず，課題への集中も困難であった。パソコンが好きで，現在はパソコンクラブに入部し，ホームページを友人とともに作成している。

　某病院を受診したきっかけは，同時期に同様の特徴を有する子どもをもつ友人に病院受診と服薬をすすめられたためである。同病院の医師からはアスペルガー障害，高機能自閉性障害（HFA）の可能性を指摘される。

2）心理テスト・心理面接結果の特徴

図8-1のWISC-Ⅲの検査結果より，知的水準は正常域であった。言語性IQ，動作性IQ間の差は認められなかった。しかし，動作性の課題間のバランスの悪さがめだち，とくに「符号」問題が低くかった。検査時は課題に集中しきれず，注意がそれることが多かったとのことである。

認知処理過程と習得度を評価することのできるK-ABC知能検査（図8-2）では，継次処理尺度が低くなっており，入ってくる情報を順番に操作することによって解いていくようなタイプの課題に苦手さを有しているようであった。また，習得度尺度では「ことばの読み」が高い値を示しているのだが，日常場面では漢字学習が苦手との報告もあり，検査結果と実際場面との相違が認められた。

S-M社会生活能力検査は，前章でも紹介したが，筆者らのSST開始時にすべての参加児童に施行したものである。Hにおいても，児童とともに生活している大人，ここでは母親に記入してもらい，施行した（表8-1）。生活年齢10歳8か月時の施行であったが，ほとんどの項目で年齢以上の発達を示した。比較的低い値を示したものは「身辺自立」と「作業」の項目であるが，年齢との有意な差は見られなかった。S-M社会生活能力検査からは発達のバランスの悪さはうかがえず，Hが苦手だと訴えのあった，「意思交換」や「集団参加」

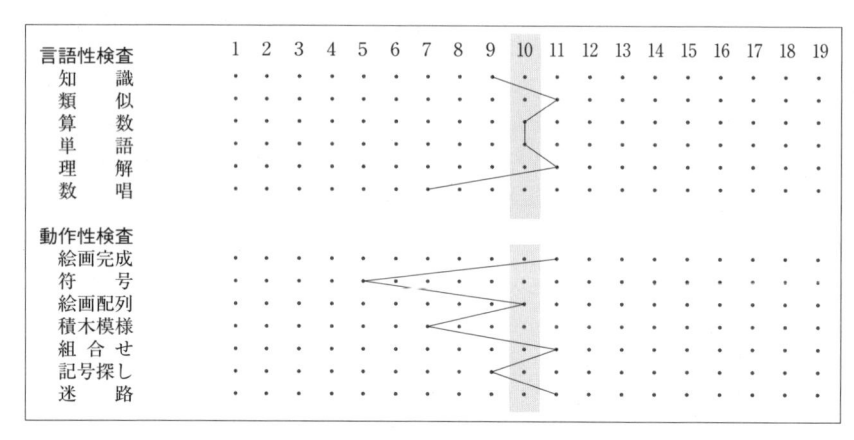

■図8-1　事例HのWISC-Ⅲ　知能検査（CA=10；5）

VIQ=101　言語理解 102
PIQ=92　知覚統合 98
FIQ=96　注意記憶 91
　　　　処理速度 83

■図8-2　事例HのK-ABC結果（CA=10；5）

継次処理尺度 76±10
同時処理尺度 93±9
修得度尺度　 100±6

■表8-1 事例HのS-M社会生活能力検査

社会生活年齢（SA）：10歳8か月
社会生活指数（SQ）：100

	社会生活年齢	SQ
身辺自立（SH）	9歳6か月	89
移動（L）	12歳0か月	113
作業（O）	10歳2か月	95
意思交換（C）	11歳8か月	109
集団参加（S）	11歳2か月	105
自己統制（SD）	10歳11か月	102

の項目も高い値を示していた。

一連の知能検査・発達検査の結果より、知的水準は正常域にあり、大きな遅れなどの問題は認められなかった。しかし、知能検査の動作性課題における下位検査間のバランスの悪さや継次処理能力の低さにより、認知の発達になんらかの問題を有していることが示唆された。多動や衝動性も報告されており、実際の行動観察が重要となってくる事例と思われた。

2. 事例Hに適用されるSSTの方法とその意義

第7章で述べたように、筆者らは高機能自閉性障害およびアスペルガー障害の児童4～5人からなる小グループを構成し、このような子どもたちに特有な困難である自己統制や対人関係の発達をうながすことを目的として、月2回1時間のSSTを行なってきた。ここでは、発達臨床心理学を専門とする指導者によって計画・統制された制作・ゲーム・発表場面のなかで、仲間との関係性をたいせつにしながら子どもたちの社会的行動を指導・強化することに焦点があてられている。

Hは対人関係に困難を有しており、とくに他児に対する適切な発話などを含む全般的なかかわりについて丁寧な対応が必要とされていた。実際のSST場面では、Hは年長児としての自覚をもち積極的に参加する一方、他児との意見の相違によってトラブルを起こす場面が頻繁にみられた。とくに対象物への思い入れが強くなっていたり、興奮状態であると、他児への攻撃性が強く出てしまう傾向が顕著に見られた。また、前章で報告した事例Gと同様に、知能検査上では年齢相応の知的水準であることが明らかであった。

以上のことから、似通った社会性の問題をもつ子どもたちとのかかわりをとおして社会的な対人的スキルを学んでいくことを目的とする筆者らの集団プログラムが適用可能なケースであることが十分考えられ、同じ障害をもつ少人数のグループによるSSTと母親面接を継続して行なうことを計画した。

Hはアスペルガー障害に多く見られる困難さのなかでも、社会性の欠陥がとくに指摘されていた。対人面において適切さを欠くふるまいや攻撃的な行動がしばしば見られ、加えて社会的シグナルや相手の感情の理解がむずかしいようすでもあった。したがって、他児との言語コミュニケーションの機会にスタッフが介入し、「不適切なことばを適切なことばに直す」「実際の解決方法などを提示する」「相手の感情やHの感情を代弁し、整理する」などのサポートをくり返し行なった。また、声の方向や視線やジェスチャーなど、非言語コミュニケーション面での問題も見られたことから、指導者が「声かけのモデルを示す」ことで、非言語面へのアプローチも行なった。

3. 事例HにおけるSSTの実施経過と効果判定

1）対象

前章と同様、社会性に困難を有した学齢期の子どもたちを対象として少人数のグループを形成し、SSTを行なった。対象となった子どもたちはいずれもアスペルガー障害、HFA、特定不能の広汎性発達障害と診断されており、知能は正常域に位置していることを条件とした。

Hが所属したグループは、小学校1～5年生までの男子のみ5名で構成された（表8-2）。いずれも事例G、Hと同様に集団への不適応や友だちとのトラブルなど、社会性の問題を主訴に都内の某病院に来所した子どもたちであった。

■表8-2　グループのメンバー構成

			診断名	WISC-Ⅲ結果
1	SA 小1	男	ASD	VIQ100 PIQ108 FIQ103
2	SB 小2	男	ASD	VIQ104 PIQ89 FIQ96
3	SC 小4	男	ASD	VIQ130 PIQ111 FIQ124
4	SD 小4	男	ASD	VIQ94 PIQ86 FIQ89
5	事例H 小5	男	ASD	VIQ101 PIQ92 FIQ96

SST開始時期：10歳5か月
SST終了時期：11歳4か月

2）方法

Hが参加したSSTのプログラムは，前章で紹介した事例Gと同様のものである。Hと事例Gは，グループは異なるが，SSTのプログラムや概要などはほぼ同様であるため，前章を参照しながら読み進めていただきたい。

①グループおよびスタッフの概要

＜グループの概要＞

詳細は前章で述べたが，10名の対象を年齢，知的発達，行動特徴にもとづいて2グループに構成した（表8-3）。行動特徴は，スタッフにより合同セッションでの行動観察により行なわれた。行動観察はさまざまな側面から行なわれたが，子どもたちの行動特徴や子ども相互のやりとり，プログラムへの参加度などが主に観察された。この2グループのグループ分けは　①年齢は縦割りとする　②行動特徴が似通っている子どもはできるだけ分離し，グループ内にさまざまな特徴をもつ児が混在している状態をつくる，という2点に留意して検討された。以上の調整の結果10人は2グループに分けられた。

指導は4月～9月を某病院内で，10月～翌年3月までを某大学の付属施設において，月2回行なった。

原則として，グループの構成メンバーは途中で変更せず1年間継続するものとした。

②セッションの概要

＜プログラムの概要＞

プログラムの構成要素は前章で述べたものと同一のものを使用した。各回のプログラムは8つのプロセスによって構成されており（表8-4），グループ全体のソーシャル・スキルの段階によって獲得目標を設定し，課題や取り組み方を考慮して施行された。

＜セッション実施上の留意点＞

毎回実施前後に，スーパーヴァイザーを含めてカンファレンスを行ない，SSTの進度や個人別の問題を話し合った。グループの特徴をスタッフ

■表8-3　子どもたちがとくに問題とした社会性の問題

		診断名	主訴
1	SA 小1	ASD	ルールの理解がむずかしく，うまくいかないと他人にあたってしまう。描画・書字が苦手
2	SB 小2	ASD	対人関係のむずかしさを主訴に受診。言語面での抽象概念の理解，手先の巧緻性の落ち込みが見られる。ふだんは穏やかだが，周囲が予期しないほどの興奮状態に陥る
3	SC 小4	ASD	かたづけられない，注意したことを忘れてしまう，対人関係が苦手などを主訴とし，相談を開始する。国語が苦手で，人の心がわからない。
4	SD 小4	ASD	幼児期から多動傾向。友だちと遊べず，ルールがわからない。同年代の子どもに対して恐怖心があり，いじめられた経験もある。
5	事例H 小5	ASD	

■表8-4 プログラムの概要

1	はじめのあいさつ	はじまりのあいさつ　係：A 着席し，一斉にあいさつする	2分
2	出席確認	出席　係：B 係の人は全員の名前を読み上げ，みなはそれにこたえる	3分
3	課題説明	今日の説明 話を聞き，理解する	5分
4	制作	制作〈あじさい・かたつむりづくり〉 個人で見本を見て解読し，折り紙を折る	20分
5	ゲーム	ゲーム〈ジェスチャーゲーム〉　係：C チーム内で相談しながら，ゲームを楽しむ	10分
6	発表	発表〈僕の好きな本〉　担当：D 自分の考えを発表する。他の人はしっかり聞く	10分
7	次回説明	次回の説明・シール貼り 話を聞き，理解する	7分
8	終わりのあいさつ	終わりのあいさつ　係：A 着席し，一斉にあいさつする	3分

■表8-5 係の役割

係名	内容
あいさつ	みなの前に立ち，号令をかける。グループ全員を注目させ，姿勢をただすようにうながすなど，必要に応じて指示を出していく。
出席	係カードを利用し，ひとりひとりの名前を読み上げ，カードを返していく。大きな声で返事をするよう，うながすことも。
ゲーム	ゲームプログラム時にTの補佐として，ゲームの進行を手伝う。おもに，みなを呼び寄せ，用具の用意をすることをする。
制作	用具の用意，管理などをする。かたづけは率先してやり，みなに指示をする役割を担う。
発表	フォーマットをもとに自分のことに関する発表をクイズ形式で行ない，みずからの意見を述べるとともにクイズの進行などの役割を担った。

ミーティングのなかでとらえていき，適宜対応していくことが成長期の子どもたちに対応するうえでたいせつであると筆者は考えているため，カンファレンスは長時間に及ぶこともしばしばあった。

＜係について＞

前章でも述べたとおり，係は人数と同様の数である5つの係を設定した。それぞれの係とその遂行内容は表8-5のとおりである。

③プログラム以外で行なった事項

担当スタッフと保護者とがセッション前後で個人的に対話をする時間を十分にもてなかったため，連絡のための個人ノートを用意した。スタッフが毎月の総評を個人ノートに書き込むことで，SSTでの子どものようすを保護者にフィードバックした。保護者からも家庭や学校での日々のようすや質問，現在の問題点などを書き込んでもらい，このノートにより，家庭や学校，幼稚園での子どものようすや問題などを把握するように努めた。また，4か月ごとにスーパーヴァイザーが個別に親面接を行なった。

3）経過および結果

①SST初期における事例Hと他児とのやりとり

Hは，グループ初回からグループでの活動を非

常に楽しんでいるようすで，積極的に発言をしていた。話し合いでは進行役に立候補するなど，グループのなかでの最年長児としての自覚もみられた。その自覚からか，グループの活動から逸脱しがちなSAに対して厳格なルールを設定し，過度な要求を出し続けるといった行動がめだちはじめた。ただ，トラブルが生じた時などは年少のSAと対等にやりあっており，Hの幼さが前面に出てしまうといったできごとも多く見られた。

以下にセッション時に収録したビデオをもとにプロトコルとして作成されたHと他児，スタッフ（プロトコル中はTと表記）とのやりとりを載せ，Hの実際の発言や行動をとおして，社会性のむずかしさについて検討していく。

〈やりとり1　適切でない声かけ〉
第3回セッションより
（SAは着席せずにカーテンに触り続ける。Hは机に座ったまま）
H：さわったらいかんぞ。
（SA気にせず続ける）
H：（ばんと机をたたき）もう，頭にくる子だ。
H：はりたおすよ。はりたおすよ。いくらなんでも。あんた，はりたおすよ。
（しかし，HはSAのほうをちらちらと見るのみで，自分の作業を続けている）
（SAは気にせず，歌いながら歩き回る）
H：1年だからってはりたおすよ。
H：はりたおすよ，あの子。（と立ち上がる）
（SAの隣に行き）
H：おい。はりたおすよ，あんた。
（といいながら手をもち，ひっぱってくる）

プログラム開始直前，指導者が席に着くように子どもたちに指示した場面でのHの発言である。はじめの「さわったらいかんぞ」との発言では，Hの顔はSAのほうは向いておらず，声も小さいものであったため，SAの耳には入っていないようすであった。その後の「はりたおすよ……」から「はりたおすよ，あの子」までの一連の発言は，同様に声の方向および大きさは適切ではなく，SAにはまったく届いているようすはなかった。最後にHは立ち上がり，SAの手を引っ張ってくるという行動に出たが，そのときSAはびっくりしたようすでHに手を引かれていた。Hにとっては，何度も注意したがまったく聞き入れないSAに対して最後の手段として身体的な制止に出たのであるが，SAからしてみるとHの行動は突然のものとして認識されてくる。

対人間のトラブルの原因として，会話の行きちがいもひとつの原因としてあげられるが，上記のようなHの不適切なはたらきかけがトラブルを生じやすくしていることも大いに考えられた。また，Hが診断されているアスペルガー障害の子どもたちは，こういった視線や声の方向性などにも苦手さを有していることが多数報告されている。Hには「今の声かけではなかなか伝わりにくいこと」をきちんと伝え，伝え方のモデルを指導者が示す必要があると考えさせられたエピソードであった。

〈やりとり2　過度のルール設定〉
第3回セッションより
SA：やっぱできなーい。（とSA，SDをたたく。TはSAの手を押さえる）
H：あ，ルール※1追加。けんかをうらない。
SC：ちょっかいださない。
H：うん。暴力反対。そういうルールつくったら楽しいだろうな。暴力反対の。
（中略）
（SAは制作にあきてしまい，立ち歩く）
SA：ルール②をするぞー。
（H，SAの行動を見ながら）
H：あーあ，エクセレント班がなんかやばい名前だったかもしんない。エクセレント班。
T：どうして？　だってHくんがエクセレントがいいって言ったんじゃなかった？
H：んー，なんかねSAくん，なんかやばいような気がしてきた。SAくん，すごいやばい。
T：そしたら，みんなで声をかけてあげればい

いんじゃない？
（H, SAに向かって大声で）
H：SAくーん，もどっておいでー。
H：みんなも言おう。
H：もどっておいでー。（Hひとりで呼びかける）
T：ルール①だよ。
SA：やだ。
H：重症だ。
（SAは歌い続ける）
H：別にしちゃいますか，あの人。
T：そうなの？えー，せっかくグループできたのに。
SD：しかたがない。
H：うーん。個別にしたほうがいいと思うよ。SAくんに関しては。
SC：SAくんにとっては。
SA：わー。
H：個別にしたほうがいいかもね。
（SAもどるが，大騒ぎを続けている）
H：もうやばいよ。個別にしたほうがいいくらいですよ。
H：今考えたのさびしいけど，個別にしたほうがいいよ。常識でさ。
H：うー，もうこうなったらがまんできない。ルール③できた。ルール①，②に共通することを守らなかったら，けつたたき。1年5回，2年から4年が10回。5年から6年までは12回。
SC：それ以上はなしにしたら。
H：それ以上はなし。でもね，あまりにもひどかったらプラス75回。
T：でもね，たたかないでいい方法があったらそのほうがいいと思うんだけどね。
H：でもね，すごくひどい場合はね，25回プラス。それか罰金500円。
SC：だれにその罰金を払うの？
H：エクセレント班の先生。
（SAカーテンを触る）
H：あーひどいことやっちゃったー。500円プラス。
H：それでね，75回プラスされるよ。その日はね，口を開いてもダメ。
H：先生，第4条。ルール①，②，③を守れず，言うことを聞かずに6月を迎えたら，その場で，2回けつたたき決定。次の週もダメだったら，追加30回。
SA：ルール①（と言いながらルール①を破っている）
H：あー，ルール③破っている。
T：今日はルール③はないよ。
H：あー，そうだ。レッドカードとイエローカードつくっとけばいいんだ。5枚たまったら，けつたたき75回。
SD：けつさわり？
H：それだと痴漢だよ。

※1「ルール」：前章の事例Gで述べたが，SSTでの約束としてルールを2つ設定し，教室の見やすいところに掲示するなど，周知を徹底していた。ルールは，〈①部屋のものにさわらない〉〈②黙って部屋から出ない〉であった。

　この日の制作プログラムは，「くだものづくり」であった。折り紙，新聞紙，画用紙などさまざまな材料が用意してあり，子どもたちは「くだもの」というカテゴリーの範疇であれば好きなものを作成してよかった。Hは作業にはすぐにとりかかり，さまざまくふうを凝らして作品を完成させようとしていた。作業をしながらも，他児との会話に参加したり，ひとりでしゃべり出したりと，非常に多弁なようすであった。
　制作になかなかとりかかれないSAの動きも気にしており，指導者のすすめに従ってSAに声をかける姿も見られた。その後の発言をとおしても，Hなりに年長児であるという自覚があり，グループをまとめようと努力をしているが，なかなか思うようにグループのメンバーが動かないことにいらだち，従わなかった場合には制裁を加えようとしていた。

その日のスタッフミーティングでは，Hのグループをまとめようとする努力をその都度，評価すると同時に，グループをまとめていくためのより有効な声かけのしかたを伝えていくことに指導のポイントをおくことを話し合った。この時期のHの個人目標は「他児の言動に対して過度な制裁を提案しない」と設定した。

〈やりとり3　SAへのことばによる攻撃〉
第4回セッションより
T：発表係やりたい人？
SC：はい。
T：発表，SCくんでいい？
SA：はい。僕がいい。
T：でもSCくんが先にあげてたんだよ。どうする？　どうやって決める？
H：あみだくじ。
SA：そんなのやるかー，みんな。
H：ちょっと待ってね（とくじをつくりはじめる）
T：待って。それはしない。決め方は先生が決めるね。
T：じゃ，じゃんけんで決めよう。勝ったほうが発表係ね。
H：ちょっと待ってください，先生。考えました，手のひらに……。
T：ううん。今は先生が決める時間。じゃ，じゃんけんしよう。
SA，SC：じゃんけんぽい。
（SCがじゃんけんに勝つ）
SA：ああーん。
H：はい，発表係のカード。（と，SCに係カード※2を渡す）
SA：ねー，ぽーく！！
（SAは叫びながら，目の前の机をおしてしまう。ちょうど机のはじっこに座っていたSCの足に机があたってしまう）
（Hはちょうど目の前に来たSAの頭をぽかりと殴る。SAはだれに殴られたかわからず，きょろきょろ辺りを見回す）

T：大丈夫？（とSCに聞く）
T：HくんとSAくん，謝らないといけないね。
H：ごめんなさい。（とTに向かって）
T：Hくん，私にじゃないよ。SAくんに謝るんだよ。そして，SAくんはSCくんに謝るんだよ。
SA：僕はちがう。
（SAの発言を聞いてSBは×と両手を大きく胸の前で交差したジェスチャーをする。SAはSBに殴りかかろうとするが，空振り）
SA：僕が先。
T：SAくん，ごめんねは？
SA：ばか。あほ。ちょんまげやろう。
T：ばかもあほもちょんまげもなし。
T：机戻すからね。大丈夫？
T：次決めようね。はじまりのあいさつ係やりたい人？
H：はい。
SA：はじまり，はじまり……やりたい！
T：ふたりいる場合はじゃんけんだよ。
H：じゃんけんぽん。
（Hが勝つ）
SA：僕やりたいのー！
（SAたちあがり白板のほうへ）
SA：僕やりたいのに！　こんなのいやだ！

SAはプログラムの字を消してしまう。SBがSAを戻そうと服を引っ張る。結局SAは希望の係に決まらなかったが，指導者は次のプログラムへと進行していった。他のメンバーはSAに背を向けた格好で出席カードにシールを貼っている。

SA：僕はやだ。きまりのバカ。僕はいやなんだ。
（SAはHに近づくと，Hの出席カードを2つに引き裂いてしまう）
H：あー。何すんだよ！
SA：ばか。
H：（ばんと机をたたく）
T：これHくんのだよ。ぐちゃくちゃにしち

ゃったね。
H：直せ！
T：HくんにこわしてしまったことをあやまろうHくんに壊してしまったことを謝ろう
H：直せ！　弁償しろ！（SAを指で指しながら強い口調で）
（H，いすに座って腕組みをする）
SA：ごめんね。
H：でも，弁償しろよ。
SA：やだ。ばかやろう。ばかやろう。（泣き出す）死んじゃえ。
H：じゃ，このカードつくってこい！
SA：ばかやろう。ちょんまげやろう。
H：どっか行ってしまえ。やらなきゃダメ。壊した責任があるよ，お前に。無理やりつくってもらうからな。（Hも目に涙がたまっている）
SA：やだ。
H：だめ。
SA：つくれない。
H：もーう！　でも，それで直るとか，甘くないよ。それで直ったらだれも苦労しないよ。シールもね，買わないといけないんだよ。コピーしてもぐちゃぐちゃだし。壊した責任があるから，ちゃんと直してよ。あんたに責任があるんだよ。
SA：あんたじゃない。
H：だめだよ。壊した責任があるし。次の週までに何とか完成させてきてください。
SA：やだ。
H：壊した責任があるんだよ，あんたには！
T：Hがとっても大事にしていたものをぐちゃぐちゃにしたのは，SAくんがほんとに悪いよね。そこでごめんなさいって言うのはすごく大事で，それは言えたよね。（Hに向かって）Hくんみたいにこんなにじょうずにつくり直すのは無理だと思う……（言い終らないうちにHが）
H：でも，壊した責任があるんだよ。1年生だとしても直さなきゃいけないんだよ。
T：そうだよね。（SAに向き直り）自分ができないことをしちゃいけないってことをこれで勉強したかな。（Hのほうを見て）SAくん，そういうこと，わからなかったみたいだよ。どうしよっか。
H：訴える。警察に。
SA：警察はどろぼうだよ。
T：（SAに向かってしーとジェスチャーをしながら）SAくんだって，直すのはむずかしいと思うよ。
H：でも直さなくちゃいけない！　器物損害という法律があるからダメ！　罰金だ！　3000万円はひどすぎるから，300円にしといてやる。
SA：やだー！

※2「係カード」：発表係のカードであれば，「次回のあなたの係は発表係です」と書かれている名刺大のカードのことである。子どもたちはそれぞれ次回の係のカードをもち帰ることになっていた。

プログラム終了後もHは気持ちがおさまらないのか，文句を言い続けた。SAは指導者の話や責任の所在はまったく理解していないようで，その後もHのことばのみに反応し，言い返している状態であった。最終的には，SAはHに「ごめんね」というものの，HはSAが受ける罰を決めたがった。そうすると，Hは興奮してしまい，結局Hが要求を飲みこむ必要があった。その後，その要求を撤回するにも指導者の助けが必要であった。

Hはセッションがはじまる前から「今日こそ（A男を）殴ってやる。口で言ってもダメなんだよ」などと言っており，「（SAに関する）重大発表がある」とも発言していた。プログラムの中途からは，SAに伝わらないもどかしさからか，過度にSAにかかわっているという印象を受けてしまう発言が多い。それは，グループのためというよりも本児の個人的な感情がたぶんに含まれているのではと疑問に思うものとなっている。

②指導者の介入による会話の促進

　SAとの小さな衝突はあるものの，指導者の介入により譲ることができるようになってきたのがこのころのHの特徴である。第9回セッションではSAに対して譲ることができたことと，ゲームのオニ役をめぐってSAと争った2回目は直前の経験を活かして争いを回避する場面も見られた。

〈やりとり4　オニになりたいふたり〉
第9回セッションより
SA：のこぎりざめ知ってる人？
（最後にHがでてくる。SAは座ろうとしない。SAはHに座るように手を押す）
H：じゃ，じゃんけんで負けた人。
H：最初はグー，じゃんけんほい。
（SAは手ではなく，お尻を出す）
H：だめだぞー。
SA：お尻で出したもん。
H：反則負けだー！
（SAはTに抱きつき，甘えるようなしぐさをする）
T：ダメだよ。順番にしなさい。
（SBとHがSAの服を引っ張り座らせようとする）
T：どっちがじゃんけん勝ったの？
H：じゃんけんほい。
T：どっちが勝ったのかな？　ふたりともオニがしたいのかな？　勝ったほうはどっち？
（SAが手をあげる）
T：じゃ，今回は勝ったほうがオニをしよう。
（Hはいやな顔をするものの，素直にうなずく）

　第9回セッションで取り組んだゲームは「フルーツバスケット」をアレンジした，「なんでもバスケット」というゲームであった。Hは依然として積極的な姿勢でゲームに参加しており，オニが他児に決まった後に立ち上がって「いいよ」「どうぞ」と言って交替しようとしていた。譲るのはSAも同様で，H，SAはともに本来のルールを無視し，オニをやることを楽しんでいたようすであった。加えて，SAはHにいたずらをするような場面も見られた。

　やりとり4でのHとSAは，双方ともオニがやりたかったようすであった。SAはHを手で押して，その場から排除しようとするが，そういった行動に出たSAに対して，Hは「じゃんけん」という解決策をだした。じゃんけんには応じたもののふざけてしまうSAに対し，身体的な援助でもってHはSAを従わせようとしたため，指導者が介入をした。

〈やりとり5　直前の経験を活かしたH〉
ゲームの続き
（またしても，HとSAが最後のふたりになる）
H：じゃんけん……あ，いや，負けたほうが座ることにしよう。
H：最初はグー，じゃんけんほい。
（SAが負けたのだが）
SA：ううん。オニになる。
H：くそっ。
（と席にもどる）
SA：わがままだよ。
（座らないSAをSBが引っ張り座らせようとしているのを見て）
H：じゃ，お前には抜けてもらおう。
T：Hくん，みんなでやるゲームだからだれも抜けないよ。
SA：わー。
（SAがSBを追いかけはじめる）
H：けんかなし！（SAを押さえる）
SA：うー，うー。
H：座りなさい！　はいはいはい。
（さらに押さえこもうとするSBを手で制す）

　再度，SAとHの間でじゃんけんをする必要が出てきた場面が見られたのだが，やりとり4での教訓を活かしたのか，Hはじゃんけん勝負をする前にSAに対してルールを確認していた。そのため，SAも自分が負けたことを認めており，そのうえでルールからの逸脱が見られている。

そのほか，HがSAに対してルールを設定する場面もみられたが，指導者らが注意をするとそれ以上そのことにこだわるようすもなく，SAに対しても寛容な態度を示していた。SAも，Hからの注意に対しても過度に攻撃的になるようなことはほとんどなく，身体的なかかわりにも興奮せずにいられた。そのことによってなのか，HのほうもSAに対して集中攻撃することが少なかった。

③ SST後期におけるやりとり

　某病院でのSSTは半年で終了し，某大学発達臨床センターに場所を移し引き続きセッションを行なうこととなった。スタッフ・プログラム形態などは前期とほぼ変わらない内容となっている。距離や時間の都合などから継続を希望しなかったのは前章で紹介したグループと同様で2名。そのほかの3名は継続してSSTを受講することになった（表8-6，表8-7）。Hも継続を希望し，新規の1名を加え，計4名でのまた新しいグループメンバーでSSTを開始した。

　移動にともない，現在の状況を把握する目的により，S-M社会生活能力検査をそれぞれの母親らに記入してもらった（表8-8）。前回と同様，おおむね年齢相応の力を有している項目が多い。図8-3は前回と今回の各領域の社会生活年齢を折れ線グラフとして作成したものである。この表によると，2回目の調査結果は1回目と比べると，「作業」項目が伸びを示したためばらつきが少なくなったような印象を受けるが，ともにおおむね年齢相応の社会生活能力を有している結果となっている。しかし，8か月が経過したにもかかわらず，いずれの項目も軽微な伸びにとどまっている。

〈やりとり6　他児への励まし〉
第15回セッションより
T：はじまりのあいさつ係やりたい人は？
H：やりたい！（と手をあげる）
T：ほかにはじまりのあいさつやりたい人は？
SB：しーん。
SE：ぜんっぜん。

■表8-6　グループのメンバー構成（追加）

		診断名	WISC-Ⅲ結果
1	SH 小2	ASD	VIQ104 PIQ78 FIQ90

■表8-7　子どもたちがとくに問題とした社会性の問題（追加）

		診断名	主訴
1	SH 小4	ASD	こだわりが強く，友だちとうまくかかわれない。独語（＋）

■表8-8　事例HのS-M社会生活能力検査

社会生活年齢（SA）：11歳2か月
社会生活指数（SQ）：99

	社会生活年齢	SQ
身辺自立（SH）	10歳6か月	93
移動（L）	12歳0か月	107
作業（O）	12歳0か月	107
意思交換（C）	11歳8か月	104
集団参加（S）	11歳2か月	99
自己統制（SD）	10歳11か月	97

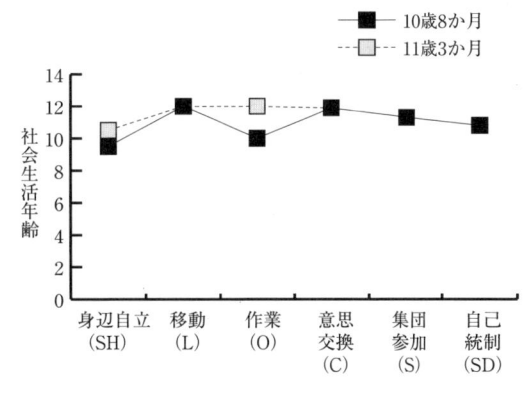

■図8-3　事例HのS-M社会生活能力検査

T：ほんと。じゃ，Hくんはじまりのあいさつ係やってね。

（中略）

T：じゃあ，発表はどなたがやってくれるかな。
（SBはSEを指差す。SCはSEを見る。Hは折り紙を並べている）

T：今日はSCくんやったから……。
SE：でも，僕発表とかそういうの苦手なんです。
T：でもさ，SEくんは苦手と言いながら，みんなちゃんとやってると思わない？　苦手って良く聞くけど，ちゃんとみんなの前でお話できてるよね。
SC：それでさ，やってみればいいじゃん。
SB：めんどくさくてもちゃんとやろう。
T：そっか。SBくんはめんどくさくてもちゃんとやってるんだ。
SE：やだ。
T：やってみようよ。
H：わけ完了。ひとり15枚。
T：みんなSEくんの発表聞きたいよね。
SC：好きなものあるの？
SE：うーん。うーん。でも，やだ。
H：怒ってるなあ。
T：だれとだれが残ってるの？
SC：はい。
T；でもさ，SCくんは今日やったんだよ。
SE：どうしよっかな。
H：（ばんと机をたたき，SEを見る）がんばれ。

SST後期になると，Hは他児の言動や行動のひとつひとつに対して反応するということが減ってきた。やりとり6は，プログラム後半の係決めの場面である。10月からのメンバーであるSEが発表係になることを躊躇しているのをSBとSCがくちぐちに説得をしていた。Hはまったく興味がないようすで折り紙を子どもたちひとりひとりにわけていたのだが，最後の最後で「がんばれ」と声をかける。そのとき，机をたたきながらSEの目を見ていたことから，SEの注意をHのほうに向けることには成功していた。また，視線をしばらくはずさなかったのも，効果的だったようだ。
SST前期のころのHであれば，ルールを作成してSEを従わせることになることが予想されるが，ここではSEの気持ちを気遣う余裕が軽微で

はあるが見られている。また，視線や声の方向なども適切でなかったのだが，効果的に視線を使用し，SEに話しかけることも可能となっていた。

4）考察

本章では，Hへの主に言語によるコミュニケーション場面における支援について，実際のやりとりを通じて論じてきた。以下にアスペルガーの特徴とあわせて，Hへの支援方法の効果について考察したい。

①アスペルガー障害の特徴

筆者らがアスペルガー障害の診断基準として採用しているものは，アメリカ精神医学会の「精神

■表8-9　ギルバーグらによるアスペルガー症候群の診断基準（Gillberg & Gillberg, 1989）

1. 社会性の欠陥（極端な自己中心性）
　　　　　　　　　　　　（次のうち少なくとも2つ）
a　友だちと相互にかかわる能力に欠ける
b　友だちと相互にかかわろうとする意欲に欠ける
c　社会的シグナルの理解に欠ける
d　社会的・感情的に適切さを欠く行動

2. 興味・関心の狭さ（次のうち少なくとも1つ）
a　ほかの活動を受けつけない
b　固執をくり返す
c　固定的で無目的な傾向

3. 反復的なきまり（次のうち少なくとも1つ）
a　自分に対して，生活上で
b　他人に対して

4. 話しことばと言語の特質（次のうち少なくとも3つ）
a　発達の遅れ
b　表面的にはよく熟達した表出言語
c　形式で，細かなことにこだわる言語表現
d　韻律の奇妙さ，独特な声の調子
e　表面的・暗示的な意味のとりちがえなどの理解の悪さ

5. 非言語コミュニケーションの問題
　　　　　　　　　　　（次のうち少なくとも1つ）
a　身ぶりの使用が少ない
b　身体言語（ボディランゲージ）のぎこちなさ／粗雑さ
c　表情が乏しい
d　表現が適切でない
e　視線が奇妙，よそよそしい

6. 運動の不器用さ
神経発達の検査成績が低い

疾患の分類と診断の手引き」第4版（DSM-Ⅳ）であるが，それと比較してゆるやかでかつ簡潔であるスウェーデンのクリストファーとカリーナ・ギルバーグ（1989）の診断基準をここに紹介したい（表8-9）。このギルバーグの診断基準には，話しことばや非言語コミュニケーションを診断基準のひとつとして細かく指定し採用している点で興味深い。Hにとくに当てはまる特徴としてあげられるのが，「社会的・感情的に適切さを欠く行動」「他人に対しての反復的なきまり」「表面的にはよく熟達した表出言語」ではないだろうか。

また，バロン-コーエンら（1985）が依拠している「心の理論」の定義は，「心の理論」をもつとは，行動を説明したり予測するために自己や他者に独立した精神状態があると考えることができるということである。バロン-コーエンらはさらに，自閉症児のうち80%が心の理論の課題のひとつである「サリーのあやまりの信念」を理解できないことを報告している。そういったバロン-コーエンらに代表される一連の心の理論に関する報告を受け，ハッペ（1994）は，アスペルガー障害の人々は心の理論を発達させることはできるものの，日常の対人場面で出会うもっとも微妙な心の理論課題には無力であると論じている。

②集団場面での介入方法

Hは，年長者としての自覚もあり，積極的にプログラムに参加し，かつグループをまとめようと本児なりに心を砕いていたようであった。しかし，グループをまとめる方法として採用したのは「厳格なルールにみなを従わせようとする」ことであった。そのためには，手が出てしまったり，怒鳴ったりして従わせようとすることがしばしば見られた。また，罰則なども作成しようとする発言も多かった。そのため，逸脱行動の多い他児とのトラブルが絶えず，前半はスタッフのとりなしなしでは場が収束しないこともしばしば見られた。Hは他児にはきびしいルールを強要するものの，自分自身は従ってない場面もあった。また，4歳ほど年少のSAと本気で渡り合うなど，幼い面もめだった。

自分なりのルールで発言・行動することが多いHには，トラブルが起こるその都度スタッフが介入し，場の意味や相手の児がどういった気持ちでそういった行動に出たのかを説明し，解決策をともに考えるようにした。「不適切なことばを適切なことばに直す」「実際の解決方法などを提示する」「相手の感情やHの感情を代弁し，整理する」などの言語的サポートや「声かけのモデルを示す」といった非言語面へのアプローチも行なった。SSTの中盤には，依然としていらいらする場面はあるものの，スタッフの声かけにより相手の立場について考えられる余裕が出てきたようであった。

③7章Gと比較して

7章のGと8章のHは，ちがうグループではあったものの，同じプログラムを同時期に受けていたという点でいくつか関連づけて述べる。

7章のGはパニックに陥ることが多かったため，その行動のコントロールに主眼が置かれ，SSTが進行していった例である。パニックに陥ったときはプログラムを中断してしまうといったこともあったが，他者への攻撃的な行動や発言はほとんど見られず，グループメンバーのサポートを得てトレーニングが進んでいった。

一方，Hは社会性の欠如が見られ，他児とのトラブルが頻回に起こっていた。Hは統制された場面かつ指導者の監視のもとでのトラブルを幾度となく経験することで，自分自身で回避をしたり解決策を提案することが徐々にできるようになってきた。Gと同様，HもSST場面ではターゲット行動の改善を見たが，その成果が実際の学校場面などでどのように活かされていくかを調査することが今後の課題となってくるかとも思われる。

終章 対人関係に緊張をもちながら発達してきた事例I

私がはじめてIにあったのは，彼が小学生のときである。Iが大学病院の小児科を受診し，入院にいたった経緯については私の記憶が定かではないが，何かの病気か定期的な検査のためか，Iは小児科病棟に入院していた。当時私は先輩について心理臨床を学んでおり，Iが消極的で友人関係が希薄な子どもであると説明され，入院中に遊びの相手をするようにと言われて，何度かいっしょに遊んだ。引っ込み思案で，男の子にしては声も小さくほっそりした動きの少ない子だった印象が残っている。数年後に再びIに会った時，彼は高校生になっていた。そのときには，不登校傾向で小児科を受診し，臨床心理部門に紹介されている。Iとの10年以上にわたるSSTはこのときからはじまった。

長い期間の多くの資料と記録が廃棄されているので，ある課題を行なった時期やエピソードがあった時期が正確な日時と少しずつずれているかもしれない。しかし，試みた課題とその結果は，私の記憶に鮮明に残っているので，ひとつひとつを思い出して述べていきたい。

1. 高校時代

Iは定時制高校の3年生で，自宅から自転車通学をしていた。中学時代から友だちがなく，定時制高校でもひとりきりだったが，友だちがいなくてさみしいとか，友だちをつくりたいという発言は聞かれなかった。午後の決まった時間になると家を出て学校に到着し，淡々と授業を受けて帰宅する毎日を過ごしていた。授業時間中に指名されれば答えるが，教師や友だちとの日常的会話はなかった。運動が苦手で，体育の授業は毎時間見学をしており，給食の時間も図書館でひとり過ごし，学校では食事を摂らなかった。家庭では，無口な父親との会話が少なく，かろうじて母親と対話ができた。1，2年生の時の担任はIがマイペースであることに寛容だった。病弱という理由で体育や学校行事への参加を免除してくれ，きつくとがめることはなかったので，単調ながら本人ペースで過ごしており，登校が苦になるようすはなかった。しかし3年生になって担任が代わり，新担任はもっと積極的に集団に参加するようIに求めた。体育，給食，行事などに毎回参加しなければならないことはIにとっては大きな負担であり，とくに体育と給食は，強制されるなら学校を辞めたいと思うほどにつらいことであった。体育については，幼いころから運動が苦手でスポーツ観戦にも関心がなかったと述べていた。給食が嫌な理由については，人前で食べるのが好きでないと言っていた記憶があるが，好ききらいがあったかどうかはわからない。ただ，食べ慣れないものは口にしたがらないようだった。Iの体育ぎらいや給食拒否がたんなる怠けやわがままによるものではないと思えて，Iのつらさが十分理解できたので，担任に保護者をとおして現状を伝えてもらい，少し緩やかな対応をお願いした。体育は従来通りの見学を，給食の時間は図書館に行くことを許可してもらい，その後は退学したいと口にすることなく卒業まで通い続けることができた。

Iには社会的スキルの獲得訓練が必要であると

考えられ，社会適応の促進を目的に，隔週1回個別の心理面接を開始した。Iはいつも母親といっしょに外出していたが，ひとりで外出できるようにするために母親同伴日とひとりで来室する日を交互に設けた。母親同伴日には母親面接も同時に行ない，SSTについて保護者の理解と協力を求めた。母親同伴日は，母親が同伴する時間帯を徐々にずらしていった。つまり，Iが母親より少し早く家を出て，母親とちがう時刻に乗り物を乗り継いで一足早く相談室に到着して待つ。次の段階では，母親はIよりかなり遅く家を出て，Iの面接が終了するころに相談室に到着し，Iは面接が終了したら母親より先にひとりで家に帰る。こうやって，Iは母親なしで通院することが可能になった。また，住居の関係で通院に要する時間が長かったので，途中で食事の時間になることが多かったが，Iはひとりのときは帰宅するまで食事をしなかった。そこで，最初は院内の売店で軽食を買って食べることを練習し，次に院外のハンバーガーショップに入る練習をした。ハンバーガーショップは店員のあいさつや問いかけはパターン化しているので，Iは余分な心配をする必要がなく，ほしいものを言うか，メニューを指させば事が足りた。こうして通院の行き帰りに外食をするようになっていった。

Iは人と話すことが苦手であったが，答えがはっきりしていることには受け答えができた。たとえば，授業中に指名されれば正答が言えたし，クラスメートが教科書のわからない箇所をIにたずねると教えてやった。自分から積極的に対話をしたいとは思わないが，人とのかかわりを拒否してはいなかった。相手が何か言ってきた時に，答えが見つからなくてどう対応したらよいかがわからない時，困惑して頭のなかが真っ白になって固まってしまうことを恐れていた。対人関係のトレーニングは，決まりきった応答を試みることからはじめた。第一段階は，教室に入る時には「こんばんは」または「こんにちは」と言い，下校時は「おやすみなさい」や「さようなら」と言って教室を出ることにし，これを毎日実行する。Iは，

納得して約束したことは律儀に実行してくれた。ただ，せっかくIがあいさつをしてもだれも応じてくれないこともあり，「そういう時にはどうすればいいですか」と聞いてきた。まわりが反応しないことは残念だが，人は答えたくない心境のときもあるので，言いっ放しでもいいから気にせず続けよう，と話した。時どきめまいの発作が起こるため，たまに学校を休むことがあったが，体調不良のとき以外は真面目に通学し成績も良好であった。卒業が近づくにつれて将来の方向について母親も交えて考えていった。人との接触が主になるような仕事は向かないことを本人も自覚しており，なんらかの技術や資格を身につけて自分のペースでやれるような仕事がよいと考えた結果，Iは事務関係の専門学校に進んだ。

2. 専門学校と通信制大学時代

専門学校の3年間は，Iにとって充実かつ安定した期間であったと思われる。なぜなら，専門学校は実務的な授業が主体で高校のような学校行事がほとんどなかったし，クラスはあってもそれぞれが必要な授業の時間帯に出てくるだけで学生間のかかわりが薄かったので，対人関係が苦手なIにとっては負担が軽かったからである。経理や事務に関する科目はIの好みにも合って，熱心に勉強し，よい成績を得ていた。このころに行なった社会的スキルに関する課題のひとつは，心理相談室の予約を電話でIがみずから行なうことであった。Iは他人から家にかかってくる電話に出なかった。言われたことにどう答えたらよいかわからないから，という理由であった。通常は，心理面接が終了したら次回の面接日時をその場で決めてから帰宅していたが，以後は面接当日には予約をしないで帰り，翌日にIが電話で予約をとることにした。交換手が出たらなんと言うか，私がたまたま席にいなかったら交換手になんと言うか，交換手がつないでくれても私以外の人が電話口に出てしまったらなんと言えばよいか等々の質問に対して，私はIと関係者の間で想定されるやりとりについて，一問一答のマニュアルを作成した。心

理相談の予約のための電話で，交換手やスタッフとIのやりとりの種類はほぼ決まっており，マニュアル作成は容易であった。このマニュアルを電話台の前に貼っておいて相手の言ったことに対応する内容を読み上げるのである。これでIの不安はかなり解消されたのであるが，それでも，電話をかける前には緊張して電話機の前を何度も行ったり来たりした，とIは述べていた。

Iは専門学校を良好な成績で卒業した。心理相談室にも自分で電話予約をしてひとりで通い，外出先で食事もできるようになっていた。そのような状態にいたった時に，縁あって知り合いの事務所に見習いとして入ることになった。まったく知らない人ではなかったので，Iの負担が少ないであろうと思われ，当初は母親や私はIが社会に一歩を踏み出すチャンスであると考えた。周囲の人はIが話し下手であると思ったので，いろいろと親切に助言をしてくれ，費用を出して話し方レッスンを受けることまですすめてくれた。しかし，このことがIにとって決定的な負担になり，結局その事務所を辞めることになった。まだ少し，ウォーミングアップの時間が必要であったと反省させられた。この後しばらく，Iは外の仕事に出ることに消極的になり，私や母親のねぎらいや助言にも警戒するようすを見せていた。話が仕事やアルバイトに及ぶと，自分が関係ないことでも表情が曇った。しばらくは本人のペースに任せ，Iに歩調を合わせることにして，心理面接をくり返した。家にいても外出を強いられることがないとわかると気持ちが安定し，母親に頼まれると郵便局や銀行での振込みやスーパーでの買い物などを手伝うようになった。係や店員とのやりとりを教えてもらわなくても必要なことが言えた。また，少し外の世界に関心がもどり，場所や内容などを具体的にあげてすすめると，映画館や美術館などにも出かけた。そこで，面接のときに，Iが観た映画や作品展などの内容や感想を話してもらうことを課題にした。自分で案内を調べて観たい催しの前売りチケットを買い，定期的に外出して面接時に話をしてくれたが，内容を詳細に話すことはできるものの感想を述べることは苦手で，一言で終わってしまうこともあった。

しばらくしてから，長期的な目標のある生活をしようと提案し，かつて専門学校で学んだ事務の内容に関連した勉強を進めることになり，通信制の大学に入った。進学を決めてから入学手続きが完了するまでさまざまなことがあったが，具体的サポートを受けながらすべてをIが自分で行なった。入学後は，出される課題を家で真面目にやり，レポートを提出し，暑い夏のスクーリングも怠けず通い，着実に単位を獲得していった。ここでも，実務関係や理数関係の教科など，解釈や感想を求められないことは問題なくできていたが，歴史や国語などの教科では自分の考えを述べることに苦慮していた。文字で表現されていない文章の背後を考えることについて，面接場面でいっしょに考えたり，両親に感想を聞いて参考にさせたりした。

この時期のSST課題は，①自分で手続きをして日帰りの小旅行に行ってみること，②自動車教習所に通って運転免許を取得することであった。ねらいは，第三者と必要な社会的やりとりを行なうことと，行動範囲の拡大である。Iは出かけたい場所が思い浮かばないと言うので，はじめのうちは私や母親が行ったことがある観光名所をいくつか教えて，Iに資料をそろえさせて選択させた。資料をもらいに旅行社に行き，店員と話し，説明を受け，場合によっては契約をしたり切符類を購入したりする。回を重ねるうちに，事務的な手続きに必要な対話があまり緊張せずにできるようになった。そして，日帰り旅行から一泊の個人旅行へ，二泊三日のパック旅行へと進んだ。個人旅行はIのペースで動けるので比較的楽であると思えたが，それでも，乗り物で隣りあわせの席に人が座ったらどうしよう，旅館で部屋係の人に何と言おうか，食べられない食事がたくさん出たら困る，といった心配をしていた。文庫本を持参して車中で読んでいる振りをする，旅館は避けてビジネスホテルにする，食事は外で好きなものを買ってすませるか食堂で一品料理を頼む，などを提案した。Iはそのとおりに行なって無事旅行から帰った。

このようにして自分がこれまで知らなかった場所に行き，めずらしいものや感動的なものに接して世界が広がることは，Iの対人的緊張や不安を凌駕する魅力があるということが徐々に体験されていき，次の旅行への関心を引き出したと思われた。旅行社が企画するパック旅行は，添乗員が同行して知らない人たちとともに行動するので，Iにとってはたいへんな緊張と不安をともなうと予想されたが，これも可能になった。はじめて飛行機を利用する旅行のときは，家を出てからグループの空港待ち合わせ場所までの道筋をたどるリハーサルを出発の数日前に行ない，待ち合わせカウンターの場所や荷物チェックの場所などを確認した。このように何回も旅行をして，ガイドや同行者と少し対話をする機会があり，いっしょの写真も撮れるようになっていった。

Iは運動が苦手だったので，自動車の運転免許の取得には自信がなさそうであった。しかし，郊外の住宅地で遅い時間には公共の乗り物がなくなるため都心の外出時に不便であること，将来両親や祖父母の役に立てることなどの理由から，消極的ながらも納得して通いはじめた。しかし，本人が懸念したように，筆記試験は難なく通過できたが実際の運転でつまずいてしまった。教習所の教員が同乗して指導するという場面で，言われたようにすぐ体が反応できず，固くなってしまったりさらに対応をまちがえたりすることが，気持ちの負担になっていた。練習によってIの運転技術は少しずつ上達したが，路上練習の段階でどうしても対人的対応が困難であると訴え，取得をあきらめた。以上のように，SSTでは，具体的対策を考え手順や段階を踏んで練習をしても課題の達成が不可能な場合がある。その原因は，本人が不得意とすることがらを複数含んで課題を設定したことにあると思われた。通信制大学でも本人の苦手な体育実技の課題はあったが，ただ1日限りの実習であったし，専門科目でないことから合格と評価される範囲が広かったため，みずからがんばって切り抜けることができた。自動車の運転は人命がかかわるきびしさがあり，Iの運動の苦手さと対人的緊張の強さを考慮すると，課題を設定する時期が早すぎ，要求が過剰であったと反省された。

このころ，Iは不定期のアルバイトをしている。母親の知人から頼まれた伝票整理や，家族の年末調整などの事務仕事であったが，緻密で正確な仕事ぶりなのでその後も時期が来ると毎年頼まれるようになった。そのほかにも時どき雑収入を得る機会があり，自分の旅行費用などを自分で出すこともあった。自分で働いて収入を得ることが，本当の意味での自立につながることを話題に出して，将来の目標として，家でできる事務仕事で生計が立てられるとよいと話し合った。母親から「何歳ごろに社会的自立が可能か」と尋ねられ，「30歳をめざしましょう」と答えた記憶がある。この後，数々のマニュアルを考え，リハーサルを行ない，教師や家族の理解と協力を得て，Iは卒業論文を作成し，卒業面接試験にも合格して，4年間で通信制大学を卒業した。卒業に向けてのIの意志の強さと努力の持続が，大きな目標を達成した最大の要因であったことはいうまでもないが，SSTの技法にもとづく具体的な対処法の提示と実行とフィードバックが，Iを後押ししたと思われる。

3. 現在とこれから

今から4年前，私が職場を変わったためにIとの面接は終了せざるを得なくなった。1年ほど経ってから，「メールで話したらとすすめられたので」とIからメールが送られてきた。以来，月に数回Iから近況報告や相談のメールが届く。地方に住む祖父母や親戚から頼まれて，時どき留守番や介護に出かける。母親が長期に出かける時には，代わって家事を担う。自分で計画して旅行に行くことも続いており，旅行先で撮ってもらった自分の写真を添付メールで送ってくる。Iの相談事の多くは，私がいっしょに段取りを考え解決方法を答える必要がほとんどないもので，IがこれまでのssTで獲得したスキルを使って，またはスキルを応用して自分で対処している。Iは先日30歳を超えた。決まった職業にはまだ就いていないが，

社会的スキルを獲得して生活の質は確実に向上したといえる。最近の社会で，従来考えられなかったさまざまな事件や，子どもの発達に関する新たな問題がクローズアップされるなかで，10年前に比べて，人の社会的な能力の相互的貸し借りの重要性が強調されるようになってきた。このような社会的動向は，Iがこれからさらなる自立をめざしていく時にやさしい追い風になると思われる。

　本書は軽度発達障害の事例集である。Iは対人関係と社会的相互性に問題をもって発達してきた事例であるが，本書に記載された他の事例と異なって，はっきりした診断名もなく，神経心理学的資料もなく，客観的評価による効果判定も提示されない。しかし，①対人関係や社会的相互性の問題に関して，精神力動的な心理療法の枠組みに依拠しない対応を試みたこと，②長期経過のなかでIの発達的変化がSSTの意義を明確に語っていること，の2点から，私はIの経過を終章に記載したいと思った。各章の事例はIと共通部分をもち，Iの発達的変化にSSTの有効性と軽度発達障害児の将来を重ねることができると考えたからである。

　SSTは行動理論にもとづいた構造化されたトレーニング法であるが，その具体的内容は対象の年齢や性格や背景全体を踏まえて柔軟に考案されることが重要であり，さらに，トレーニングは長期にわたって継続され，対象への丁寧な支援が続けられることで着実に成果を上げることができる。今回終章を書くにあたって，私はIにメールを送り，Iをモデルとして記載することを許可してもらえるか否かを尋ねた。「思いがけなかったので驚いた」「自分は具体的にどのように変わったのかあまりわからないが，先生からどのように見えるのかと思った」と書かれており，最後に「今回の話に同意する」との承諾があった。従来のIに見られた，新しいことや不慣れなことに対する慎重さや，自分を開示することへのためらいから考えて，記載の依頼はかなわないかもしれないという私の思いも一部あったので，Iがだれとも相談することなくこのような客観的な判断を返してきたことが非常に感慨深かった。Iへの返事は本書のなかにたくさん詰まっている。

引用・参考文献

●序章

Combs,T.p. & Slaby, D. A.　1978　Social skills training with children. In Lathey B. & Kazdin (Eds), *Advances in clinical psychology*, **1**, 161-207.

中根　晃　2000　発達障害の臨床　金剛出版

宮本信也　2003　軽度発達障害の理解①　日本LD学会会報, **46**, 8-10.

渡辺弥生　1996　ソーシャル・スキル・トレーニング　内山喜久雄・高野清純（監）　講座サイコセラピー, **11**, 6-7.

●1章

Argyle, M.　1981　The nature of social skill. Argyle, M. (Ed.), *Social skills and health*, Methuen, p. 1-30.

板東　浩・松本晴子　2000　医療における音楽療法（上）　内科専門医会誌, **12**(4), 655.

Bruscia, Kennneth. E.　1989　Defining Music Therapy: Spring House Books, PA.

Campbell, Don G.　1992　*Introduction to the musical brain* (2nd ed.). Saint Louis: MMB Music.　北山敦康（訳）　1997　音楽脳入門　音楽之友社　p. 33.

Coleman, M. & Gillberg, C.　1985　*The biology of the autistic syndromes*. New York: Praeger.　高木俊一郎・高木俊治他（監訳）　1994　自閉症のバイオロジー──新しい理解と治療教育の手引き　学苑社　p. 208, 218-219.

福井　一　2004　音楽と脳　the ミュージックセラピー Vol.5.　音楽之友社　p. 28-34.

Gaston, E. T.　1968　Music in therapy. New York: Macmillan.　山松質文（監修）堀真一郎他（訳）　1971　人間と音楽　音楽による治療教育（上）　岩崎学術出版社

日野原重明（監修）篠田知璋・加藤美知子（編）松井紀和他　1998　標準音楽療法入門（上）理論編　春秋社

前田ケイ　1999　SST ウォーミングアップ活動集　金剛出版　p. 11.

松井紀和　1980　音楽療法の手引き　牧野出版

Rudolf, E. R. & Boyle, D. J.　1979　*Psychological foundations of musical behavior*. Springfield: C. C. Thomas.　徳丸吉彦他（訳）　2001　音楽行動の心理学　音楽之友社　p. 235.

Ruud, E.　1980　*Music therapy and its relationship to current treatment theories*. St. Louis: Magnamusic-Baton.　村井靖児（訳）　1992　音楽療法　理論と背景　ユリシス・出版部

Spintge, R.　1992　Hans-Helmut Decker-Voigt Paolo J. Knill Eckhard Waymann.　坂上正巳・加藤美知子・斎藤考由・真壁宏幹・水野美紀（訳）　2004　音楽療法辞典　人間と歴史社　p. 15, 43, 123

Voigt, D., Helmut, H., Knill, p. J. & Weymann, E.　1996　*Lexikon Musiktherapie*. Gottingen, Seattle: Hogrefe.　阪上正巳・水野美紀他（訳）　1999　音楽療法事典　人間と歴史社

貫　行子　2003　ヒーリング・ミュージックのストレスホルモンへの効果──心理学的調査と内分泌学的実験をとおして　日本音楽療法学会誌, **3**(1), 64-70.

山松質文　1988　音楽による心理療法　岩崎学術出版社

渡辺茂夫　1982　音楽の治療的効果と 1/f ゆらぎ現象との関係　音楽療法研究, p. 1-5.

●3章

五十嵐一枝他　1997　言語性作動記憶の発達過程に関する検討　第21回日本神経心理学会予稿集, p. 22.

鹿島晴雄・加藤元一郎　1993　前頭葉機能検査・障害の形式と評価方法　神経研究の進歩, 57(1), p. 95-110.

苧阪満里子・苧阪直行　1994　読みとワーキングメモリ容量—日本版リーディングスパンテストによる測定　心理学研究, **65**(3), p. 339-345.

苧阪直行（編）　2000　脳とワーキングメモリ　京都大学学術出版会

●4章

平林伸一　2002　高機能広汎性発達障害とLD　LD研究—研究と実践, **10**(2), 108-116.

平林伸一他　1998　社会的知覚障害を有するLDと高機能広汎性発達障害　LD（学習障害）—研究と実践, **6**(2), 59-66.

Rourke,B.P　1989　*Neuropsychology of Learning Disabilities :the syndrome and the model*. New York:The Guilford Press.　森永良子（監訳）1995　非言語性学習能力障害—症状と神経心理学的モデル　岩崎学術出版社

杉山登志郎・辻井正次　1999　高機能広汎性発達障害—アスペルガー症候群と高機能自閉症　ブレーン出版

高橋知音・小松伸一・今田里佳・古川博・降旗志郎　2002　高機能自閉症，アスペルガー症候群と診断された子どもの認知特性　LD研究, **10**(2), 128-135.

●5章

Adams, L., Gouvousis, A. & VanLue, M.　2004　Social Story Intervention: Improving Communication Skills in a Child with an Autism Spectrum Disorder. *Focus on Autism & Other Developmental Disabilities*,**19**, 2, 87-94.

Attwood, T.　1997　*Asperger's Syndrome: A Guide for Parents and Professionals.* Jessica Kingsley Pub.　富田真紀・内山登紀夫・鈴木正子（訳）1999　ガイドブック アスペルガー症候群 親と専門家のために　東京書籍

Barry, L.. M. & Burlew, S. B.　2004　Using Social Stories to Teach Choice and Play Skills to Children with Autism. *Focus on Autism & Other Developmental Disabilities*,**19**(1), 45-51.

Burke, R. V. , Kuhn, B. R. & Peterson, J. L.　2004　Brief Report: A "Storybook" Ending to Children's Bedtime Problems: The Use of a Rewarding Social Story to Reduce Bedtime Resistance and Frequent Night Waking. *Journal of Pediatric Psychology*, **29**(5), 389-396.

Combs, T. p. ,& Slaby, D. A.　1978　Social skills training with children. New York: Plenum Press. In Lathey B. & Kazdin (Eds.), *Advances in clinical psychology1*, pp. 161-207.

Gray, C.　1994　*Comic Strip Conversations*. Arlington: Future Horizons.

Gray, C.　2000　*The New Social Story Book*. Arlington: Future Horizons.

Gray, C.　1998　Social stories and comic strip conversations with students with Asperger syndrome and high-functioning autism. In *Asperger syndrome or high-functioning autism ?* Schopler, Eric; Mesibov, Gary B.; New York, NY, US: Plenum Press. pp. 167-198.

Howlin, P., Baron-Cohen, S. & Hadwin, J.　1999　*Teaching Children with Autism to Mind-Read A Practical Guide*. New York: John Wiley & Sons.

Ivey, M. L., Heflin, L. J. & Alberto, P.　2004　The Use of Social Stories to Promote Independent Behaviors in Novel Events for Children with PDD-NOS. *Focus on Autism & OtherDevelopmentalDisabilitie*s, **19**(3), 164-176.

三木安正　1980　新版S-M社会生活能力検査手引き　日本文化科学者

● 6 章

Combs, T. P. & Slaby, D. A.　1978　Social skills training with children. New York: Plenum Press. In Lathey B. & Kazdin (Eds.), *Advances in clinical psychology1*, pp. 161-207.

King, C. A. & Kirschenbaum, D. S.　1992　*Helping Young Children Develop Social Skills: The Social Growth Program.* Brooks/Cole Pub Co. 佐藤正二・前田健一・佐藤容子・相川充（訳）1996　子ども援助の社会的スキル　川島書店

Matson, J. L. & Thomas, H. O.　1988　*Enhancing Children's Social Skills Assessment and Training Allyn & Bacon.* 佐藤容子・佐藤正二・高山巌（訳）1993　子どもの社会的スキル訓練　金剛出版

三木安正　1980　新版S-M社会生活能力検査手引き　日本文化科学者

佐藤正二・佐藤容子・高山巌　1992a　引っ込み思案幼児のエントリー行動　日本教育心理学会第34回総会, 73.

佐藤容子　1998　LD（学習障害）とソーシャルスキル　LD（学習障害）—研究と実践　**6**(2), 2-14.

佐藤容子・佐藤正二・高山巌　1992b　攻撃的な幼児への社会的スキル訓練—訓練効果の般化と維持　日本教育心理学会第34回総会, 95.

庄司一子・小林正幸・鈴木聡志　1990　子どもの社会的スキル—その内容と発達　日本教育心理学会第32回総会, 351.

塚越克也　1996　軽・中度精神発達遅滞児に対する社会的スキル獲得のための臨床心理学的技法を用いたプログラム適用　日本特殊教育学会第34回大会発表論文集, 784-785.

塚越克也　1997　軽・中度精神発達遅滞児に対する社会的スキル獲得のための臨床心理学的技法を用いたプログラム適用（2）—小学校高学年を対象として　日本特殊教育学会第35回大会発表論文集, 230-231.

● 8 章

Baron-Cohen, S., Lesrie, A. M. & Frith, U.　1985　Does the austic child have a "theory of mind"? *Cognition*, **21**, 37-46.

Gillberg, C. & Gillberg, I. C.　1989　Asperger syndrome-Some epidemiological considerations: A research note, *Journal of Child Psychology and psychiatry*, **30**, 631-638.

Happe, F.　1994　*Autism-an introduction to psychological theory.* USL press.

◆ 編者紹介

五十嵐一枝（いがらし・かずえ）
1947年　新潟県に生まれる
1972年　日本女子大学大学院家政学研究科児童学専攻修士課程修了
現　在　白百合女子大学文学部児童文化学科教授（医学博士，臨床心理士）
主　著　『子どもの発達と保育カウンセリング』（共著）　金子書房　2000年
　　　　『脳とワーキングメモリ』（共著）　京都大学学術出版会　2000年
　　　　『発達障害の臨床心理学』（編著）　北大路書房　2002年

◆ 執筆者紹介（執筆順）

五十嵐一枝	白百合女子大学	編者，序章，終章
山下　貴子	目白発達心理研究所	1，2章
酒井　裕子	白百合女子大学発達臨床センター	3，4章
森本　尚子	白百合女子大学	5，6章
鈴木　繭子	国立成育医療センター	7，8章

軽度発達障害児のための SST 事例集

2005年8月25日　初版第1刷発行　　＊定価はカバーに表示して
2006年7月5日　　初版第3刷発行　　　あります。

　　　　　　　編著者　　五 十 嵐 一 枝
　　　　　　　発行所　　（株）北大路書房

〒603-8303　京都市北区紫野十二坊町12－8
　　　　　　　電　話　(075) 431－0361（代）
　　　　　　　Ｆ Ａ Ｘ　(075) 431－9393
　　　　　　　振　替　01050－4－2083

©2005　制作：桃夭舎　印刷／製本：創栄図書印刷（株）
ISBN 4-7628-2461-5
検印省略　落丁本・乱丁本はお取替え致します．
Printed in Japan